权威·前沿·原创

皮书系列为
"十二五""十三五"国家重点图书出版规划项目

数据新闻蓝皮书
BLUE BOOK OF
DATA JOURNALISM

中国数据新闻发展报告
(2016~2017)

REPORT ON THE DEVELOPMENT OF CHINESE
DATA JOURNALISM (2016-2017)

武汉大学数据新闻研究中心 ╱编
华南理工大学新闻与传播学院

主　编╱王　琼　苏宏元
副主编╱徐　笛　吴小坤

社会科学文献出版社
SOCIAL SCIENCES ACADEMIC PRESS (CHINA)

图书在版编目（CIP）数据

中国数据新闻发展报告 . 2016～2017 / 王琼，苏宏
元主编 . －－北京：社会科学文献出版社，2018.3
（数据新闻蓝皮书）
ISBN 978 - 7 - 5201 - 2218 - 4

Ⅰ.①中… Ⅱ.①王… ②苏… Ⅲ.①数据处理 - 应
用 - 新闻报道 - 研究报告 - 中国 - 2016 - 2017 Ⅳ.
①G219.2

中国版本图书馆 CIP 数据核字（2018）第 029317 号

数据新闻蓝皮书

中国数据新闻发展报告（2016～2017）

主　　编 / 王　琼　苏宏元
副 主 编 / 徐　笛　吴小坤

出 版 人 / 谢寿光
项目统筹 / 周　琼　杨冬梅
责任编辑 / 周　琼　孙连芹

出　　版 / 社会科学文献出版社·社会政法分社（010）59367156
　　　　　　地址：北京市北三环中路甲 29 号院华龙大厦　邮编：100029
　　　　　　网址：www.ssap.com.cn
发　　行 / 市场营销中心（010）59367081　59367018
印　　装 / 三河市龙林印务有限公司

规　　格 / 开　本：787mm×1092mm　1/16
　　　　　　印　张：20　字　数：303 千字
版　　次 / 2018 年 3 月第 1 版　2018 年 3 月第 1 次印刷
书　　号 / ISBN 978 - 7 - 5201 - 2218 - 4
定　　价 / 89.00 元

皮书序列号 / PSN B - 2018 - 696 - 1/1

编 委 会

摘　要

通过首次大规模实证性调研，基于大量一手材料，本书介绍了中国数据新闻理论研究、业界实践和教育发展的基本情况。

全书共分为四个部分，总报告是对数据新闻的整体发展情况所做的全景扫描，研究发现数据新闻领域对专业人才的需求在增大，生产的重心也正从可视化形式转向对数据的分析和解读，而难以获取高质量的数据制约了数据新闻的发展。

分报告从不同角度报告了数据新闻研究现状以及影响数据新闻发展的社会因素。《数据新闻理论发展报告》指出现有研究存在诸多模糊和争议点，比如概念界定不清，数据新闻对传统新闻价值观造成了冲击。《数据新闻技术与新闻生产的再造》不仅梳理了数据新闻制作技术的演变，而且阐释了技术如何嵌入新闻生产过程中以及如何改变了新闻采集活动。《2017年数据新闻媒体发展报告》从生产组织形式的角度审视了数据新闻的发展脉络。《数据新闻相关政策报告》梳理了影响数据新闻发展的相关政策。《数据新闻的伦理困境与出路》则关注数据新闻生产制作中可能会涉及的伦理问题。

另外，分报告基于一手实证材料，分析了数据企业的发展状况，包括数据新闻从业者的构成，数据新闻受众的喜好、数据新闻教育的发展模式以及中国内地数据新闻教育者的基本状况。《2017年数据机构与企业发展报告》关注现有文献中的一个盲点，即数据机构与数据企业，它们是数据领域内不容忽视的重要行动者。《中国数据新闻从业者群体画像》基于对数据新闻从业者的首次问卷调查，分析了从业者的构成、工作流程、职业理念以及工作满意度。《变化中的数据新闻受众研究》聚焦数据

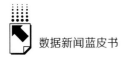

新闻的受众，分析了受众的阅读喜好和习惯。《数据新闻教育的全球实践》系统梳理了世界范围内数据新闻教育的开展模式和特点，《中国高校数据新闻教师调查》则对高校数据新闻教师展开调查，分析其构成、知识来源和教学内容。

案例篇提供了国内外数据新闻的经典案例分析。附录列出了数据新闻的获奖作品，并梳理了中国数据新闻发展的大事。

目　录

Ⅰ 总报告

Ⅱ 分报告

Ⅲ 案例篇

Ⅳ 附录

皮书数据库阅读**使用指南**

总 报 告

General Report

B.1

中国数据新闻发展年度趋势报告
（2016~2017）*

王 琼 王文超**

摘 要： 本研究通过对多家媒体的深度访谈发现，2016~2017年，中国数据新闻持续发展。具有比较规模优势的几家数据新闻团队进一步扩编，在内容生产上，重心从可视化形式转向对数据的分析和解读。在数据的使用上，数据开放程度有限，媒体数据积累不够，难以获取高质量的数据源依然是普遍存在的问题，因为数据驱动的数据新闻作品较为少见。在商业模

* 项目资助：武汉大学人文社会科学青年学者学术发展计划学术团队建设项目（项目号：Whu2016007）。

** 王琼，武汉大学媒体发展研究中心研究员，武汉大学数据新闻研究中心负责人，武汉大学新闻与传播学院副教授，博士，研究方向为媒介融合、数据新闻；王文超，武汉大学数据新闻研究中心研究助理。

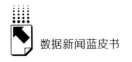
式的探索上，除传统广告模式外，内容定制、数据产品的开发、数据咨询报告等新模式正在逐步探索中。

关键词： 数据新闻　新闻生产　商业模式　开放数据

数据新闻是基于数据科学的知识和技术，通过或结合数据分析，对事实进行的新闻报道。[①] 虽然使用数据进行新闻报道的方式可以追溯到 20 世纪，但现有资料表明，"数据新闻"（Data Journalism）一词在 2006 年才被 EveryBlock 创始人 Adrian Holovaty 提出，但该词在 Google Trends 中被检索到的时间晚了 5 年。

数据新闻的爆发被认为与数据时代的到来密不可分，特别是信息自由法案（Freedom of Information，FoI）在各国的通过推动了数据新闻的发展。近年来，大数据逐渐形成产业规模，并上升到国家战略层面。

2016 年 1 月，美国商务部发起了一项旨在使政府数据更加容易使用的数据易用性计划（CDUP），同年 5 月，白宫发布了《联邦大数据研发战略计划》，这是 2012 年奥巴马政府实施大数据研发计划以来出台的首份顶层规划文件，旨在建立大数据创新生态系统，加强数据分析能力，从大量、多样、实时的数据库中提取有效信息，服务于科学研究、经济增长与国家安全。2017 年，特朗普当选美国总统后采取一系列措施破坏数据开放，激发了来自数据新闻媒体和记者的数据拯救行动。

在中国，2016 年，继国家发改委印发《关于组织实施促进大数据发展重大工程的通知》之后，国务院办公厅、环保部、国土资源部、国家林业局、国家煤工委、交通运输部、农业部均推出大数据发展意见和方案。大数据的相关政策从全面、总体规划逐渐延伸到各大产业、各细分领域，也逐步

---

① 王琼、刘真真、田青、王文超：《2015 中国数据新闻发展报告》，《中国媒体发展研究报告》，2017，第 101～148 页。

从理念、理论走向实际应用。政府、企业等主体释放的大量数据越来越多地推动媒体重视自身的数据报道能力。

根据我们的调研，在中国近年来的数据新闻浪潮中，最早开设的数据新闻专栏是2011年搜狐推出的《数字之道》。到2012年6月，搜狐、网易、腾讯、新浪四大门户网站均开设了数据新闻专栏。2012年2月，财新传媒成立数据可视化实验室，成为率先在此领域起步的新媒体。随后，更多的媒体参与其中。在2015年底之前，新华网拥有中国规模最大的数据新闻团队，共有18个人。[①] 而到2016年，新华网和澎湃新闻的数据新闻团队均已超过20人。2017年，原本虚拟的、跨部门的财新数据可视化实验室也变为有正式组织架构的财新数据新闻中心。搜狐、新浪等互联网门户在大幅压缩原创的情况下，依然保留了数据新闻团队。

数据新闻业界的发展也吸引了众多学术界的关注和教育界的呼应（见图1）。以"数据新闻"为关键词在CNKI核心期刊数据库中检索，2015年得到63篇，而2016年为96篇，增长52.4%。中文学位论文检索结果为2016年40篇，较之2015年的23篇，增长73.9%。研究议题从数据新闻的内涵、制作等方面，拓展到传播效果、生产流程、内容等更多领域。提供数据新闻专业学习、培训的主体和方式也更加多元，大学、职业教育、媒体、非营利机构、企业均参与其中。

在本蓝皮书中，我们的研究团队将从多个角度对中国数据新闻的发展展开研究。那么，总体而言，中国数据新闻的发展趋势如何？数据新闻的团队组成和用人需求是否发生了变化？数据新闻对数据的获取难度是否改变？数据新闻的营利模式是否有新的尝试和突破？本文将通过对几支具有代表性的数据新闻团队的深度访谈进行探索性的研究，也对本书的其他章节起到抛砖引玉的作用。

访谈对象主要根据数据新闻栏目的团队规模和影响力进行选择。其中，

---

① 王琼、刘真真、田青、王文超：《2015中国数据新闻发展报告》，《中国媒体发展研究报告》，2017。

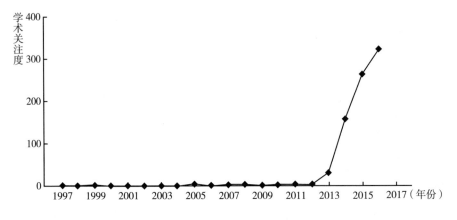

图1 CNKI"数据新闻"学术趋势

财新传媒是中国最早做数据新闻的媒体；澎湃和新华网的数据新闻团队是目前中国团队规模最大的两支团队；DT财经是以数据新闻为主要定位的媒体。我们认为这些媒体在中国数据新闻领域处于前沿位置，能够在一定程度上代表中国数据新闻发展的最新状况和问题。

一 团队构建与人才需求

1. 人才需求：优秀的数据编辑不可多得

接受访谈的4支数据新闻团队对人才的需求呈现上升趋势，团队的规模均有所增大。相比2015年，澎湃数据新闻团队增加了4人，达到21人；新华网数据新闻团队增加5人，达到23人；财新传媒数据新闻团队增加1人，达到8人；DT财经数据新闻团队则增加9人，达到22人。在访谈的4支数据新闻团队中，澎湃团队中角色分工最为多样，分别有数据编辑、设计师、插画师、动画师、工程师等不同的岗位，而财新传媒的团队角色相对简单，主要由数据编辑和工程师组成。这一方面与团队的内容生产需求有一定关系，另一方面和团队生产协作的方式密不可分。澎湃数据新闻隶属于《美数课》栏目，而《美数课》有漫画和视频形式的报道，因此对设计师等岗位有明显的需求。

　　然而，数据新闻并不是传统新闻的升级，而是媒介融合下的一种全新的新闻信息范式。尽管澎湃和新华网这样的数据新闻团队已经达到20人以上的规模，但团队中也并没有专门的数据分析师，而是对编辑提出了处理和分析数据的要求。针对一篇数据新闻，编辑要能够准确地判断出报道的重点是什么，如何对挖掘到的数据归类和分析。"对于数据新闻编辑来说，一方面需要数据分析能力，另一方面需要有良好的新闻触觉。"[1] "很多时候，我们希望可以招到有数据分析能力的记者。"[2] 然而事实上，大多数的记者编辑是文科背景，甚至对做数据分析有畏惧的心理；当然也不乏出于兴趣选择了从事该领域工作的人。"兴趣是做数据新闻最大的动力，由于数据可视化是一个创新的交叉领域，做这方面的工作让人更有动力。"[3]

　　不过，团队的角色配备也与数据新闻的报道形式有着直接的联系。澎湃、新华网、财新的中长线报道形式中都有交互式的作品，因此对专业的交互式工程师有相应的需求；相比之下，DT财经的数据新闻产品的形态主要是图文，因此目前没有专门做交互的工程师，而技术人员主要从事APP的技术开发和运营工作。

　　对比其他领域，专业是否"对口"并不是检验数据新闻工作能力的最基本依据，数据新闻更倾向于选择"一专多能"的人才。在澎湃的数据新闻团队2017年新入职的6位编辑中，4位有完善的设计能力，2位有前端开发的能力，3~4位有数据编码的能力。"学科背景是一方面，兴趣和野心更为重要，它会激发自己学习和提升。作为数据编辑，工作上对数学要求会比较高，编辑团队一方面要有专业人士；另一方面，开发人员也会开发出相应的数据接口来满足没有数据背景的新闻编辑。"[4]

　　2. 考核标准：以传播效果为导向

　　相对于其他部门而言，数据新闻工作者的考核模式依然在摸索之中。在

---

① 刘叶访谈实录，访谈日期：2017年4月20日。
② 黄晨访谈实录，访谈日期：2017年4月18日。
③ 春园访谈实录，访谈日期：2017年4月18日。
④ 刘叶访谈实录，访谈日期：2017年4月20日。

澎湃，员工有考核机制，但数据新闻的考核并不显著。"别的部门会直接给稿子打分，而我们会根据作品的突破性、创新性、选题的独家性、流量来进行考核。"① 财新和新华网则没有细致的考核，领导对稿件质量的重视程度高于数量。相比之下，DT 财经的考核制度初步成型，他们会根据每篇稿件质量综合考虑进行打分，月度加权并特别奖励。尽管财新、澎湃、新华网数据新闻团队没有过于严格的量化考核制度，但从业者依然面临不小的压力。这些压力一方面来自内容生产，另一方面来自人才的需求。"澎湃对工作者有清晰的目标设定，值班编辑和非值班编辑每周会有不同的任务安排。"② "新华网平均每天生产 2 个信息图，除此之外还有其他项目的参与，在时间上会存在一定的压力，同时选题内容是否符合规定、受众的关注程度也是数据新闻从业者的重要压力来源之一。"③ "财新的压力主要来自与互联公司的人才争夺，尤其是在技术人员的争夺上，主要是媒体技术人员的成就感不如在科技公司。"④

　　由于新闻业务的需求和上级部门的支持，一些数据新闻团队规模日益扩大，在硬件设施和人力配备上也日趋完善，这为数据新闻的生产提供了必备条件。从 4 支数据新闻团队的内容生产和人才需求来看，扎实的专业技能和对工作的热情是做好数据新闻的有力前提，尽管考核的方法不同，但基本上以最终的效果为依据。

二　内容生产与报道形式

1. 选题策划："故事"常有而数据不常有

　　4 支数据新闻的编辑每周都会报选题，但报选题的工作不一定只有编辑来负责。刘叶表示："团队所有人从选题策划时都会参与，碰到有趣的选题

---

① 吕妍访谈实录，访谈日期：2017 年 4 月 19 日。
② 吕妍访谈实录，访谈日期：2017 年 4 月 19 日。
③ 刘叶访谈实录，访谈日期：2017 年 4 月 20 日。
④ 黄晨访谈实录，访谈日期：2017 年 4 月 18 日。

也会跟编辑讲，这有助于设计师和工程师对整个报道或项目的了解和把握。"① 在选题策划上，"跟热点"是普遍依据的准则，但时效性并不是必要的依据。"澎湃数据新闻的选题和内容策划和澎湃新闻保持一致，致力于做有深度有腔调的新闻。"② 财新的数据新闻则会聚焦财经领域。DT财经的选题关注电商、快消、交通出行、新金融、居住、大数据、文化消费、科技、环境健康九大消费领域。

选题除了受热点和故事的驱动以外，事先获取到高质量的数据源也是选题策划的一个重要依据。"高质量的数据能够保证选题有足够的分析和挖掘空间，有时候即使新闻很重要但是找不到数据可能也做不了。"③ "DT财经是以'大数据'概念为切口去链接不同专业领域，定位于数据内容的垂直平台，不强调新闻性，希望用大数据做行业洞察和大数据分析师的社群。"④这也是以前DT财经的选题以新闻方向为主，但现在倾向于非时效性的研究性选题的原因所在。

2. 报道形式：结合实际，理性回归

在报道形式上，各大数据新闻媒体主要以信息图和H5作为载体，辅以视频和游戏等多种形式，但也会根据栏目需要相应调整。"信息图制作便捷，能够满足媒体对热点新闻的时效性要求；H5能承载更多形式的信息，主要是为了适应手机端的阅读需要；游戏和视频用于用户的主动探索的需求。为了方便传播，我们会把H5的内容同时开发制作两个版本，分别适应网页端和手机端的传播，而网页端和手机端在呈现上的区别导致的内容取舍会给数据编辑带来一定的挑战。"⑤ 在大型的热点事件中，新华网数据新闻也会借用视频和游戏等报道形式。在过去的一年，澎湃数据新闻在保留原有的报道生产基础上撤销了"一周数据新闻"板块，"以往'一周数据新闻'

① 刘叶访谈实录，访谈日期：2017年4月20日。
② 吕妍访谈实录，访谈日期：2017年4月19日。
③ 吕妍访谈实录，访谈日期：2017年4月19日。
④ 王小乔访谈实录，访谈日期：2017年4月17日。
⑤ 刘叶访谈实录，访谈日期：2017年4月20日。

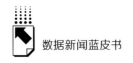

板块安排在周一发布，一方面由于周末并不安排值班，周一发布过于仓促，不太利于团队管理；另外，该板块的标题只有一个，而内容却往往涉及多个主题，读者会因此比较迷茫。所以，我们选择把更多精力放在常规的板块上，这样也更好操作"①。

总体而言，随着数据新闻在国内的各类媒体机构的不断渗透，数据新闻从最初的耳目一新到如今逐渐回归理性，从业者们开始把更多的精力投入内容的挖掘和生产，力争做出更加优质的内容和报道。形式和设计并不是不被重视，而是逐渐被视为一种表现的方式或途径而无须过分强调。

三　数据需求与开放数据

1. 数据需求：权威来源是首选

不同数据新闻团队依据自身所在平台和栏目的定位与特点在数据来源的选择上各有偏好。一般常用的数据来源包括政府公开数据、组织公开数据、科研机构发布的数据、合作方提供的数据、自行抓取的数据、媒体公开报道的数据。本次访谈的4家媒体中，澎湃、财新、新华网的数据新闻团队的数据来源主要是以上的公开数据来源和自己抓取的数据，但具体使用时还要考量数据部门或机构的权威性。综合来看，以上3家媒体对政府公开数据的信任程度仍旧最高，对企业数据信任度则相对较低。而对于数据的使用，不同媒体的从业者则有不同的看法。"数据源的选用一定要考量机构的权威性，联合国的数据有时也会有问题。"②"有些商业数据质量并不高，多是结论性的数据，不能多维度地进行数据分析，且难以核查。"③

如何保证数据质量？首先需要找到高质量的数据。吕妍认为，"环境、城市规划之类的数据质量较高，因为一方面行业本身有积累数据的习惯，另

---

① 吕妍访谈实录，访谈日期：2017年4月19日。
② 黄晨访谈实录，访谈日期：2017年4月18日。
③ 吕妍访谈实录，访谈日期：2017年4月19日。

一方面也比较少涉及敏感问题"①。刘叶则认为，"天气、经济数据、交通数据每天都会更新，维度比较全面，而且都属于政府公开数据"②。

拿到优质的数据源并不代表高枕无忧。数据是否存在错误？数据是否有足够的维度和量用来进行分析？在数据新闻生产过程中，是否需要通过核查确保数据的质量？针对这些问题，吕妍认为，"在实际生产中，数据的核查是一件十分麻烦的事情，通常很难通过交叉分析来求证，所以只能看发布的结论是否有明显的冲突。这时候一般会看数据源有没有代表性，涵盖面是否广，是否会有自相矛盾的地方"③。新华网数据新闻团队对数据的核查也有自己的一套方案。刘叶表示，"在生产数据新闻时会优先考虑政府公开数据，也会对数据源进行多方核对，比如GDP的数据在国家统计局和世界银行都可以找到，但是会以国家统计局为准"④。

为了提高数据的利用效率，一些媒体会自建数据库，例如澎湃新闻和新华网的数据新闻部门，它们会依照一定的标准来建立数据库。自建数据库的来源有两方面，"一方面有计划地做储备，比如为年底的选题而提前储备；另一方面储存日常的选题处理和清洗后的数据"⑤。财新网的数据新闻团队还建立了数据源的库，对数据的整理和再利用也发挥了重要的作用。

2. 开放数据：最主要的数据来源

从对4家媒体的访谈中我们可以看到，数据新闻的生产离不开开放数据的参与，作为开放数据的政府公开数据往往是数据新闻媒体或机构首选的数据来源，然而开放数据的发展状况也或多或少地影响着数据新闻的生产。

目前，国内一些城市相继建立了政府开放数据平台，其中上海作为最早建立开放数据平台的城市发挥了重要作用。但在实际使用中，开放数据的平台建设和数据质量还难以满足从业者对数据的需求，不同城市之间在数据的

---

① 吕妍访谈实录，访谈日期：2017年4月19日。
② 刘叶访谈实录，访谈日期：2017年4月20日。
③ 吕妍访谈实录，访谈日期：2017年4月19日。
④ 刘叶访谈实录，访谈日期：2017年4月20日。
⑤ 刘叶访谈实录，访谈日期：2017年4月20日。

格式、提供的接口、围绕开放数据开展的活动之间都存在明显的差异。同时，出于商业利益和隐私保护的考虑，数据开放也会受到一定的限制。"目前国内许多数据的开放可能出于公关的考虑，不免会和商业利益挂钩；而对于信任程度较高的政府数据，往往由于隐私保护等开放程度远远不够。"①

四 商业模式与经营现状

相比传统新闻的生产，数据新闻围绕数据的收集、挖掘、处理、可视化等方面投入了大量的时间和人力。尤其是历时较长的选题，数据的收集和处理工作往往需要数年的时间，如何确保媒体或有关机构的数据新闻部门或栏目可持续发展和壮大是数据新闻业界需要直面的一个现实。

1. 数据新闻：不只有新闻的价值

在访谈中，一些数据新闻从业者对数据新闻的价值判断有三种主要的观点。其一是数据新闻有更好的传播力。例如，DT 财经微信公众号阅读量 Top10 中有 4~5 篇与数据有关，"主要是因为形式新颖，数据方式是能够获得读者认可的方式，转发率很高，对品牌发展也有很大促力"②。其二是创新影响力。"数据新闻很多时候都是冲在前线的，大家对数据新闻都寄予厚望，有热点事件时领导和同事都希望能通过数据新闻做出一些作品。"③ 其三是人才培养。财新网的一位数据新闻工作者表示自己希望不断尝试新的东西，做数据新闻可以不断尝试新的形式或技术，不会那么常规。

根据从业者对数据新闻的投入和数据新闻的价值判断，我们试想：数据新闻是否已经具有了一定的商业模式？从访谈来看，受访者普遍认为数据新闻的本质更多是新闻属性。吕妍表示，"数据新闻本身并没有要赚钱的义务，其义务更多是为了扩大影响力从而带来冠名、广告的收入来源"④。黄晨认为，

① 吕妍访谈实录，访谈日期：2017 年 4 月 19 日。
② 王小乔访谈实录，访谈日期：2017 年 4 月 17 日。
③ 刘叶访谈实录，访谈日期：2017 年 4 月 20 日。
④ 吕妍访谈实录，访谈日期：2017 年 4 月 19 日。

"数据新闻是对常规新闻内容的补充和增强的表现。数据新闻可以成为编辑部里的一个稳定部门，既不会分担成本和业绩的压力，还能与编辑合作更加紧密"[1]。刘叶指出，"数据新闻目前更多是作为新闻的一部分，实现商业模式为时尚早"[2]。而DT财经更看重数据内容在大数据行业的价值和影响力，从线下数据侠活动、平台推广、数据类产品来逐步建立自己的商业模式。

2. 商业模式：有想象力的未来

尽管4支团队在定位上有所不同，但受访者也均指出了数据新闻实现商业模式的合理性和可行性。

首先，数据新闻也可以借用传统新闻的商业模式——广告。通常赞助企业会采用冠名或作为数据来源的方式，比如"太平洋保险"入围世界500强时，澎湃数据新闻做过一期太平洋保险的原生内容，其中数据主要来自太平洋保险公司。"广告和冠名一般会由整个澎湃新闻的领导层来决定，并不会将数据新闻单独区分，编辑记者们只负责做好内容，不会为了迎合广告厂商而改变内容。"[3]

其次，在数据新闻生产之余，团队可以为政府或企业定制传播需求。由于商业方面的需求较大，财新数据新闻团队在制作数据新闻作品的同时也会花费30%~40%的精力进行商业方面的尝试，例如针对企业定制的传播需求，但会在商业定制与新闻报道之间建立防火墙。当提供商业服务的时候，团队提供的仅仅是技术服务，而非媒体背书。"尽管利润空间可观，但一方面竞争激烈，疲于应对甲方，另一方面投入在商业尝试的时间过多也会影响到数据新闻优质内容的产出。"[4]

再次，通过活动与相关企业建立数据资源联系。例如，DT财经的线下数据侠活动，能够圈中看重数据价值的企业来为活动和数据价值买单。同时，DT财经也在积极搭建数据报告平台，推荐企业数据。"数据类的内容

---

① 黄晨访谈实录，访谈日期：2017年4月18日。
② 刘叶访谈实录，访谈日期：2017年4月20日。
③ 吕妍访谈实录，访谈日期：2017年4月19日。
④ 黄晨访谈实录，访谈日期：2017年4月18日。

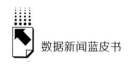
产品，本身不产生商业价值，但是可以产生传播力。"① 据了解，DT 在传播渠道上更看重微信、微博和知乎这样未来做社群空间的平台，这与 DT 致力于用大数据做行业洞察和大数据分析师的社群是吻合的。

最后，将数据新闻作品或素材重新改进和包装也有获得收益的可能。在制作数据新闻的过程中，数据新闻团队也会有意识地储备数据并将优质的数据纳入数据库。"当有足够优质的数据时，数据新闻媒体或许可以尝试开展数据业务。"② "对于特定领域的数据积累到一定程度后，数据新闻媒体可以往智库和咨询方向发展。然而，那些领域目前比较成熟，作为媒体打入市场还存在困难。"③ 另外，花费大量时间制作的数据新闻作品，尤其是有社会应用价值的交互应用，还有很大的开发和再利用空间。

除此之外，随着付费阅读的概念走进人们的视野，优秀的数据新闻内容也有可能成为新的品类。数据新闻，在内容上有更强的表现力和感染力，从理论上来讲，受众在数据新闻上付费也存在很大的可能性。然而，这种新兴阅读方式唯一能够成功的做法，就是注重内容上的独家性和特别性。"目前数据新闻还没有建立付费阅读的模式，但让读者掏钱需要在内容上更有吸引力。"④ 从长远来看，无论是对数据新闻还是对传统新闻而言，在这个内容为王的时代，能够生产出高质量的对受众有足够吸引力的内容才是从付费阅读的浪潮中分得一杯羹的必要前提。

五 行业现状与存在的问题

数据新闻将浩瀚的信息海洋中有价值的信息进行过滤，通过对数据进行挖掘和解读，并以符合受众审美的视觉效果来呈现，提升了受众的阅读体验。然而，作为国内新闻报道的新兴领域，数据新闻起步较晚，行业积累不

---

① 王小乔访谈实录，访谈日期：2017 年 4 月 17 日。
② 刘叶访谈实录，访谈日期：2017 年 4 月 20 日。
③ 吕妍访谈实录，访谈日期：2017 年 4 月 19 日。
④ 刘叶访谈实录，访谈日期：2017 年 4 月 20 日。

深，依然存在很多不足。

1. 人才缺乏是数据新闻行业的普遍现象

数据新闻属于交叉领域，无论是学界研究者还是业界从业者，都需要对多个领域有所了解。从4家数据新闻媒体的用人标准来看，"一专多能"越来越成为数据新闻编辑的必备素质。而对于设计师和工程师而言，对新事物的好奇心和对新闻事业的热爱也是成为一名数据新闻团队成员的必备条件。但是，要求苛刻的数据新闻行业的准入门槛，致使招到称心如意的人才并不是一件容易的事情。"尤其是工程师，去互联网公司对他们来说更有吸引力，目前数据新闻界正在与互联网公司争夺人才，"财新数据新闻主编黄晨表示，"为了更有竞争力，加强人才对新技术的掌握，我们要逼着自己不断去学更新的东西。"[1]

2. 数据源仍是数据新闻行业的瓶颈

"巧妇难为无米之炊"。对于数据新闻而言，数据犹如"食材"，是否能够给受众呈现"美味佳肴"，数据起着决定性的作用。数据新闻通常分为故事驱动和数据驱动，这两者的区别主要在于是先有故事还是先有数据。目前，大量的公共数据由政府把控，而开放数据的推动还需要媒体及各行各业的共同努力。数据新闻生产中最主要的困难往往是数据源的质量，"我们要看数据新闻能否做到数据驱动，从而做后续的新闻性的探索，而这样的情况太少"[2]。"找到一个理想的数据源非常难，要么找不到足够的数据，要么找到数据后质量有问题。"[3]

3. 数据解读及呈现尚有较大空间

在数据新闻的制作过程中，从业者会根据不同的数据源采用不同的分析方式和解读视角。"一般情况下，我们在数据分析的过程中会尝试发现一些结论，从而有利于下一步的数据分析和内容生产。目前，国内的受众市场没有完全打开，看数据新闻的年轻人比较多，年长者看数据新闻可能会存在一些压力。我们在内容编排、程序设计时应该考虑不同的受众需求。除此之

---

[1] 黄晨访谈实录，访谈日期：2017年4月18日。
[2] 吕妍访谈实录，访谈日期：2017年4月19日。
[3] 刘叶访谈实录，访谈日期：2017年4月20日。

外，生产者应该具备更多的产品思维，重视每一个作品的反馈。"① "整个行业积累不够，数据土壤较为单薄，缺乏相关的法律支持和社会背景。我们需要不断地去优化、理解新闻本身，不断积累数据，和专业的记者去合作，每个人都需要更多的学习。"②

无论是故事驱动还是数据驱动，不管是简单明了的信息图还是复杂的交互式设计，数据新闻归根结底还是新闻，它不再复杂神秘，而是逐渐呈现出其本真的面目。"数据新闻是对新闻叙事的一个不同的思考，是媒体应对未来的一个切口，它是一个必然存在的合理部分。一些内容缺乏整理就很难去呈现，数据新闻扮演的就是这样的角色。"③ "尽管如此，但我们不必神话数据新闻，它只是新闻的一种方式之一，虽然现在我们在单打独斗。"④ "中国从业者的参与很活跃，得奖的情况也很多，有跟国际接轨的趋势。在对数据的思考方面，数据新闻从业者现在越来越回归理性；以前可能会更加注重形式的酷炫，而现在会更多注重数据新闻本身的思考。"⑤

数据新闻是一个复合的专业领域，这一点注定了它会受到许多因素影响，包括新闻视角、视觉呈现、用户体验等各个方面。但正因如此，数据新闻才更具有挑战性，更能激发一批对数据、可视化以及新思维、新技术充满热情和期望的从业者不断地尝试和挑战。

参考文献

王琼、刘真真、田青、王文超：《2015 中国数据新闻发展报告》，《中国媒体发展研究报告》，2017。

方洁、胡杨、范迪：《媒体人眼中的数据新闻实践：价值、路径与前景——一项基

---

① 刘叶访谈实录，访谈日期：2017 年 4 月 20 日。
② 吕妍访谈实录，访谈日期：2017 年 4 月 19 日。
③ 吕妍访谈实录，访谈日期：2017 年 4 月 19 日。
④ 黄晨访谈实录，访谈日期：2017 年 4 月 18 日。
⑤ 刘叶访谈实录，访谈日期：2017 年 4 月 20 日。

于七位媒体人的深度访谈的研究》，《新闻大学》2016 年第 2 期。

莫莉：《变革与局限：从技术视角分析数据新闻》，《科技传播》2016 年第 1 期。

毕秋灵：《数据新闻中的开放数据应用》，《湖北社会科学》2016 年第 7 期。

陈虹、秦静：《数据新闻的历史、现状与发展趋势》，《编辑之友》2016 年第 1 期。

陆新蕾：《数据新闻热中的冷思考》，《当代传播》（汉文版）2016 年第 5 期。

《媒体人的深度访谈的研究》，《新闻大学》2016 年第 2 期。

秦福贵、白洁：《媒体融合视角下数据新闻的创新与未来》，《河北大学学报》（哲学社会科学版）2016 年第 2 期。

韩新明、刘海明：《数据新闻编辑应该注意的几个问题》，《中国出版》2016 年第 9 期。

Jonathan Hewett, *Data Journalism*, Abramis Academic Publishing, 2013, pp. 3 – 14.

Tabary C. , Provost A. M. , Trottier A. , "Data Journalism's Actors, Practices and Skills: A Case Study from Quebec," *Journalism: Theory, Practice & Criticism*, 17 (2016): 41 – 47.

Stoneman J. , "Does Open Data Need Journalism?" (2015) .

Borgesrey E. , "Unravelling Data Journalism," *Journalism Practice* (2016): 1 – 11.

McBride R. E. D. , "The Ethics of Data Journalism (2016)" .

分 报 告

Sub Reports

B.2

数据新闻理论发展报告

吴小坤　夏晓晓*

摘　要：　近年来数据新闻相关研究的增长形成了新闻传播学研究领域
中的一大现象，媒体对数据可视化的重视，以及高校数据新
闻相关课程开设也说明了数据新闻正在成为专业领域一项越
来越重要的内容。一方面，由于其生产过程和呈现样态的改
变，尤其是对技术要素的强调，数据新闻更多地被置于实践
领域来考察，而淡化了与之相应的理论观照。另一方面，数
据新闻研究倍增，且其中存在诸多模糊和争议，从概念范畴
到与传统新闻价值的冲突都需要理论厘清。借此，本文在文
献检讨的基础之上，对数据新闻的概念讨论、数据新闻研究
的范畴与路径、数据新闻对新闻专业主义的冲击和影响三个

* 吴小坤，华南理工大学新闻与传播学院教授，上海市社会科学研究基地（上海大学）特聘研
究员；夏晓晓，上海大学上海电影学院硕士研究生。

方面展开分析，以期为数据新闻的现实关注和未来方向提供理论视角的参照。

关键词：　数据新闻　新闻传播学　理论　研究维度　反思

数据新闻热不仅指示了新闻业界努力的方向，也成为新闻传播研究领域的一个重要议题。由于其生产过程和呈现样态的改变，尤其是对技术要素的强调，数据新闻更多地被置于实践领域来考察，而淡化了与之相应的理论观照，甚至有人提出"数据新闻有理论吗?"之类的疑惑。然而，从近年来数据新闻相关研究的增长情况来看，对这个问题的关注和探讨正在构成新闻传播研究中一项重要的知识内容；在相关的研究和讨论中，也不乏理论的检讨和反思。在数据新闻发展的现阶段，我们认为，去讨论数据新闻是否有理论以及是否能够发展出一套不同于以往新闻形态的理论模式为时尚早，况且，这样的讨论对理论的形成并无增益。我们所能做的，是将数据新闻的研究和可能的理论关涉呈现出来，以帮助相关的研究者和从业者更好地理解和实践发展中的数据新闻。

本研究报告将主要包括三个部分的内容：一是关于数据新闻的概念讨论，经过对文献的梳理，我们发现关于数据新闻是什么这个问题众说纷纭，并没有相对一致的界定，因此通过对文献的梳理提取数据新闻的概念将有助于理论探讨。二是关于数据新闻研究成果中的核心视角与重要板块，对这个部分内容的分析将有助于学习者更加综合地看到目前数据新闻理论与实践中所涉及的要素内容。三是通过数据新闻展开的理论反思，主要讨论数据新闻对传统新闻的一些核心问题，如新闻伦理、新闻价值的评判，产生了怎样的影响。需要说明的是，本报告将不局限于 2016 年的数据新闻理论发展，而尽量呈现相对全面的理论研究景观。

一　当我们在谈论数据新闻时，我们在谈论什么

数据新闻在中国的理论研究领域受到关注时间并不长，由对 CNKI 数据

库以"数据新闻"作为篇名的精确检索结果（共 625 篇）可见，这个主题自 2013 年左右开始得到较多讨论，并呈现一路上升的趋势。以"数据新闻"作为主题词方式的检索（共 990 篇）也显示了类似的结果。研究文献的增长曲线与数据新闻在我国新闻实践领域和教学领域的试水时间和发展趋势相一致。值得一提的是，在现有的文献中，也不乏业界从业者的研究贡献。从与其他新闻传播相关研究领域的比较来看，数据新闻领域的探讨在学界和业界之间形成了较好的对话条件。

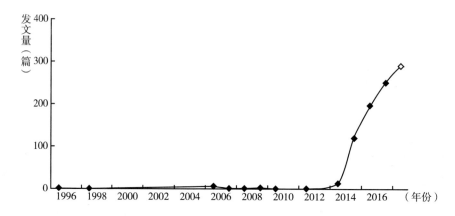

图 1　以"数据新闻"为篇名的 CNKI 文献检索

检索时间：2017 年 3 月 25 日。

（一）"大数据"影子下的数据新闻

使用 CNKI 计量可视化工具对 625 篇文献进行高频词关联分析的结果显示，文献以"大数据"为核心讨论数据新闻，其中"大数据新闻""计算机辅助报道""精确新闻"等都是最常提及的新闻类型；"数据可视化""数据挖掘""信息图表"等是最常提及的技术关联；"新媒体""门户网站"以及作为"可视化"关联显现的"财新网"是最显著的信息呈现平台。

从图 2 的关系呈现中不难看出，"大数据"与"可视化"是当下数据新

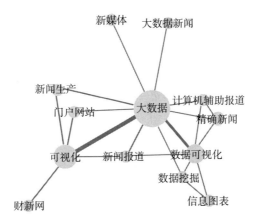

图2　以"数据新闻"为篇名的 CNKI 文献检索高频词关联呈现

检索时间：2017年3月25日。

闻研究领域中的核心概念，因此有观点提出"数据新闻是基于大数据的新闻"[1]，并引发了"大数据"还是"小数据"的概念之争。在实践中，这种争论的意义受到质疑，而数据新闻究竟是什么却仍无定论。

一些学者将"大数据"作为数据新闻的基础，如"数据新闻是大数据与新闻业相结合催生的一种全新的新闻报道形态，利用数据分析工具，从中挖掘、提取有价值的信息，再通过可视化技术呈现给受众的过程"[2]，又如"在大数据等技术支持下，新闻中所需的信息资源，将越来越多地通过自动的方式进行采集，并通过相关的技术进行过滤、分析"。还有学者将分析海量数据作为数据新闻的特性，"数据新闻是用来过滤和分析海量数据新闻的工具，它通过对数据进行整合，实现对新闻的挖掘，数据新闻所用数据是公开的，所用工具资源也是共享的，这是数据新闻的一个特质"[3]。又如，

---

[1] 喻国明、王斌、李彪、杨雅：《传播学研究：大数据时代的新范式》，《新闻记者》2013年第6期，第22~27页；仇筠茜、陈昌凤：《大数据思维下的新闻业创新——英美新闻业的数据化探索》，《中国广播电视学刊》2013年第7期，第12~14页。

[2] 徐岚：《大数据背景下的"数据新闻"研究》，硕士学位论文，上海社会科学院，2014。

[3] 祝建华：《大数据时代的新闻与传播学教育：专业设置、学生技能、师资来源》，《新闻大学》2013年第5期，第129~132页。

"数据新闻就是利用特殊的软件工具，对海量数据进行提纯、分析，找到数据之间错综复杂，甚至并不清晰的关联，挖掘数据背后的故事，并将最终结果以直观明了的方式呈现给受众，帮助公众理解数据背后蕴含的深意，以及这些数据与自己生活联系的一种新闻报道形式"①。

在数据新闻还未在新闻教学和实践中普及之前，对很多学习者、研究者和从业者来说，数据新闻是不是"大数据新闻"成为一个典型的困惑。从教学和实践的经验来看，现在大多数数据新闻使用的还是小数据，数据量的大小与选题范围和数据可获取的条件有关。② 需要注意的是，是大数据还是小数据并不构成数据新闻成立的条件，数据新闻是以数据为核心的新闻形式，数据新闻能否实现更多基于两个原则：其一是数据是不是必要的，以及数据可视化呈现形式是不是必要的；其二是数据质量，即数据是否规范和完整，能够为新闻故事提供支撑。

（二）数据新闻内涵界定中的五大特性

现阶段大多数的数据新闻文献会对数据新闻是什么加以阐释，这说明数据新闻还是一个较新的概念，作者往往认为需要先说明概念才能够开展围绕这个概念的分析和讨论。通过对国内外数据新闻相关教材、专著和文献的梳理，忽略重复性引用概念，我们共梳理出数据新闻的 59 个概念界定。

其中较具代表性的，如《数据新闻手册》中将数据新闻描述为"用数据处理的新闻，数据新闻能够帮助工作者通过信息图表来报道一个复杂的过程。数据可以是数据新闻的来源，也可以是讲述新闻故事的工具，还可以两者兼顾。数据新闻把传统的新闻敏感性和说服力的叙事能力，与海量的数字信息相结合创造了可能"③。国内文献中被提及较多的是方洁《数据新闻概

① 赵江峰：《可视化"数据新闻"：记者角色的新转换》，《新闻研究》2013 年第 10 期，第 8~10 页。
② 吴小坤、童峥：《数据新闻教学的本土化实践与探索》，《教育传媒研究》2016 年第 11 期，第 28~32 页。
③ Jonathan Gray, Liliana Bounegru, Lucy Chambers, *The Data Journalism Handbook*, USA：O'Reilly Media, 2013.

论——操作理念与案例解析》中的定义："对数据的重视和围绕数据所作的采集、分析与呈现工作构成了数据新闻的本质，媒体要推行数据新闻业务，首先要解决数据处理理念和技术问题。而其中的数据应该是经过科学地社会研究方法进行统计分析后得来的信息，即新闻生产者对原始信息进行收集、量化而形成的可被计算和分析的数据，按照报道的目的、依靠科学的程序和方法对数据进行统计分析，然后将被发掘的意义以新闻故事的形式呈现。在这个过程中，数据是支撑整个报道叙事逻辑的关键线索，或是报道中至为重要的论据。"[1] 在该教材中，数据新闻被作为"基于数据的抓取、挖掘、统计、分析和可视化呈现的新型新闻报道方式"[2] 加以技术路径的内涵阐释。

通过对提取的 59 个"数据新闻"内涵界定，结合国内外数据新闻奖的评定标准，我们认为这些界定中蕴含的特征要素包括：新闻性、统计性、工具性、生产流程标准化、新闻行业创新性（见图 3）。从上述特性可以看出，这些概念多强调工具性和生产流程标准化，其次是统计性和新闻行业创新性，而对新闻性的观照却非常之少。这一方面显示了数据新闻的技术和工具化特征，以及在此基础上对新闻生产流程的改变；另一方面也说明了数据新闻在目前的发展阶段通常被作为传统新闻的价值延伸，本身所继承的新闻性并不需要特殊强调。然而，这种在概念界定上就呈现出的对工具性的强调和对新闻性的淡化，却成为人们批评数据新闻弊病的重要抓手，后文中将具体阐释这一点。

对概念的梳理中，我们很难严格区分哪些概念是对哪个特性的强调，大多数概念常常会指向上述特征中的几个，也会有所侧重。这在国外学者和国内学者的定义中具有相似性。比如，劳伦兹（Lorenz）就在 2010 年的数据新闻圆桌会议上提出："数据新闻是一种工作流程，主要包括抓取、筛选和

---

① 方洁：《数据新闻概论——操作理念与案例解析》，中国人民大学出版社，2015，第 2～3 页。

② 方洁、颜冬：《全球视野下的"数据新闻"：理念与实践》，《新闻学研究》2013 年第 6 期，第 73～83 页。

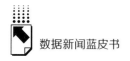

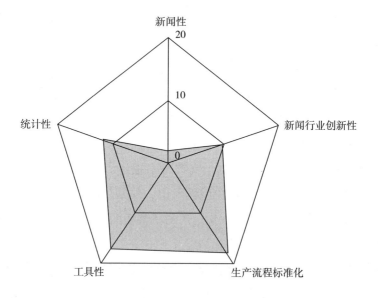

图3　数据新闻定义中强调的特性分布

统计时间：2017 年 3 月 26 日。

重组，过滤掉无用的信息，并通过可视化呈现新闻故事。"[1] 而布拉德肖（Bradshaw）依照传统新闻学里关于"倒金字塔"结构理论，提出了数据新闻的双金字塔结构（自上而下是视觉化、叙事、社交化、人性化、个性化、应用化）。[2] 英国《卫报》的数据新闻编辑、数据博客（Data Blog）的负责人西蒙·罗格斯（Simon Rogers）发表了一篇文章全方位、多线程描述了数据新闻的制作步骤——《数据新闻分解步骤：在你见到的数据背后我们都做了什么》，他认为数据新闻既要处理数据，又要不断检验数据的信度与价值，并通过多种手段和渠道完成报道。[3] 北卡罗来纳大学教堂山分校的名誉教授菲利普·梅耶（Philip Meyer）是精确新闻学理论的奠基人，他认为在

---

[1] 马玉霞：《数据新闻的兴起与发展文献综述》，《新闻世界》2015 年第 6 期，第 210 ~ 212 页。

[2] 任瑞娟、白贵：《数据新闻理论与实践：模式、发现与思考》，《新闻大学》2015 年第 3 期，第 65 ~ 72 页。

[3] Simon Rogers, "Behind the Scenes at the Guardian Datablog", http：//datajournalmhandbook. org/1. 0/en/in_ the_ newsroom_ 3. html.

信息量不足的时代，记者主要的精力在于寻找和获取信息，然而处于信息丰富的今天，信息处理的过程显得尤为重要。① 《数据新闻手册》将数据新闻生产内容的三个主要阶段划分为获取数据、理解数据、传达数据，这一划分也被国内许多学者沿用、借鉴。更有阿隆·菲尔霍夫（Aron Pilhofer）提出，"数据新闻是一个概括性术语"，它涵盖了一套正在不断发展的用于讲故事的工具、技术和方法。②

在很多文献中，作者对数据新闻是什么都有讨论，很多学者从不同的视角对其加以概括，流程的规范化贯穿其中。如毕良宇将传统记者与数据新闻记者进行对比，从"数据采集、数据处理/分析、数据可视化三个方面"详细地阐述数据新闻的生产流程。③ 梁延认为数据新闻就是利用一些开源软件和开放数据创建新闻故事以此揭示比传统新闻更深层的事实，他对于数据新闻的生产过程与《数据新闻手册》类似，只是他将其细分为四个步骤：获取数据、分析数据、数据可视化和公开数据④；而王悦通过梳理2013~2014年阐释数据新闻的文献，虽从数据新闻的生产流程着手，却着重探析了中国数据新闻实践中的问题及其生产的核心竞争力。⑤

在数据新闻的生产流程里，与数据直接对应的是"可视化"。无论是在数据新闻实践中还是在教学中，数据可视化都是核心内容，而与之关系紧密的工具性也自然成为进入数据新闻领域的门槛。有学者对数据新闻可视化的概念和特征进行详细的研究后认为，"数据新闻可视化，是利用先进的计算机网络工程技术和图像处理技术，将数据转化成数字图像在荧屏上显示出来的

---

① 方洁、颜冬：《全球视野下的"数据新闻"：理念与实践》，《国际新闻界》2013年第6期，第73~83页。
② Aron Pilhofer, "New Approaches to Storytellings," *The Data Journalism Handbook*, USA：O'Reilly Media, 2013, p. 7.
③ 毕良宇：《大数据背景下数据新闻的研究——理念、产生方式及应用》，硕士学位论文，华中师范大学，2014。
④ 梁延：《大数据视野下"数据新闻"的发展现状、趋势及其困境》，《东南传播》2014年第11期，第7~9页。
⑤ 王悦：《大数据背景下数据新闻的理念及中国实践探析》，《今传媒》2015年第6期，第16~17页。

形式，通过对新闻图像化的处理，新闻不再以文字形式出现在公众面前，而是以可视化的形式向公众传达具有视觉冲击力的新闻"①。《纽约时报》数据新闻记者 Geoff McGhee 在斯坦福开发可视化交互内容时，以访谈的形式讲述了数据新闻的特点、数据新闻的制作流程以及其中所用的工具。② 我国研究者也强调了这一点，如"数据新闻是在多学科的技术手段下，应用丰富的、交互性的可视化效果展示新闻事实"③。又如，数据新闻内涵即通过对数据的结构化处理与信息图表的设计制作达到对新闻表达方式的创新与新闻深度的开掘的一种新闻报道方式。④

因此，以工具性为核心的可视化成为当下数据新闻的核心，有趣的是，CNKI 检索得到的数据新闻界定中，对可视化的强调远高于对数据分析的强调。这也给摸索中的数据新闻发展带来困惑，比如，在有限的时间里做数据新闻行业培训，是重数据还是重可视化？新闻媒体想发展数据新闻，在有限的招聘指标下，是更需要可视化技术人才，还是更需要能做数据分析的新闻人才？等等。

二 文献中数据新闻研究的主要范畴与路径

（一）新闻、数据与可视化：专著和教材指向的三个范畴

尽管数据新闻还是个发展不久的新事物，但关于数据新闻的相关教材和书籍已有一些。仅从当当网和亚马逊网站上的中文图书检索来看，关于"数据新闻"的图书主要有两类：一类是中国学者和国外学者所写的课程教材；另一类是数据新闻的操作指南，主要涉及数据分析和可视化的案例和实操。其中较具代表性的见表1。

---

① 方秋玲：《大数据支持的数据新闻可视化研究》，硕士学位论文，西南大学，2015。
② 毕良宇：《大数据背景下数据新闻的研究——理念、产生方式及应用》，硕士学位论文，华中师范大学，2014。
③ 郭晓科：《数据新闻学的发展现状与功能》，《编辑之友》2013 年第 8 期，第 87~89 页。
④ 薛晓薇、弓慧敏：《数据新闻内涵、应用及前景探析》，《新闻世界》2014 年第 7 期，第 156~157 页。

表1　数据新闻部分相关教材和专著

作者	著作	出版社	出版年份
朱洁、罗华森	《大数据架构详解：从数据获取到深度学习》	电子工业出版社	2016
刘英华	《数据新闻实战》	电子工业出版社	2016
陈积银、曹树林	《数据新闻入门教程》	西安交通大学出版社	2016
美国 EMC 教育服务团队	《数据科学与大数据分析：数据的发现、分析、可视化与表示》	人民邮电出版社	2016
周英、卓金武	《大数据挖掘：系统方法与实例分析》	机械工业出版社	2016
埃雷兹·艾登	《可视化未来：数据透视下的人文大趋势》	浙江人民出版社	2015
刘义昆、董朝	《数据新闻设计》	广西师范大学出版社	2015
Phil Simon	《大数据可视化：重构智慧社会》	人民邮电出版社	2015
西蒙·罗杰斯	《数据新闻大趋势：释放可视化报道的力量》	中国人民大学出版社	2015
方洁	《数据新闻概论：操作理念与案例分析》	中国人民大学出版社	2015
阿尔伯托·开罗	《不只是美：信息图表设计原理与经典案例》	人民邮电出版社	2015
兰迪·克鲁姆	《可视化沟通：用信息图表设计让数据说话》	电子工业出版社	2014
喻国明、李彪、杨雅、李慧娟	《新闻传播的大数据时代》	中国人民大学出版社	2014
Winston Chang	《R 数据可视化手册》	人民邮电出版社	2014
邱南森	《数据之美：一本书学会可视化设计》	中国人民大学出版社	2014
陈为、沈则潜	《大数据丛书：数据可视化》	电子工业出版社	2013
邱南森	《鲜活的数据：数据可视化指》	人民邮电出版社	2012
Jonathan Gray 等	The Data Journalism Handbook	O'Reilly Media, Inc, USA	2012

注：以"数据新闻"作为检索的统计，采集来源为当当图书和亚马逊图书网站，时间为2017年2月28日。

从出版时间不难看出，这些教材和专著大多在近三年出版。与中国知网中论文检索结果类似，数据新闻的相关图书也呈现了随时间上升的趋势。尤其在2015年和2016年，几位国内学者陆续出版了以"数据新闻"作为标题的教材，这标志着数据新闻作为课程内容在我国学界正式受到关注。实际上，这一趋势与2014年中国传媒大学开设数据新闻实验教学之后，国内一些知名高校陆续开设数据新闻课程相关。除了数据新闻的教材和手册之外，其中还包含两个主要方向：数据分析和可视化。事实上，关于数据分析和可视化的书籍和论文都非常多，且都早于数据新闻进入课程设置。然而，近年

来一方面受到媒介环境变化的影响，另一方面受到数据新闻热的影响，这两个部分的内容受关注程度迅速提升。

（二）实践先行于理论：数据新闻研究的主要路径

数据新闻研究文献显示，学者们对这个议题的关注是实践导向的，无论是研究路径还是研究方法都体现了这一导向。我们对国内外相关研究文献进行了大致梳理后发现，数据新闻研究路径主要包括以下几个。

（1）从案例出发，对数据新闻作品结合生产平台的分析。比如，有研究者系统介绍英国《卫报》以开放式新闻构建数字化的商业模式，具体包括通过开放的评论平台、数据平台和技术平台，以内容开发换取用户规模和在线广告。[1] 以 ProPublica 的新闻实践为例，通过布尔迪厄的"场域"理论，从核心逻辑、新闻生产、传播效果来分析数据新闻的"大数据场域"中的特点。[2] 还有研究者以《卫报》"数据博客"、财新网"数字说"、网易"数读"三家媒体为例，将《卫报》"数据博客"的 284 篇、财新网"数字说"的 211 篇、网易"数读"的 118 篇，共计 613 篇数据新闻作为案例样本，从选题分类、数据来源、可视化呈现、交互性体验四个方面，对国内外网站可视化数据新闻现状进行了对比分析，进而发现我国门户网站可视化数据新闻的优势与不足。[3] 或是以网易"数读"、新浪"图解"、搜狐"数字之道"的数据新闻发布数量和分享方式为切入点，分析国内数据新闻存在的问题以及对策[4]等。这些研究通常将某个或某几个数据新闻生产平台作为案例，对其作品的整体加以归纳和总结，试图发现其中的规律和问题。该类

① 郑若琪：《英国〈卫报〉：以开放式新闻构建数字化商业模式》，《南方电视学刊》2012 年第 2 期，第 112～114 页。

② 徐超超、徐志伟：《场域视角下数据新闻研究——以 ProPublica 的新闻实践为例》，《新闻研究导刊》2015 年第 9 期，第 209 页。

③ 周冉冉：《大数据时代门户网站数据新闻可视化探究》，硕士学位论文，山东师范大学，2015。

④ 张冰清、周彤：《数据新闻理论与实践研究综述》，《传播与版权》2015 年第 3 期，第 26～27 页。

型的研究强调不同平台的特色，但从目前的数据新闻发展来看，即便是同
一个平台，也会因选题和投入差异等，创作出风格迥异的数据新闻作品，
而精品毕竟是少数。现有研究所采用的笼而统之的归纳和试图标准化的研
究方法，难免会因大多数而忽略了隐含在少数精致作品中的数据新闻发展
方向。

（2）对数据新闻获奖作品的研究。如有学者以首届"数据新闻奖"为
例，将首届获奖的大数据新闻作品作为观察对象，分析了数据新闻的特点以
及大数据时代对新闻生产模式、新闻理念创新等诸方面的影响。① 还有学者
将研究样本扩大，对全球数据新闻奖 2012~2014 年，来自 32 个国家与地区
的共 206 篇提名作品为研究样本，从地域分布、制作者、议题焦点等角度进
行了样本统计，就样本所展示的数据新闻作品特征进行了一定的理论分析，
并对反映出的新闻现象进行了探讨。② 相比于针对数据新闻生产平台的案例
选择方式，对获奖作品的探讨有利于弥补忽略精品案例及其所指示的研究方
向的缺陷。但从当前的研究来看，针对国外数据新闻获奖作品，尤其是全球
数据新闻奖（DJA）作品的研究占据了最大多数，而国内相关数据新闻奖的
作品分析却比较少。这一方面反映出理论关注的局限性，另一方面也折射出
国内数据新闻奖在权威提升方面的需求。此外，笔者尝试对这些获奖作品的
搜索发现，国内数据新闻评奖也有一些，但相对零散，获奖作品并没有统一
的平台展示，甚至大多获奖作品难以找到。

（3）对数据新闻机构和工作者的研究，包括媒体、记者和高校。比如
埃斯特尔（Ester Appelgren）采用行动研究方法，对七家瑞典传统媒体公司
数据新闻实践进行了梳理和分析。③凯瑟琳·芬克（Katherine Fink）使用一
种半结构的采访方法对美国的数据新闻予以描述。根据不同的教育背景、技

① 王斌：《大数据与新闻理念创新——以全球首届"数据新闻奖"为例》，《编辑之友》2013
年第 6 期，第 16~19 页。
② 程宁璟：《当代数据新闻作品特征研究——以全球数据新闻奖 2012~2015 年提名作品为样
本》，硕士学位论文，北京外国语大学，2015。
③ Ester Appelgen, Gunnar Hygren, "Data Journalism in Sweden: Introducing New Methods and
Genres of Journalism into 'Old' Organizations," *Digital Journalism*, 2 (2014): 394–405.

能、工具和目标采访到诸多类型的数据记者，发现许多人面临着相似问题，如试图确定他们在其组织的角色。①斯特凡·韦拉奇（Stefan Weinacht）着眼于数据新闻在新闻学院越来越得到实践和教授支持的现实，通过结构化采访35 位有经验的数据新闻工作者，描述数据新闻在德国的发展。②在我国媒体转型的大背景下，数据新闻从业者人才需求紧迫，高校的数据新闻专业课程也刚刚起步。尽管如此，国内研究者对数据新闻从业者的关注已经显现。不仅在对新闻从业者的调查研究中，从媒体转型和前沿发展的角度讨论了数据新闻的从业人员需求和要求③，而且有学者专门对数据新闻从业者展开了系统的研究④。这类研究的增多说明数据新闻行业需求已提上日程。

在研究路径方面，除了上述三点，我们还需要关注到数据新闻的跨学科特点，以及在数据新闻的影响下，新闻报道朝向更加专业化和应用型发展。

三　数据新闻对传统的新闻理论的挑战

数据新闻作为新闻生产中的一大方式，从形式、流程和内涵指向上区别于基于传统采写编评的新闻样式。这种差异也带来了对数据新闻与传统新闻理论是否有别以及区别在何处的讨论，其中较为突出的是以下两点。

（一）数据新闻与传统新闻究竟是否同根同"逻辑"

从理论脉络上看，数据新闻与精确新闻（Precision Journalism）、计算机辅助报道（Computer-Assisted Reporting，CAR）等概念有着一脉相承的关

---

① Katherine Fink, C. W. Anderson, "Data Journalism in the United States: Beyond the 'Usual Suspects'," *Journalism Studies*, 16（2014）: 1 – 15.

② Stefan Weinacht, Ralf Spiller, "Datenjournalismus in Deutschland," *Publizistik*, 59（2014）: 411 – 433.

③ 周葆华：《中国新闻从业者的社交媒体运用及其影响因素：一项针对上海青年新闻从业者的调查研究》，《新闻与传播研究》2014 年第 12 期，第 34～53、199～210 页。

④ 张婵：《中国数据新闻工作者劳动状况的研究》，硕士学位论文，山东大学，2016。

联。20 世纪 60 年代，美国学者、新闻记者菲利普·迈耶（Philip Meyer）提出了精确新闻理论，将其定义为"将社会科学和行为科学的研究方法应用于新闻实践的报道"[①]。有研究者指出，强调数据运用，是精确新闻报道的一大特点，特别是量化研究的数据，主要是以数字及图表的形式出现。[②] 无论是从侧重点还是从呈现样式来看，数据新闻都具有与其一脉相承的特征。计算机辅助报道使用计算机来辅助收集和处理信息的新闻报道方式，其发端于 20 世纪 50 年代，伴随着计算机技术的发展，经历了使用大型机处理政府数据库、发现和调查新闻事实的早期阶段，再到 20 世纪 70 ~ 80 年代通过 PC 机普及、商业和政府数据库的进一步开放形成的"以新闻报道为目的，对任何计算机化的信息来源的处理和使用行为"的第二个阶段，发展到 20 世纪 90 年代中期以后利用互联网进行新闻采集、分析和制作的第三个阶段。[③]

上述三个概念颇为纠结，有不少学者都曾尝试厘清其中的关系。国内存在两种较为明显的观点：一种观点认为，数据新闻由精确新闻发展而来，是"在数据时代的衍生品"，是"精确新闻的进一步延伸"；另一种观点则认为，数据新闻由计算机辅助报道发展而来，"计算机辅助报道就是起源于精确新闻报道的需要，而数据新闻在计算机方面的应用就可以被理所当然地视为计算机辅助报道在大数据时代的提升和发展"。

这两种观点之间的争议在于，数据新闻是侧重于分析逻辑，还是侧重于技术逻辑。其背后的实质性问题则是：数据新闻与传统新闻之间的传承关系是否存在以及如何存在？对这个问题的理解差异，直接影响到数据新闻的生产思路和发展方向。反映在现实中的问题转化为：数据新闻该如何在技术的强化中保持新闻价值的核心？

[①] Meyer Philip, *Precision Journalism: A Reporter's Introduction to Social Science Methods* (4th ed.), Rowman & Littlefilid, 2002, p. Ⅷ.

[②] 章永宏、黄琳：《重建客观：中国大陆精确新闻报道研究》，中国书籍出版社，2013，第 21 页。

[③] 方洁：《数据新闻概论——操作理念与案例解析》，中国人民大学出版社，2015，第 17 页。

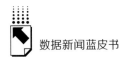

 数据新闻蓝皮书

（二）传统的新闻专业主义是否依旧适用

与上述问题紧密相关的另一个问题则是，新闻专业主义被动摇。关于新闻专业主义的理论研究不在少数，自互联网时代以来，新闻专业主义就受到了巨大的冲击，也引发了不少争议；而数据新闻给传统的新闻专业主义带来了新的挑战。从某种意义上看，这也是互联网和大数据时代所塑造的环境条件所致，数据本身及其所关涉的环境条件，是这一问题中的关键所在。数据的介入对传统的新闻专业主义造成的影响主要体现在两个方面。

1. 数据的客观性

数据的客观性主要是指数据本身存在的缺陷和问题。正如陈力丹教授所指出的那样，数据并不完全是客观存在，也不完全是客观存在的真实写真。① 这使得依靠数据形成的数据新闻的客观性难以保证。这主要是由于数据作为数据新闻报道的新闻源，看似客观，实际上也和其他新闻来源一样，有正误之分。大数据不等于全数据、真数据。② 数据规模、数据透明度和数据开放性都会影响到数据的客观性。③ 另外，记者的价值判断和选择同样贯穿数据新闻制作的全过程。

同时，数据新闻报道的数据来源包括政府机构、企业、研究机构、国际组织、民意测验和传媒机构自身采集的数据等。④ 其中，通过机构，特别是政府机构获取的开放数据所占比例最高。所谓开放数据，指的是不受著作权、专利权以及其他任何限制，并开放给社会公众自由查询和使用的

---

① 陈力丹、李熠祺、娜佳：《大数据与新闻报道》，《新闻记者》2015 年第 2 期，第 49～55 页。

② 陈力丹、李熠祺、娜佳：《大数据与新闻报道》，《新闻记者》2015 年第 2 期，第 49～55 页。

③ 张帆、吴俊：《2011～2015：大数据背景下英美数据新闻研究述评》，《国际新闻界》2016 年第 1 期。

④ Knight, M., "Data Journalism in the UK: A Preliminary Analysis of Form and Content," *Journal of Media Practice* 16（1）：55 – 72. 转引自张帆、吴俊《2011～2015：大数据背景下英美数据新闻研究述评》，《国际新闻界》2016 年第 1 期，第 62～75 页。

数据。[①] 一方面，开放数据有益于公众利益和基本权利的保障；另一方面，开放数据中的记录也可能对人们的生活造成负面的影响。对于数据新闻的生产而言，开放数据的影响同样具有两面性。一方面，公开、可得的数据的丰富性，能够保证数据新闻的新闻源的丰富性和可检验性，还能拓展数据新闻的报道领域。另一方面，开放数据的易得性，也使得数据新闻报道面临新的伦理问题。其中最为突出的就是开放数据的滥用问题，数据新闻近年来的发展中，已有一些案例证明了这一点。

2. 数据的适用性

所谓数据的适用性主要是指，由各种信息汇集在一起而形成的大数据，各种信息片段的交叉、重组、关联等，以及其所达到的去匿名化效果是否在数据新闻的使用中带来了不当的结果，比如个人隐私权的侵犯。事实上，隐私权在互联网时代之后，其内涵和外延都发生了很大的变化，传统的把关人框架下的隐私权标准已不再适用。隐私权从消极的"不被打扰的权利"发展成积极的"控制有关自己的信息传播的权利"。[②] 无论是出于对工具的使用，还是出于对传播的需要，个人信息的泄露以及数据化的使用，都在所难免，而这也带来了数据技术伦理讨论中的潜在威胁。

随着数据集的增大以及计算机技术的进步，侵犯隐私的成本大大降低。与此同时，确保公众的知情同意权的成本不断攀升。[③] 我们使用互联网的各种路径和形态时留下了海量的信息和信息痕迹，都被作为大数据的一部分保存和汇集。虽然掌握着用户大量数据的主题不是传统媒体，但媒体和掌握各方面大数据的组织可以建立以利益为背景的合作关系。当特定的报道题目涉及用户隐私时，媒体有可能违背职业道德，利用这层关系获取数据。[④]

---

①　朗劲松、杨海：《数据新闻：大数据时代新闻可视化传播的创新路径》，《现代传播》2014年第3期，第32~36页。

②　路娟：《新媒体传播中隐私侵权问题及救济路径研究》，清华大学出版社，2016，第39页。

③　Joshua Fairfield, Hannah Shtein, "Big Data, Big Problems: Emerging Issues in the Ethics of Data Science and Journalism," *Journal of Mass Media Ethics* 29 (2014): 38-51.

④　陈力丹、李熠祺、娜佳：《大数据与新闻报道》，《新闻记者》2015年第2期，第49~55页。

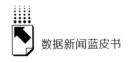

从理论上讲，隐私权的问题属于一个法律问题，数据新闻所触碰的边界理应也以法律的方式解决。然而，就目前的情况来看，法律政策的出台需要较为漫长的时间，相关的法律法规还未完善，或还在继续完善的道路上。值得注意的是，2016 年，欧盟委员会出台最新的《全球数据保护法规》，旨在加强和统一个人信息保护，使信息主体重获对个人信息的控制。[1] 2016 年 11 月，我国也颁布了《网络安全法》，正式确认个人对其网上个人信息的"删除权"，规定："个人发现网络运营者违反法律、行政法规的规定或者双方的约定收集、使用其个人信息的，有权要求网络运营者删除其个人信息。"

对大数据技术来说，传统的模糊化、匿名化这两种保护隐私的方式基本失效。[2] 有观点指出，即使大数据集中的数据都是匿名的，也可以通过个人的搜索历史、社交媒体上的信息内容或联系人轻而易举地确定其身份和名字，实现去匿名化。[3]而这也是记者在生产数据新闻时不得不考虑的问题。

---

① 李兵、展江：《美国和欧盟对网络空间"被遗忘权"的不同态度》，《新闻记者》2016 年第 12 期，第 63 ~ 70 页。
② 黄欣荣：《大数据技术的伦理反思》，《新疆师范大学学报》2015 年第 5 期，第 46 ~ 53 页。
③ Joshua Fairfield, Hannah Shtein, "Big Data, Big Problems: Emerging Issues in the Ethics of Data Science and Journalism," *Journal of Mass Media Ethics* 29 (2014): 38 – 51.

B.3
数据新闻技术与新闻生产的再造

钱　进*

摘　要：　本文通过考察数据新闻制作技术在新闻生产诸多环节中的应用，试图去探讨数据新闻作为一种新的范式和逻辑，如何去再造传统的新闻生产。本文发现，在新的社交媒体驱动新闻背景下，从新闻室中关联数据驱动的数据共享和数据库的工具化，到基于数据的事实核查，再到数据新闻交互的移动转型以及将虚拟现实技术引入数据新闻的呈现，都体现了数据新闻制作技术的具体应用。

关键词：　数据新闻　制作技术　关联数据　新闻生产

一　引言

作为一种新闻实践，数据新闻不仅代表了一种新的新闻报道形式，它更在新媒介环境下，展现了对整个新闻生产流程进行改造的可能。因此，当对数据新闻制作技术进行考察时，所关注的焦点不仅仅要落在数据新闻最终的产品上，更重要的是探究数据新闻制作技术如何嵌入整个新闻生产流程之中，以及这种结合对于新闻采集活动带来的改变。本文将沿着新闻生产的流程，依次考察在新闻采集的各个环节，数据新闻制作技术如何展现其可能性以及它引发的一系列变革。

＊　钱进，博士，上海外国语大学新闻传播学院助理研究员，主要研究方向为数据新闻和国际传播。本文获得上海外国语大学教改项目"数据新闻课程群建设研究"的支持。

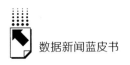

二 已有文献及研究方法

当新闻创新成为整个新闻业在面对新媒体冲击时所转向的主流话语时，技术作为其中关键性要素，不再是以一种隐形的方式为新闻实践提供支撑，而是伴随着整个新闻生产的不断技术更新和迭代，渗透在日常的新闻实践当中。由数据所驱动的新技术弥散式的嵌入，也使得新闻从先前的"假设驱动"转化为"数据驱动"。[①]

在实践中，数据新闻已成为新闻媒体数字化战略中最重要的组成部分。对于这些媒体的网站来说，其主要功能已从之前"新闻/信息"传递逐渐转变为"新闻/信息"分享与互动。在这个新角色下，新闻媒体希望提供更多的方式，让受众与其所提供的内容进行互动，并参与到内容的再生产过程中，而数据新闻正好能够实现这些功能。[②]

同时，大数据成为新闻业不得不去面对的现实存在，其所内嵌的技术逻辑也在挑战着关于新闻认识论的传统理解。例如，基于数据处理过程，新闻生产过程被重新理解为获取/观察、选择/过滤和加工/编辑。获取/观察这一环节便涉及计算机化的把关，记者利用一系列软件和工具，自动并持续关注政客们的言行。[③]

Lewis 和 Usher 就提出了一个在开源网络技术背景下理解新闻的新框架。其中，新闻被想象为源代码，即记者在初始阶段提供新闻的基本要素和材料，而当发表后，读者们便参与到新闻的发展推进过程中。同时，记者被想

① Parasie S. , "Data – Driven Revelation? Epistemological Tensions in Investigative Journalism in the Age of 'Big Data'," *Digital Journalism* 3 (2015): 364 – 380.

② Aitamurto T. , Sirkkunen E and Lehtonen P. , "Trends in Data Journalism". (2011) Available at: http: // virtual. vtt. fi/virtual/nextmedia/Deliverables – 2011/D3. 2. 1. 2. B_ Hyperlocal_ Trends_ In%20 Data_ Journalism. pdf.

③ Stavelin E. , *Computational Journalism*: *When Journalism Meets Programming*, PhD Dissertation, University of Bergen, Bergen, 2013.

象为知识管理者,即记者不仅仅是信息的传递者,而且是知识生产的参与者。①

同样,在新闻的分发环节,对于受众的想象也要被重新定义,即他们不再是被动的接收者,而是更主动地参与到新闻过程当中,获取知识,并利用新闻所提供的原始数据,来形成自己独特的新闻叙事,如互动新闻和数据库等。②因此,新闻机构都试图让受众更容易接触到这些数据,并对它们做更为详细的标注和说明,从而使其更易理解。③

因此,基于文字的传统新闻叙事,也因数据驱动的新闻实践的介入而发生着改变。在传统的叙事结构中,新闻将相关的材料及其消息源一并按照一定的逻辑和顺序组织起来,不同的部分有着清晰的过渡。其间伴随着插入话题和偏题,但持续时间不长,且颇为克制。然而在数据新闻中,更多的主动权交由读者,由其来控制互动的方式与新闻故事的走向与方式,因此在其叙事中,逻辑与顺序并不明显,偏题和插入也更为频繁。④

本文通过对一系列数据新闻实践案例进行考察与梳理,试图探究它们作为一种技术和逻辑,是如何影响到整个新闻生产流程的。

三 研究发现

事实上,数据新闻的源头可回溯至早期的计算机辅助报道。⑤尽管作为

---

① Lewis S. C. and Usher N. , "Open Source and Journalism: Toward New Frameworks for Imagining News Innovation," *Media*, *Culture & Society* 35 (2013): 602 – 619.

② Lewis S. C. and Westlund O. , "Big data and journalism," *Digital Journalism* 3 (2015): 447 – 466.

③ Parasie S. and Dagiral E. , "Data-driven journalism and the public good: 'Computer-assisted-reporters' and 'programmer-journalists' in Chicago," *New Media & Society* 15 (2013): 853 – 871.

④ Segel E. , Heer J. , "Narrative Visualization: Telling Stories with Data," *IEEE Transactions on Visualization and Computer Graphics* 16 (2010): 1139 – 1148.

⑤ Coddington M. , "Clarifying Journalism's Quantitative Turn: a Typology for Evaluating Data Journalism, Computational Journalism, and Computer-assisted Reporting," *Digital Journalism* 3 (2015): 331 – 348.

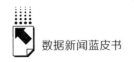

一项有着较长历史的新闻实践，计算机辅助报道在很大程度上局限于较小范围内新闻记者群体的实践。其中重要原因之一便在于此项实践本身所设计的软件技术问题，如高昂的软件费用以及复杂的操作流程等。随着开源软件运动的兴起，大量免费的网络服务和简化的软件应用降低了技术门槛，从而使数据新闻的推广和普及成为可能。因此，数据新闻也便与开源运动的基本精神——开放性形成了天然的连接。这种开放性精神，随着数据新闻在全球各地新闻室的扩散，渗透至新闻生产过程中。

（一）关联数据与新闻室中的数据共享

阅读他人撰写的报道是新闻室中许多记者迅速获取信息的最重要方式之一。然而，这是一种颇为低效的方式。记者们需从大量低关联度的报道中去寻找诸如某个日期、单词的拼写或是某则背景信息等。同时，新闻事件在不断发展中，相关数据也随之变动，这给工作增加了更大的难度。此外，新闻室中的电脑里，存储着记者们在新闻采访过程中积累下来的大量数据。然而，这些分散的数据因无法便捷地在同处于新闻室中其他记者之间进行分享，而降低了整体的新闻采集效率。在传统的新闻室中，因为信息获取较为困难，这些数据被视为条线记者的个人资源。[1]随着政府信息公开运动的推进，记者们面对的问题从信息稀缺转化为信息过载。同一新闻室记者在各自的新闻采集过程中，可能会进行重复的数据收集。针对此问题，《芝加哥论坛报》的前程序员 Christopher Groskopf 便开发了一款用于整合新闻室内部数据资源的系统 Panda。利用此系统，同一新闻室里的记者之间不仅可通过该系统共享各自制作的数据表格，还可以对储存其上的整个新闻室的数据进行全局搜索。与简单搜索不同，它提供了多种方式的精准搜索方式，如搜索某一指定列中数据，抑或是搜索某一类别的数据等。此外，某一项公开数据需与记者为获得它而提出的数据公开申请书并置在一起，才能更好理解这些数

---

① Sigal, L. V., "Reporters and Officials: The Organization and Politics of Newsmaking," *DC Heath* (1973).

据的意义。针对采访过程中收集整理的数据需辅以大量解释性文档的问题，Panda 配置了相关文件系统来完成对所存储的数据的注解。

同时，对于新闻室中从事调查新闻报道的记者来说，管理其在采访、调查和研究过程中累积的一系列数据，尤其是文本数据是其工作中最为繁重的任务之一。由美联社开发的 Overview 便是一款试图去帮助记者们对大量文本文件数据进行清洗、可视化和分析的工具。它其中包括文字识别系统、搜索引擎、词云、命名体识别和文件主题聚类等模块。它可分析的文本数据类型也非常丰富，涵盖了电子邮件、PDF 格式文档、社交媒体内容以及在线评论等。通过用户对文本自行添加标签，系统可以自动对这些文本数据进行主题建模并聚类，从而将大量貌似无序的文档组织起来。基于组织起来的数据，记者们可根据不同的模型和方式来对它们进行意义的发掘，或是从海量文档中寻找某一份或几份与报道极为相关的文档①，或将系统生成的聚类作为报道起点②，抑或是对这些海量文本进行筛选③。

以上案例中数据的挖掘与分享，仍然是针对某一具体话题或事件，不同话题和事件之间并不存在太多的联系。然而，在社交媒体驱动新闻的当下，打通和勾连不同事件之间的关键要素，将会大大提升记者们的工作效率。BBC 从 2012 年伦敦奥运会报道便开始推进"关联数据"计划。所谓"关联数据"，便是将之前散落在各处、涉及某个新闻话题的各方面信息勾连，其中包括采访中的引语、背景资料以及新闻报道等。正是借助此项计划，在奥运会报道中，BBC 能够即时更新几百名运动员和比赛项目的页面。

实现对数据进行关联的核心便是 BBC 自主研发的关键数据提取工具

---

① Jarrel Wade，"TPD working through flawed mobile system"，2012 年 6 月 3 日，http：//www. tulsaworld. com/news/crimewatch/tpd – working – through – flawed – mobile – system/article_2b10ec31 – 6e1b – 56d4 – 9afe – ba9288518261. html？mode = story。

② "What did private security contractors do in Iraq？"，2012 年 2 月 21 日，https：//blog. overviewdocs. com/2012/02/21/iraq – security – contractors/。

③ "Document mining shows Paul Ryan relying on the the programs he criticizes"，2012 年 11 月 2 日，https：//blog. overviewdocs. com/2012/11/document – mining – shows – paul – ryan – relying – on – the – the – programs – he – criticizes/。

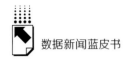

Juicer。该工具的基本功能就是通过语义分析技术，从超过600个国际媒体消息源的大量新闻报道中提取有意义的关键数据。具体流程是先获取新闻内容，然后从文章中提取关键概念，并将它们与自建数据库中已有数据进行比对，之后将符合的内容进行标注并入库，最终可通过 API 接口调取这些数据。

对于记者来说，需要做的就不仅仅是之前那样根据自己采访和资料收集撰写单独的新闻报道，他还要将其整个新闻采集过程与对"关联数据"库的使用和维护相结合，即在报道过程中，一方面要参考库中的数据，提高报道效率；另一方面，记者在采访过程中新采集到的原始信息，如消息源姓名、机构和组织信息等，都要录入库中，并标记他们之间的关系。这样，先前孤立出现在单个报道中的关键性信息，通过"关联数据"将被重新激活，知识在关联过程中被不断积累，并可根据需求被随时调取、查询与使用。从另外一个角度看，这些关联后的数据所构成的新闻知识是结构化的，即按照一定的规则将分散的信息组织起来，它与我们之前所理解的松散的新闻信息形成对比。

（二）数据库的工具化

自建数据库，对于从事数据新闻报道的团队来说，逐渐成为一种必要的信息基础设施。一方面，是由于大量开源数据库开发工具的出现，建库的成本大大降低。另一方面，与之前将数据库作为报道的辅助工具不同，新近的数据新闻项目则在探索，如何将数据库产品化为可被政府、记者和公众各方都能使用的服务，而不是内部的私密资源。

克罗地亚的非政府机构 GONG 的"影响力马赛克"项目便是一个主要跟踪政治敏感人物的数据库。该数据库从公共信息中，搜集、提取并分析那些有着重要政治影响力人物的动态，主要侧重于他们与公共和私营公司与机构之间的关系。由于对分散在各处的数据进行了整合和加工，该数据库使得包括调查记者在内的专业人士在对这些敏感人物进行调查和报道时，可极大提升信息搜寻的效率和准确度。

对于新近更多涉及数据新闻的项目来说，它们关注的不仅仅是数据库的开放问题，而且更重要的是，如果基于这些自建数据库，开发出可用于日常研究和报道的工具和应用，可以降低各方使用数据库的门槛。

Glass Pocket Watch 是匈牙利的非营利调查新闻机构 Atlatszo. hu 发起并维护的，一个旨在督促政府和公共机构进行即时数据更新的工具。[①]根据匈牙利 2003 年通过的"透明口袋"法案，政府部门有义务及时公开其掌握的数据。该数软件时时跟踪、监测这些政府机构网站的公开数据部分，一旦有变动或更新，系统将立即提醒订阅者，同时并将这些数据发布到公众可接触到的数据库中。此外，该软件独特的算法自动计算这些网站的更新频率与习惯，一旦它们未及时更新，软件便会向相关部门和个人发出预警，提示他们做出回应。

罗马尼亚深度报道中心[②]也正在测试一款有助于调查记者进行协作的开源数字工具。该款工具最大的特征在于它的分布式和非等级化的数据分析。分布式意味着使用者们可以更快地分享信息与数据，而非等级化则意味着他们可以自由地对这些数据进行讨论和标注，而这又将会因对数据进行多次发掘，而释放出更大的潜力。同时，针对当下调查记者的工作与生存环境，此款数据共享与分析软件专门在轻量、移动和安全保密这几个方面做了适配，尤其适合便携设备使用。工具开发者们的目标就是，在新闻项目的开展过程中，各方可以一种分布式、流动的方式展开信息和数据上的合作。

（三）基于数据的事实核查

作为记者日常新闻采集过程中的关键环节，事实核查是确保新闻报道的准确性以及新闻媒体可信度的重要屏障。随着新闻的社交媒体化，新闻失实大规模爆发，成为困扰媒体与公众的难题。特别是在 2016 年美国大

---

① https：//adatujsagiras. atlatszo. hu/2016/11/17/kozpenzkoveto – alkalmazas – fejlesztesere – nyertunk – palyazatot – a – google – digital – news – initiative – programnal/.

② https：//www. agerpres. ro/economie/2016/11/17/finantare – de – 850 –000 – de – euro – de – la – google – pentru – trei – proiecte – jurnalistice – din – romania – 15 – 04 – 00.

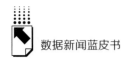

选期间，竞选人可能向公众发布不实信息，成为大选中最为重要的议题之一。如何利用数据新闻提供的可能性去抵御假新闻的冲击，各方也纷纷做出尝试。

由公共数据实验室（Public Data Lab）和第一草案（First Draft）合作推出的"假新闻识别指南"项目便是讨论如何利用数字方法来追踪假新闻的生产、传播与接收的过程。其中一项重要方法，便是利用网站中的跟踪器去识别和跟踪假新闻的传播过程。所谓跟踪器，就是每个网站都具有的跟踪访客信息的代码，其中包括访客数量、访客浏览网页的习惯以及广告的效果等。预先收集一批已被公认为发布假新闻的网站，利用 DMI Tracker Tracker（跟踪信息识别工具）去分析这些网站跟踪信息的特征，并建立关系网络档案。当某个网站被怀疑可能涉嫌发布虚假新闻时，只需要将该网站的跟踪信息与之前建立的关系网络进行关联性比对，从而去评估它的可信度。

基于该原理，BuzzFeed 利用跟踪器中相关广告信息，去探究假新闻网站与在线广告平台之间的关系。通过分析 107 家样本网站，BuzzFeed 发现，其中超过 60 家依靠这些在线广告平台营利。同时，它们利用这些平台上的漏洞，通过制作具有欺骗性质的新闻标题，取得平台的自动推荐，从而获取点击率完成套现。

同样，Kaggle 平台上的 Getting Real about Fake News 项目致力于收集假新闻网站，并对网站的关键信息进行分析和归纳，其中包括 URL 地址、跟帖与回复数量以及被分享的次数等。在对 244 个假新闻网站的 12999 个帖子进行分析后，总结出这些帖子的传播特征，并将这些特征数据进行开源分享。

除了收集和分析专门发布假新闻的网站以外，利用自建数据库去识别具体新闻中的虚假事实部分则是阻击假新闻的另外一种路径。ClaimBuster 便是专门针对该问题而开发出来的一款基于自然语言技术的实时事实核查工具。它并不自动进行事实核查，即指出被核查的言论是否属实，而是将它们与其自建的事实数据库进行比对后，标注出"值得去核实"的部分，并在

0 ~ 1 的量表中给出数值，数值越大就意味着越值得去核查。①以 2016 年 3 月 17 日澳大利亚联邦议会的一场在野党对执政党的质询会中的八个问题和回答为例，在总共 270 个被分析的句子中，ClaimBuster 显示其中只有 5.6% 的句子数值超过 0.6，即值得被核查。

Churnalism 同样是采用比对自建数据库的方法，来帮助公众识别新闻报道是否受到政治和商业利益的影响。② 当用户把一段文字输入系统中后，Churnalism 的搜索引擎会对比数据库中信息，而该数据库的知识图谱的来源涵盖了包括 PR Newswire 在内的主要公关消息源。系统会以数值的形式，自动标注出目标文字中与公关稿件中重叠的程度，从而帮助公众判断此则报道的客观程度。

媒体机构也尝试将核查服务进行工具化改造，即通过网页插件等形式，嵌入人们日常网络浏览行为当中，从而使核查有更广的使用场景。B. S. Detector 便是一款以浏览器插件形式存在的事实核查工具。通过比对第三方开放数据库中的信息，自动识别有问题的网站，并用显著的视觉符号进行标注。与其他同类网站关注事实真伪不同，该工具将这些可信度存疑的网站按照问题类型进行分类，其中包括假新闻、极度偏激、阴谋论、谣言、政府新闻、伪科学、仇恨团体和诱骗点击。

而 Lazy Truth 是针对电子邮件中充斥的大量虚假新闻而进行事实核查的轻量插件工具。它有自建谣言数据库，即从各个消息源处收集、整理、归类和索引各种谣言和虚假新闻以及对它们的揭露和修正，涉及的主题涵盖政治传说、坊间传闻和安全预警。当用户收到含有此类信息的邮件时，系统会将其与数据库中的信息进行搜索和比对，并标识出可能存在的虚假信息和谣言。

---

① Peter Fray，"Is that a fact? Checking politicians' statements just got a whole lot easier"，2016 年 4 月 19 日，https：//www. theguardian. com/commentisfree/2016/apr/19/is - that - a - fact - checking - politicians - statements - just - got - a - whole - lot - easier。

② http：//web. archive. org/web/20140810090302/http：//churnalism. sunlightfoundation. com：80/about/。

在事实核查结果的呈现方面，制作者们也尝试使用更为活泼的图示化方式，以一种更为亲和的方式传递给公众。作为较早将事实核查引入公众视野当中的《华盛顿邮报》，为使事实核查结果的呈现更为直观和有趣，便引入"匹诺曹测试"这个基于卡通图示的方法来标识政客们言论中的事实可信度。[1] 一个匹诺曹表示言论中有部分属于灰色地带，或是有选择性地陈述事实，或是故意遗漏某些信息，抑或是夸大部分内容，但基本上可被视为具有真实性。两个匹诺曹则表示言论中含有比较严重的夸张或重大的事实遗漏，并可能含有失实部分。三个匹诺曹则表示言论中含有严重的事实性错误。四个匹诺曹则表示该言论完全是谎言。一个倒立的匹诺曹则表示发表该则言论的政客之前发表过与此完全相反的观点。

巴西的事实核查项目 Truco 也采取了类似的卡通可视化形式，来标识言论的真实度。它用不同神态、不同颜色的小丑，分别标注言论是否缺乏背景信息、与之前观点相左、利用真实数据做伪证、数据无法被查证以及整体性失实。[2]

（四）数据新闻交互的移动转型

数据新闻在其初始，多倾向于大型、复杂的作品，它们往往试图将更多的信息，以尽可能多的方式呈现出来。随着移动阅读成为一种趋势，基于桌面系统的传统数据新闻就显得过于臃肿，因此诸如动态的 D3 和循环播放的 GIF 便成为移动化转型的选择。Buzzfeed 在其对数据新闻进行移动化改造时，其最重要的宗旨便是让用户避免去点击按钮或是菜单。这样的倾向，也反映在《卫报》新近的数据新闻设计理念当中。在该报的编辑们看来，在移动为先的背景下，之前在数据新闻，尤其是数据可视化中繁复的交互已不适

---

[1] Glenn Kessler, "About The Fact Checker", 2013 年 9 月 11 日, https：//www. washingtonpost. com/news/fact – checker/about – the – fact – checker/? utm_ term =. 936cc3a253e1。

[2] https：//translate. googleusercontent. com/translate _ c? depth = 1&hl = en&rurl = translate. google. com&sl = es&sp = nmt4&tl = en&u = http：//apublica. org/truco/&usg = ALkJrhjS9hX67roNYJIgyZuCcYQgSfg1og.

用。相反，数据可视化需要从一种自成一体的思路中走出，与新闻报道进行有机的集合，最终成为整个新闻叙事的一部分。①

因此在越来越多的长文章中，尤其是在调查性报道当中，数据可视化部分越来越倾向于选择用简单、可交互的图表来配合报道。澳大利亚《悉尼先驱晨报》在"澳洲最热结婚日背后的科学解释"的报道中，数据新闻编辑们选择用多幅简单、直接的折线图穿插到报道之中。②通过一幅幅互动折线图，整篇新闻报道被分解成一个个片段和部分，从而帮助读者们去理解整个报道。这也反映出，将大量数据直接导入给读者的方式已不能满足他们的需要，这些数据需要结合报道，在整个叙事中去彰显意义。

与此同时，移动终端受屏幕大小的限制，这也就意味着它与面向桌面电脑的数据新闻产品有着不同的交互逻辑，而最大的区别就是严格控制与用户的互动。数据新闻产品，尤其是数据可视化产品，其在初始便预设了其展示场景，即在桌面电脑的浏览器中使用。为了增强其吸引力，同时也是利用其桌面屏幕所提供的可能性，开发者们多会尝试在作品中融入更多的互动设计。然而在移动终端上，屏幕尺寸的限制，使得可展示的空间变得非常有限。空间变小的同时，屏幕使用的方式也发生了改变，即桌面的横向转为竖向。这些人机互动的根本性变化，使得滑动替代点击成为最重要的交互方式。这也给数据新闻的交互设计带来一系列变化。

以数据新闻中常见的图表为例。在很长的一段时间内，点击是数据新闻生产者最常使用来进行图表变化的方式，如嵌入图表的下一层和过滤图表中的数据等。但随着社交媒体所定义的不断向下滑动成为标准，它也成为图表交互中一种新的方式。*Tampa Bay Times* 在一篇关注 Pinellas 县日益严重的校园种族隔离的数据新闻报道中，便使用向下滑动来完成不同图表之间的转换，从而保证读者更容易理解整个作品，并使数据处于屏幕的核

---

① https：//policyviz. com/podcast/policyviz – podcast – episode – 15 – aron – pilhofer/.

② Inga Ting, "The science behind the weird pattern to Australia's most popular wedding dates", 2015 年 12 月 4 日，http：//www. smh. com. au/national/what – are – the – most – popular – wedding – dates – in – australia – 20151204 – glfrod. html。

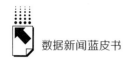
心位置。[1] 同样，在《纽约时报》的一则"美国和欧佩克如何驱动油价"的报道中，也是使用滑动来完成不同图片之间的转换，同时并配以一段文字加以解释或说明。简化后的交互方式，与之前诸如使用筛选器等方式呈现数据的方式不同，它更强调了制作人员的视觉编辑能力，即从不同的数据组中提取意义，并将其以用户习惯的交互方式——滑动方式加以呈现。

《华盛顿邮报》在关于搜寻马航失事航班的可视化报道中，为呈现飞机黑匣子可能沉入的海底之深以及打捞难度之大，将15000英尺的海底剖面图以垂直的方式展现出来，而不同的参照物被并置在剖面图中，如倒立的帝国大厦和不同深海鱼类的最深潜游深度等都被用来标识不同深度，用户则通过简单向下滑动页面来阅读这些内容。制作者们有意加长了剖面图的长度，用户需拖动页面颇久才能到达底部。作品试图通过这种漫长的探索和等待来让用户感受海底的深度，实现的方式却又极为简洁。

（五）虚拟现实中的数据新闻

虚拟现实作为新近颇为热门的技术概念，早已渗透至各大媒体的创新产品设计当中。对于将真实作为其根基的新闻类产品来说，虚拟现实带来的对真实的沉浸式体验，也决定了它与该项技术有着诸多的契合性。然而，当此项技术引入以抽象图形和数字为主要特征的数据新闻中时，则需要完成一系列从技术逻辑和设计语言的转化。

Google新闻实验室所制作的"英国脱欧公决"互动指南，便是全景化数据可视化的一种尝试。基于Google对欧洲各国关于"英国脱欧"相关话题搜索结果的统计与分析，该作品试图用360度全景地图方式向用户们呈现，各国搜索用户在该问题上各自所关注的话题是什么。[2] 作为一家致力于

① Nathaniel Lash, "Why Pinellas county is the worst place in Florida to be black and go to public school," 2015年8月12日, http://www.tampabay.com/projects/2015/investigations/pinellas - failure - factories/chart - failing - black - students/。

② Simon Rogers, "How we made a VR data visualization", 2016年6月20日, https://medium.com/google - news - lab/how - we - made - a - vr - data - visualization -998d8dcfdad0#. vuk5sk2wi。

推动虚拟现实的技术公司，Google 意识到，将简单直接的可视化数据转化为一种全景沉浸式体验，不仅是呈现形式的维度变化，而且是一系列基本设计逻辑的调整和创新。

首先是文字的陈列问题。由于 VR 自身的技术特性，即长时间沉浸其中易产生眩晕感，因此对于文字数量需有着严格的控制，以防给用户造成不适。其次，在虚拟空间中，传统终端上的点触功能难以在其上实现，因此用户只能通过长时间关注对象来完成在虚拟空间中的选择。而这一交互行为又将导致用户由于过长时间的注视引起眼睛的不适。再次，对用户在虚拟空间中进行定位，也有着一定的难度。如果任由其移动，很可能造成迷失或转向等问题。因此，解决的方法便是尽量将信息散布在用户视觉的周围，从而尽量减少他们的搜寻范围。而诸如侧栏等次重要的内容，则考虑被置于用户的身后。此外，虚拟数据作品中的视角问题亦是不得不考虑的因素。在"英国脱欧"这个互动作品中，创作者们选择俯视而非仰视，即用户向下看可以发现欧盟的旗帜。做出这样的选择是基于用户的舒适度。①

作为传统的将数据新闻作为其重要新闻产品的《华尔街日报》来说，如何将虚拟现实技术引入产品中，是其在近期不断探索的一个主题。其关于纳斯达克 21 年股指的分析报道"纳斯达克再次陷入股市泡沫？"②，便是将虚拟现实技术与数据新闻结合的一种尝试。在这个虚拟现实的数据新闻作品中，21 年纳斯达克的股指数据按照时间顺序依次排列，用户犹如在一条由数据组成的道路上行进。道路的高低起伏，完全由股指的高低变化决定。同时，市盈率的高低则由轨道的宽窄来显示。轨道越窄，则表示泡沫的风险越大。用户们可以通过头戴 VR 眼镜、手机和桌面电脑等三种终端，来体验该则报道。根据用户使用的设备不同，该作品也提供了不同的交互方式。例如，手机用户可以通过点击屏幕来控制内容的播放和停止。通过这样一种近似沉浸式的体验，先前枯燥的股指数据以及市盈率所决定的"泡沫"都被直观而立体地呈现出来。

---

① http：//news – lab – brexit. appspot. com/en/.

② Roger Kenny and Ana Asnes Becker，"Is the Nasdaq in Another Bubble?"，2015 年 4 月 23 日，http：//graphics. wsj. com/3d – nasdaq/.

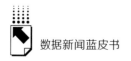
四 未来趋势

数据新闻的制作技术与整个互联网行业技术的更迭密切相关，包括移动为先、大数据驱动的算法变革以及全球数据开放运动等在内的一系列新技术思潮也必然会以各种方式，进入数据新闻生产的过程之中。

首先，数据新闻产品的轻量化转向。随着更多的移动设备成为人们消费媒介内容的主要平台，尤其当小程序等用后即走的开发平台逐渐成为主流，数据新闻的呈现也需随之做出调整，即面对移动场景而进行的轻量化改造。先前大型、独立且耗费大量网络资源的数据新闻作品在移动为先的当下显得不合时宜。一大批诸如 GIF 动图和更简化的图表等轻量化形式在数据新闻制作的过程中被使用，并不意味着技术的倒退，而是在新的过载的媒介内容中，化繁为简，展现数据新闻自身所具有的明晰、简洁与直接的特征。

其次，与算法相关的各种技术将会逐渐渗透到数据新闻当中。随着人工智能概念逐渐进入媒体行业，作为其背后重要的技术支撑——算法，也从之前技术圈中的专业话语进入大众的日常话语。越来越多的数据新闻作品也利用算法作为背后的驱动技术。随着大量数据涌入新闻室中，数据新闻记者们需要更有效的算法来快速处理和整合它们。《纽约时报》在美国大选报道中，创造性地使用基于大量数据和独特算法制作的时时大选预测工具便是一例。另外，当算法嵌入日常生活中后，它所存在的偏向问题，也是数据新闻这种独特形式可去调查和揭示的。ProPublica 便将美国司法官员们用来评估罪犯是否可能重新犯罪的系统 COMPAS（Correctional Offender Management Profiling for Alternative Sanctions）作为报道对象，深入该累犯评估系统背后的关键算法，发现了该系统存在种族歧视问题。[1]

---

[1] Jeff Larson, Surya Mattu, Lauren Kirchner and Julia Angwin, "How We Analyzed the COMPAS Recidivism Algorithm", 2016 年 5 月 23 日, https: //www. propublica. org/article/how－we－analyzed－the－compas－recidivism－algorithm。

最后，跨国协作也成为数据新闻制作过程的一种常态。随着全球范围内数据开放运动的兴起，政治、资本与人的跨国流动也变得有迹可循。一系列有影响力的数据新闻报道作品也多为跨国协作的结果。在跨境洗钱和腐败等话题方面，协作尤为频繁。由于在单一国家调查贪腐问题具有相当的难度，特别是当涉案资金多为跨国流动时，通过他国的数据和更详尽的背景知识来完成调查，便成为一种最优选择。同时，大量诸如 Aleph 开源跨国协作工具的出现，也使即时的跨国协作成为可能。

参考文献

Coddington M. , "Clarifying Journalism's Quantitative Turn: A Typology for Evaluating Data Journalism, Computational Journalism, and Computer-assisted Reporting," *Digital Journalism* 3 (2015): 331 - 348.

Segel E. , Heer J. , "Narrative Visualization: Telling Stories with Data," *IEEE Transactions on Visualization and Computer Graphics* 16 (2010): 1139 - 1148.

Sigal, L. V. , *Reporters and Officials: The Organization and Politics of Newsmaking*, DC Heath, 1973.

Stavelin E. , *Computational Journalism: When Journalism Meets Programming*, PhD Dissertation, University of Bergen, Bergen, 2013.

B.4

2017年数据新闻媒体发展报告

吕宇翔　王嘉旖　苏　亚*

摘　要： 通过对数据新闻发展历程的系统梳理，本文将财经媒体、精确新闻、网络媒体、专业团队作为"数据新闻"开端、升级、崛起、成熟的四个阶段性标志。同时，文章总结分析了2016年国际和中国重大数据新闻媒体事件，指出未来数据新闻媒体将在加强交互式与移动化布局、倡导轻量化阅读、增进自身开放型数据资源建设方面做出更大努力。

关键词： 数据新闻　数据新闻媒体　年度报告

数据新闻并不是一件新鲜事。如果以利用了数据或技术手段进行新闻报道为标准，那么英国《卫报》1821年的创刊号上就有小学生在校人数和平均消费水平的统计数据，而随着传媒业的发展，几乎所有媒体都会利用统计数据进行一些客观报道；信息技术的开发，又给这一报道方法带来新的应用。1952年美国哥伦比亚广播公司（CBS）就第一次使用了大型计算机来预测总统选举结果（虽然当时更多还只是一些噱头）。此外，包括20世纪60年代美国出现的"精确新闻"概念等，都或多或少可以和"数据新闻"联系起来。

---

* 吕宇翔，博士，副教授，清华大学新闻与传播学院新媒体传播研究中心主任助理，主要研究方向：媒体技术、新媒体传播、文化产业；王嘉旖、苏亚，清华大学新闻与传播学院硕士研究生。

而近年来"数据新闻"的火爆，则与大数据方法的兴起、可视化手段的丰富有着直接的联系。

一 数据新闻媒体的发展

（一）财经媒体——"数据新闻"的开端

如果以新闻报道中所用到的数据来衡量，财经类媒体无疑是使用"数据"最多的媒体类别。据不完全统计，自早期的《华尔街日报》开始，几乎所有的财经类媒体都会使用大量数据作为报道的主要内容，包括不同国家和地区的经济发展状况、不同类别的产业发展分析、全球各地的股市交易数据，以及资本市场的纵横捭阖，等等。

事实上，当前国际主流媒体，几乎都有专业的财经报道团队以及专门的财经内容平台，如《华尔街日报》《纽约时报》《金融时报》《卫报》《日本经济新闻》等报纸，《经济学人》《福布斯》《财富》《彭博商业周刊》等期刊，以及以财经新闻见长的彭博社、路透社、法新社等通讯社和几大电视网BBC、CNN、CNBS等，还有数不胜数的财经类网站。[1] 而新中国的专业财经媒体则由20世纪70年代末的《市场报》开端。[2]

1979年10月1日创刊的《市场报》，以"维护市场秩序，提供商情商机"为宗旨，开创了很多中国报刊史的"第一"：人民日报社的第一份子报；改革开放后我国第一张经济类报纸；最早刊登广告的报纸之一；全国第一家彩色印刷的报纸；也是第一家大量刊登短新闻、短评论，强调实用性、知识性、服务性的报纸。[3] 其中就包含了大量我们现在视为"数据新闻"的

---

[1] 杭敏、李成章：《国际财经媒体评述与未来发展趋势》，《传媒》2016年第23期，第57～58页。

[2] 秦朔：《秦朔：新时期中国财经媒体回眸与启示》，《第一财经日报·要闻》2015年8月27日，http://www.yicai.com/news/4677840.html，最后访问日期：2017年3月10日。

[3] 禹建强：《市场报兴衰探析》，《青年记者》2009年5月上，第46页。

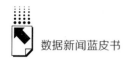

财经类报道。

而《市场报》的创办者，《人民日报》原副总编安岗，1983 年又在原《中国财贸报》的基础上创办了《经济日报》；其后，1985 年初中国轻工业联合会主办的《消费时报》创刊；1987 年中国人民银行主管的《金融时报》发行；以及广东的《粤港信息日报》《信息时报》、上海的《上海工业经济报》（《第一财经日报》的前身）分别在 1985 年前后诞生，形成了财经媒体快速发展的格局。同时，大量的财经数据新闻也随之涌现。

20 世纪 90 年代初，随着我国证券业务的开展，上海《新闻报》开辟了第一个股市证券报道专栏；随后，相关的专业报纸如《上海证券报》《中国证券报》《证券时报》相继创刊。① 初期的证券报中，大量的股市交易信息以表格及数据报道的方式呈现，随后不同题材的宏观经济分析、产业深度报道、个股评述也日益丰富起来，"数据新闻"的应用形式也越来越多样。

经过一段快速发展期，2000 年以后，财经类媒体逐步形成了一定的格局。包括后来颇具影响力的《财经》杂志，南方报业集团的《21 世纪经济报道》，上海文广集团、广州日报社、北京青年报社联合主办的《第一财经日报》，以及三大证券报等媒体，在传统纸媒领域占据相当份额后，也不断拓展新的内容渠道与报道形式，在互联网领域和信息数字化方面取得了相当好的成绩。再加上电视媒体在财经领域的深度参与（如 CCTV－2），初步形成了财经"数据新闻"的主要阵地，并为后来交互式"数据新闻"内容的开发积累了丰富的经验，培养了大批人才。

而在网络和移动互联时代，很多从事"数据新闻"报道的团队或主创人员，或多或少都有财经类媒体的从业经验，这与财经类媒体长期关注数据、以数据事实说话、报道形式不断创新，以及技术手段日益丰富都有着直接的联系。

---

① 周晓红：《守望的缺失与重建：中国证券纸媒股市报道研究》，博士学位论文，复旦大学，2013，第 15 ~ 17 页。

（二）精确新闻——"数据新闻"的升级

精确新闻发端于 20 世纪 50 年代兴起的"计算机辅助报道"（Computer Assisted Reporting，CAR）①，而早期最著名的例子应当是 1952 年美国哥伦比亚广播公司（CBS）使用大型计算机来预测总统选举结果，虽然后来有报道称当时并没有使用数据②。但事实上，自 20 世纪 30 年代以来，媒体参与各类民意调研就已经有了很多案例，其中当然少不了对数据的分析与解读。

20 世纪 30 年代之前，美国众多的报纸已经介入民意测验领域，主要包括赫斯特报系、《纽约论坛报》《辛辛那提问讯报》《哥伦布电讯报》《芝加哥论坛报》等③；40 年代，媒体支持或参与的调查机构纷纷建立起来，并逐渐演变成专门的媒介调研机构，成为媒体经营的一个部分。随后，记者们开始使用大型电脑主机处理政府数据库信息，以发现和调查新闻事实。

直到 60 年代，使用计算机进行数据分析，并基于公共利益的精确新闻才开始流行起来。1967 年，就职于《底特律自由新闻报》的菲利普·迈耶（Philip Meyer）使用计算机对一个针对当地居民的调查进行了细致的分析，为报道当年夏天发生的黑人骚乱事件增色不少；其后，迈耶又先后参与了《费城问询报》对当地司法系统的量刑模式分析、《迈阿密先驱报》对资产评估记录分析等工作，并于 1973 年出版了《精确新闻》（*Precision Journalism*）一书，为新闻与数据分析结合提供了可用的技巧与范式，开创了真正意义上的当代精确新闻。④

---

① 莫绍强、刘江林：《计算机辅助新闻报道的产生、发展及演变》，《新闻战线》2016 年第 6 期，第 135 页。

② 《1967~2015 年数据新闻 50 年简史》，http：//www. 199it. com/archives/411462. html，最后访问日期：2017 年 3 月 20 日。

③ 苏宏元、陈娟：《从计算到数据新闻：计算机辅助报道的起源、发展、现状》，《新闻与传播研究》2014 年第 10 期，第 81 页。

④ 维基百科"Data Journalism"：https：//en. wikipedia. org/wiki/Data_ journalism，最后访问日期：2017 年 3 月 20 日。

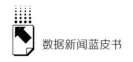

中国媒体引入民意调查的方式进行新闻报道始于 20 世纪 80 年代，而精确新闻报道风气的形成则是从 90 年代初开始的。[①] 1990 年，中央人民广播电台与中国社会调查所联合推出《调查与回声》专题节目；1993 年，《中国青年报》成立社会调查中心，并在报纸开设《调查·观察》专版；随后，《北京青年报》等报刊媒体也逐渐推出《公众调查》《公众焦点》等专版，从衣食住行、旅游娱乐及文化消费等方面，将社会调查机构的成果以量化的报道方式公布出来。[②]

同一时期，上海的《文汇报》和《解放日报》、广州的《南方周末》和《信息时报》、北京的《中华工商时报》等媒体，或以专刊专版专栏的形式，或不定期刊载调查类的精确新闻。1997 年，中央电视台《中国财经报道》栏目推出《每周调查》节目，以"居民投资面面观"开了我国电视媒体精确新闻报道的先河。一时间，精确新闻在媒体界广受欢迎。

而财经类媒体，更是充分发挥自身用数字说话的特长，以计算机辅助报道或精确新闻的方式，不断开拓新的报道形式和内容，如《经济观察报》《21 世纪经济报道》等，开始发布自己的经济指数，大大提升了在读者中的影响力。

按现在"数据新闻"的定义来衡量，以调查为基础的精确新闻并不一定具有严格意义上数据新闻的全部特征，此时的媒体仅仅将数据新闻作为自身选题的一种补充，或者当作报道中的实证性材料来提升主题的深度。但它们的基本形式，以一个话题为核心，运用调查所得的数据分析，大多配有一定的图表，还有科学的分析方法，已基本形成了数据新闻的整体面貌。

（三）网络媒体——"数据新闻"的崛起

20 世纪 90 年代初万维网（World Wide Web）的出现，迅速使互联网成

---

① 刘晓红：《精确新闻报道：现状、问题和教育》，《新闻与传播研究》1998 年第 1 期，第 3 页。

② 梁舞：《精确新闻报道在中国的发展以及存在的问题》，《东南传播》2006 年第 3 期，第 28 ~ 29 页。

为人类的"第四媒体",其海量信息、数字化、交互式等特性,也使其成为数据新闻的最佳承载平台。起初,各大媒体纷纷搭建的网站,将自己生产的内容搬上网;2000年以后,相关媒体开始认识到数据新闻在网络平台上的展示优势,而开始了真正意义上的专业数据新闻生产。

以数据新闻领域的最早的实践者之一英国《卫报》为例,其2006年便制定了"网络优先"的报道策略,并在2009年开辟了《数据博客》(Data Blog)栏目,成为数据新闻发展的一个里程碑。该栏目报道的新闻内容涵盖政治、经济、体育、战争、灾难、环境、文化、时尚、科技、健康等不同领域,以图表、地图以及多样化的互动方式来展现不同的主题,使用的数据类型既有量化数据也有质性数据,还有两者兼顾的混合数据。①

《纽约时报》也从2009年开始生产交互式数据新闻,其早期的尝试中即有关于美国失业率的交互式报道。②2010年,《纽约时报》收购了数据新闻网站FiveThirtyEight,以加强自身的数据新闻生产能力(该网站于2013年脱离《纽约时报》)。2014年,《纽约时报》正式设立主打数据新闻的栏目The Upshot,关注政治、政策和经济分析等领域的问题,利用数据的分析和呈现来剖析复杂事件背后的故事。类似的栏目还有《洛杉矶时报》的《数据桌》(Data Desk),独立新闻网站ProPublica的数据新闻栏目Data,等等。

国际媒体数据新闻实践蓬勃发展的另一个重要诱因是2010年的维基解密事件,大量的公开数据推动了更多的媒体参与到从数据中挖掘新闻故事的过程中来。如《卫报》便于2010年10月发布了一则"伊拉克战争日志"(Wikileaks Iraq War Logs:Every Death Mapped)的报道。该报道基于维基解密的数据,利用谷歌提供的免费软件Google Fushion,制作了一幅点状数据地图,地图上的每一个红点都代表了伊拉克战争中的一次死伤事件,并以交互的方式展现事件的伤亡人数、时间、造成伤亡的具体原因,数据多达39.1万条,聚合起来形成了巨大的冲击力,新闻从业者富于人性的思索通

---

① 郝丽伟:《英国〈卫报〉数据新闻研究》,硕士学位论文,河北大学,2014,第20~21页。

② 马金馨:《从〈纽约时报〉、彭博社看数据新闻的运用及发展》,《中国记者》2015年第1期,第93页。

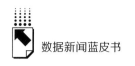

过精准的数据和适当的技术被传达出来。

中国网络媒体的数据新闻风潮大约始于 2012 年，其最初也仅是精确新闻的一种延续。2012 年 10 月 25 日，财新网创建"数字说"板块，并且打出"财新数字说，新闻轻松看"的口号，以"用数据解读新闻，用图表展示新闻，将数据可视化，为用户提供更好的阅读体验"为定位，成为国内首家制作财经数据新闻的网站。财新网"数字说"结合自己的定位以及内容特色，将数据新闻分为股市、贪官、经济、银行、灾难事故等几类。

同样是 2012 年，新华网开始了数据新闻的探索。不同于其他数据新闻团队的是，"多维度"是新华网数据新闻团队的亮点之一。[1] 通过多维数据的呈现，新华网的数据新闻团队以多样化的交互展示方式让受众感受到数据之美。如 2014 年底新华网数据新闻团队推出的《打虎拍蝇记》，汇集了十八大以来 700 多名落马官员的数据。通过引入"数据立方体"的概念，新华网的数据新闻团队将原本单一的新闻事件解构为一个立方体，包含了不同的维度和角度，使得受众更易于理解其中的叙事逻辑。

各大门户网站也都开辟了数据新闻频道（或图片/数据新闻频道），如"新浪图解"，"搜狐数字之道"，"网易数读"，腾讯"数据控""新闻百科"，等等；中央电视台网站也专门设置了《图解新闻说明书》栏目；一些的垂直媒体网站更是大量采用数据图表方式来报道新闻，如和讯网的"数据报道"、199IT 的"信息图"、慧博网的"图解资讯"频道等。这些栏目（频道）大多以图解、信息图等方式更直观地展示新闻，在数据采集、内容编排、交互方式、分析框架等方面进行了全方位的尝试。

（四）专业团队——"数据新闻"的成熟

数据新闻报道进入成熟时期的一个重要标志，是专业数据新闻团队的出现。其不仅仅标志着数据新闻市场的成熟，读者对数据新闻的需求越来越大，也体现了复合型专业人才的价值，是数据新闻作为一个产业成熟的重要

---

[1] 胡乃雯：《新华网数据新闻研究》，硕士学位论文，湖南大学，2016，第 40 页。

体现。

2001年，《华尔街日报》开始尝试数据新闻方向的业务，成立了100多人的专业团队，负责数据的挖掘和可视化。[①] 2007年，《纽约时报》便成立了记者与程序员的互动新闻技术团队，负责交叉技术和采编，后于2014年组织数据编辑团队推出了数据新闻栏目 The Upshot。2014年底，《卫报》重组了编辑团队，专门成立了数据项目团队和可视化团队，使数据新闻成为新闻编辑室的三大主要方向之一。Quartz、BuzzFeed 等网络媒体也先后组建了数据新闻团队。

国内媒体根据自身的发展特色，也纷纷组建或改变现有的工作团队和工作流程。一些传统媒体相继加强了自身的数据编辑和处理能力，而网络媒体更是利用自身的优势，纷纷组建相关的专业团队。财新数据可视化实验室成立于2013年10月8日，结合了新闻编辑和数据研发等功能，实验室成员10人左右，包括编辑、技术和设计人员，项目过程中也会根据内容与不同的编辑及记者合作。2015年底，新浪成立新媒体实验室，虽然该机构在新浪内部经历多次调整，并且以融合新闻产品生产为目标，不完全以数据新闻业务为核心，但其生产的大部分内容中包含数据可视化环节，在人员配置上也包括编辑、设计师、前端工程师等多种类别。类似的，网易也组建了相关的新媒体实验室。

而数据新闻走上主流新闻舞台的另一大重要标志便是其成为高校专门设立的专业之一。中国传媒大学是国内第一个设立数据新闻报道专业的高校。2014年，中国传媒大学的新闻与传播学院紧随数据新闻发展热潮，从全校范围内遴选出18名三年级学生，组成了国内首创的数据新闻报道实验班，从而率先在数据新闻领域开展教学、科研。2015年，新闻学专业（数据新闻报道方向）正式成为中国传媒大学的普招专业。[②] 直至2016年，教育部

---

① 张晓慧：《〈华尔街日报〉数据新闻的应用与未来发展》，《传媒》2015年第22期，第55页。

② 全媒派：《传媒大学设数据新闻方向，4年学什么?》，http://news.qq.com/original/dujiabianyi/digatalasds.html，最后访问日期：2017年3月10日。

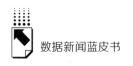
批准中国传媒大学新闻学专业（数据新闻报道方向）开始实行自主招生。国内其他高校，如中国人民大学、武汉大学等，也在相关专业的课程体系中增加了数据新闻内容。专业人才的培养无疑会为未来的数据新闻媒体提供强有力的支持。

此外，数据新闻团队还进行了更多商业化尝试。2014 年，ProPublica 推出了数据商店（Data Store），将数据集以免费或付费的形式提供给其他记者、学者和企业顾问，付费数据集价格从 200 美元到 1 万美元不等，商店上线四个月内下载量达到了 500 个数据集，获得了超过 3 万美元的收入。①《卫报》等媒体也在线上推出了数据商店，将数据集本身作为产品提供给受众。数据商店不仅为数据新闻媒体创造了收入，还吸引了更多的人参与到数据新闻的制作中。国外的网络巨头如 Google、Facebook、Twitter 纷纷推出了自己的新闻实验室和数据新闻相关工具，国内也生发出不少如镝次元、数据新闻（djchina.com）等小型专业数据新闻团队。

二　2016年数据新闻媒体事件

（一）国际

1. 数据新闻媒体推进移动端布局

随着移动智能终端设备出货量不断创新高，受众的阅读行为也迅速从 PC 端转移到移动端，数据新闻媒体在内容生产方面也紧跟趋势，加强了移动端的布局与内容适配。

社交网络媒体 BuzzFeed 的作品"天空中的间谍"（Spies in the Skies），获得 2016 年全球数据新闻奖的年度最佳数据可视化奖（大型新闻编辑室）。作品借助从航班信息追踪网站上获取的飞机定位数据，用数据地图的方式展

---

① Jake Batsell，"Capturing Value：Data Journalism as a Revenue Supplement，"http：//news - biz. org/post/91171429928/capturing - value - data - journalism - as - a - revenue，最后访问日期：2017 年 3 月 20 日。

现了美国联邦调查局（FBI）和美国国土安全局（DHS）使用小型飞机进行秘密空中监视的情况。该作品是数据新闻媒体针对用户移动端阅读习惯的适应性尝试，成功地呈现了快速加载的可视化效果和针对小屏幕的独特设计。

BBC的可视化新闻在移动端推出了"你们有多平等？"（How Equal Are You?），通过交互式的故事呈现方式来吸引读者的注意。用户在滑动结果的时候可以触发动画效果，以帮助用户注意到统计的图表和结果，上线当天便收获了150万的阅读量。还有很多数据新闻作品，针对移动端做了专门的优化，改变了早前数据新闻以PC为主的交互方式，适应受众阅读行为的变化。①

2. 美国大选数据新闻的多种尝试

2016年美国大选是一件关注度非常高的热点事件，各大媒体纷纷投入巨大的人力物力进行报道，其中当然不乏数据新闻形式。大选期间，多家媒体选择运用数据新闻方式来预测选举结果，直播选举过程。

《纽约时报》的预测报道收集了从6月1日到11月8日每一天两位候选人的支持率，制成连续的折线图，用户可以借助辅助线查看每个时间的支持率对比，还可点选每个州查看具体的支持情况。

谷歌利用自身工具直接在地图上展示投票结果；《赫芬顿邮报》则提供了两个界面供切换，一是地图上的结果显示，二是用不同大小的方形表现各州选举人票的差异，以帮助理解美国选举的计票方式；路透社则以像素点阵式的虚拟美国地图来同时表现选举人票差异和投票结果；以预测信息为主的新闻网站FiveThirtyEight则选择了蜂窝式的六角形结构来组成可视化地图来呈现。

各大媒体更是在选举当天随时更新选票数据，并利用多种形式的交互手段给带给用户更直观的感受与体验。虽然很多主流媒体未能正确预测大选结果，但在数据新闻制作和数据呈现方面都做出了不少创新和尝试。

---

① 全球编辑网络网站，https：//www.globaleditorsnetwork.org/programmes/data－journalism－awards/dja－2016－shortlist，最后访问日期：2017年1月20日。

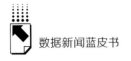
3. 个性化交互式体验作品获青睐

以用户作为内容主体的数据新闻作品受到广泛的欢迎。虽然这样的形式实际上更类似于一些小型交互软件，但用户可以通过媒体后台的数据库查找分析出与自身相关的数据信息，无疑大大增加了用户的使用热情。

英国《卫报》制作的"英国国家健康体系"（NHS）的系列报道，通过仪表盘来展现该体系花费了多少钱，其特色在于设计了交互式的小测验，受众可以输入自己的个人情况，软件便会自行计算出个人的医疗支出情况。

类似的，美国新闻网站 ProPublica 制作的"医疗开支"（Dollars for Docs），收集了从 2013 年 8 月到 2015 年 12 月的公共支出数据，可以帮助用户搜索自己的医生从医药公司手中接受了多少美元，还可获得一个系统提供的"问题清单"，具有很强的互动性和实用性。

BBC 也在个性化交互式数据新闻方面做出了很多成绩。继 2015 年"你最适合哪种运动？"（Which Sport are You Made for？）获得全球数据新闻奖后，BBC 又在 2016 年里约奥运会期间推出了一款数据对比小游戏"谁是你的奥运形象代言人？"（Who is Your Olympic Body Match？）该软件采集了超过 10500 名运动员的基础数据，用户只需输入自己的身高、体重及出生年月等信息，就可以找到与自己信息相匹配的相似运动员，相当具有趣味性。

4. 媒体合作开辟数据新闻新通道

相对传统新闻而言，数据新闻团队往往要面对海量的数据资源，对这些信息的加工处理是一项烦琐的工作，要从中挖掘新闻线索与故事情节，工作压力可想而知。虽然计算机辅助报道等方式可以在很多方面减轻记者们的工作压力，但同一团队往往只能从中找到一两条故事线索，对于很多有价值的数据资源来说无疑是一种巨大的浪费。因此，数据新闻媒体打破了以往媒体"独家新闻"的运作模式，大量开通了媒体间的合作渠道，使更多的新闻故事呈现在受众面前。

其中代表性的事件便是 2016 年的"巴拿马文件"（Panama Paper）。该文件来自一家总部设于巴拿马的法律事务所，包括 2.6TB 的数据，大约 1150 万份文件，涉及全球多个国家、地区的大型公司及富豪们通过离境公司隐匿资产和逃税行为。虽然当事法律事务所声明这些数据为黑客通过非法途径获取，但媒体从中读出了很多故事。

德国《南德意志报》在获取这些数据后，通过国际调查记者联合会（ICIJ）与全球媒体共享，有近 80 个国家 107 家媒体参与到对这些数据的分析之中，不同媒体的数据小组通过共享数据、在线交流等方式，分享梳理思路和阶段性成果，创建出许多（交互式）数据新闻作品，斩获了包括全球数据新闻奖、网络新闻奖（Online Journalism Awards）、乔治·波克新闻奖（George Polk Award）在内的多项大奖。

还有媒体团队专门开发出"踏上你的冒险"（Follow Your Own Adventure）互动游戏，根据真实的文件数据，让读者扮演足球运动员、政客和商业主管，体验使用离岸公司的经历。

5. 传感器新闻形成开放型数据网

或许我们已经熟悉了"墨迹天气"等 APP 带给我们的空气质量、气温、风力、云层甚至现场图片等实时数据，当这些由分布在各地的传感器不间断采集的数据与用户创造的内容结合起来时，就已经形成了一个开放性的数据网络。

印度媒体 IndiaSpend 推出的 breathe 平台，开创了传感器新闻的先河。该机构利用自己创建的开放式低成本传感器平台，以 GPRS 信号来传输印度多个城市的实时空气质量数据，并以小时均值的方式显示在地图之上。同时，该平台还以交互的方式允许用户实时查询某个传感器所记录的空气质量指数、颗粒物浓度、气温等信息，这些数据每 5 分钟更新一次，每小时合计均值，并用图形化的方式显示对比和分析结果。

事实上，传感器新闻并不是近年来才开始出现的。在 21 世纪早期，依托专业机构建立的水文监测、海平面上升、卫星云图等信息就已经形成了不少专业的数据资源。但印度 IndiaSpend 所建立起的是一个独立的低成本开放型数据平台，这对于新闻媒体来说具有重大的意义。

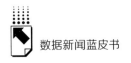

（二）中国

1. 中国媒体入围全球数据新闻奖

2016 年，财新网获得全球数据新闻奖（Data Journalism Awards，DJA）最佳数据新闻网站（Data Journalism Website of the Year）提名，成为唯一获得提名的中国内地媒体。该奖项于 2012 年创办，由环球编辑网络（Global Editors Network）评选，受到了谷歌新闻实验室和奈特基金会等多家机构的支持。

2016 年，财新传媒分别提交了《政府·大楼》（*Power and Tower*）、《从调控到刺激：楼市十年轮回》（*China's Property Market：A Decade of Ups and Downs*）和《不安的中东》（*The Restless Middle East*）三个作品。这三个作品的共性是基于大量的数据分析处理，以可视化方式，如地图、散点图和折线图等，反映出一个较为深刻的主题。

其中，《政府·大楼》以地图＋图片的方式汇集了全国 100 多个政府大楼的卫星鸟瞰影像。《从调控到刺激：楼市十年轮回》则以房价地图、环比分布、房奴计算器等方式，形象地展示了中国楼市自 2005 年到 2016 年的整体变化趋势，以及政府调控政策和各城市房价的历史轨迹。《不安的中东》则以地图、统计数字、新闻图片等多种交互方式展示了中东地区不同国家的宗教、石油、商贸、战争、政治，以及人口、经济、军队等全方位的信息。

自 2013 年成立数据可视化实验室以来，财新传媒做了不少优秀的数据新闻产品。其作品荣获 2014 年腾讯传媒"年度数据新闻"大奖，2015 年再度获得亚洲出版业协会（SOPA）"卓越新闻奖"。作品英文版荣获国际新闻设计协会（SND）多媒体设计奖特稿（单一报道）优秀奖。另一产品《青岛中石化管道爆炸事故》也荣获亚洲出版业协会"2014 年度卓越新闻奖"。这些都标志着中国的数据新闻产品不断走向成熟，也在不断满足着受众的多样化需求。

2. 两会报道凸显数据新闻大优势

自 2012 年数据新闻逐渐在国内主流媒体形成热潮以后，2016 年的两会成为数据新闻一展风姿的重要舞台。以新华社、《中国日报》、中央电视台等为代表的中央主流媒体在传统新闻报道的基础上，纷纷增加了自身的数据新闻报道，增强了"两会"新闻报道的可看性。

以《中国日报》为例，其2016年"两会"数据新闻报道主要诉诸热点解码、政策解读、视觉化解析最新的信息资讯。以统计图表、时间线、泡泡图、信息图、数据地图等可视化形式对应不同类型的数据展示，而且这些可视化的数据新闻报道也得以在微信、微博等社交媒体上广泛传播，从而大大增强了这些主流媒体的影响力。部分主题漫画的形式也给受众一种耳目一新的感觉。中央电视台也在很多栏目中使用了数据新闻的报道方式，在屏幕上以统计图表、发展历程梳理分析了不少受众关心的热点议题。

网络媒体更是发挥其互动优势，借助数据新闻手段以通俗易懂的方式全面分析"两会"，新华网在"两分钟让你对政府工作报告心中有数"板块中，运用声音、动画、数据结合的形式，简明地阐释了李克强总理所做的政府工作报告的主要内容。新浪新闻以"升级中国"作为"两会"报道中心，从专版首页便大胆插入互动内容，并重点突出该网站特别推出的H5小游戏《浮生记》挑战城市生活，让受众体会在城市生活的机遇和挑战。

各大媒体还纷纷加强了移动端的数据新闻应用，在移动端加强了视觉效果的编排，使用户更容易接触信息，并对内容产生兴趣，从而促进信息的进一步传播。除手机客户端外，很多媒体还纷纷利用微博和微信公众号，以更简洁的方式将内容搬至移动端，给用户更多的选择，凸显数据新闻在重大事件报道和分析解读方面的明显优势。

3. 跨界融合展现数据新闻好前景

2016年4月，第一财经与阿里巴巴联合打造的数据财经新媒体"DT财经"正式亮相，标志着互联网资本与传统媒体合作的新篇章。这是2015年底第一财经宣布成立的商业数据中心后的进一步动作。"DT财经"聚焦商业数据内容，以阿里巴巴的海量数据资源为依托，不断开拓新的数据表现形式，开创了一个全新的数据报道平台。同时，"DT财经"还通过与UC、一点资讯、饿了吗、滴滴出行等主流互联网产品的信息连通和挖掘，来实现数据价值的开放、共享和共建，通过数据内容打造自身的核心竞争力，从另一

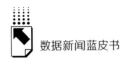
层面体现了数据新闻媒体跨界融合的巨大优势和广阔前景。

"DT财经"联合滴滴出行发布的《2016智能出行大数据报告》，既把滴滴的大数据信息落实到具体的内容产品上，而且以一种普通大众能够看懂的数据新闻方式呈现。透过对出行数据的分析，还原市场的整体情况和与大众生活息息相关的数字化世界。此外，"DT财经"还出品了健康医疗、文化娱乐、环境气候、智能科技以及金融、房地产等方面的几百份数据报告和更多的数据新闻。

另一个案例，2016年里约奥运会期间，网易新闻携手滴滴出行、阿里健康、百度外卖、去哪儿网、咕咚、墨迹天气和nice七大不同领域人气品牌组成"奥·数"大联盟，通过不同平台的活跃用户数据分析，深入解析用户和奥运有关的故事，包含运动人群在奥运前后的变化，以及不同城市运动人群所关注的赛事类型和奥运话题等。

其中，网易联手国内最大的运动平台"咕咚"，打造出业内首家"奥运+运动"大数据报告，以数据展现了国内受众对奥运关注点的变化：他们不再过分迷恋金牌的数目，转而关注傅园慧、秦凯、张国伟这些运动员身上轻松、乐观的运动精神，同时展现出正在涌起的全民运动热潮。

4. 可获取资源增加带来更多可能

说起数据新闻在内容生产方面的瓶颈，应该是数据资源不足与获取渠道不畅。特别是在大数据层面，很多数据资源运行在相对封闭的环境中，获取不易，获取后进行数据结构的规范化处理更加不易。而随着国家相关政策与制度的建设，各大媒体与相关服务机构的共同努力，这一现象正在得到不断改善。

国家层面，"十三五"规划明确提出实施国家大数据战略，其中更进一步说明要加快推动数据资源共享开放和开发应用："加快建设国家政府数据统一开放平台，推动政府信息系统和公共数据互联开放共享。制定政府数据共享开放目录，依法推进数据资源向社会开放。"

2015年，国务院印发《促进大数据发展行动纲要》；2016年，先后在贵州、京津冀等区域建设了八个国家级大数据综合实验区；贵州省还于

2016年10月开通了国内第一个省级数据开放平台，用户可以在其中查询11家省直部门提供的1000万条实时数据，其中101项内容可供下载使用；此外，近年来，国家统计局、国家档案局、国家气象局、国家工商局等部委也相继推出了自己的数据开放方案。

企业层面，阿里、腾讯、百度，以及移动、联通、电信等公司都拥有海量的数据资源，虽然因为涉及隐私、安全等，这些公司数据较难向社会开放，但他们也积极采取各种方式，加快对这些资源的开发利用。其中，BAT巨头纷纷开放了自己的云计算平台，如百度天算、天像、阿里数加、腾讯云搜、文智等商业或开放型产品，不但在自身数据加工方面做出了一定的努力，也为用户的数据分析提供了很多有用工具。此外，各类位置、文本、图片、运动、健康、音视频等专业应用公司也都积累了大量的数据资源。

而媒体则通过与这些政府、组织、企业的合作，开发出数据新闻的多种可能。如中央电视台2016年10月推出的《数说命运共同体》便整合了国家"一带一路"数据中心、国家统计局、海关总署、世界银行、世界贸易组织的权威数据库，动用两台超级计算机，挖掘超过1亿GB数据，历时6个月制作，通过讲述贸易、投资、中国制造、基础设施、饮食文化、人员往来等，呈现出"一带一路"沿线国家和地区"命运共同体"图景。类似的，新华网、人民网以及各大商业网络媒体也都加强了对数据资源的挖掘，以及在新闻报道内容和形式上的探索。

三　数据新闻媒体的未来趋势

（一）交互式与移动化布局

伴随着移动互联网络的进一步发展，受众在移动端的新闻阅读习惯逐渐养成。有别于平面媒体或PC端的报道形式，移动端的数据新闻报道环境对数据新闻媒体在数据的组织能力和呈现方式方面提出了更高的要求。而如何在移动端提高数据新闻阅读兴趣和增强呈现效果，是摆在所有据新闻媒体面

前的一道难题。

2015年，《卫报》针对英国大选推出了一系列数据可视化报道和交互项目，包括手机交互游戏"你能组建一个稳定的政府吗？"。2016年，BBC的可视化新闻在移动端推出了"你们有多平等？"（How Equal Are You?），通过交互式的故事呈现方式来吸引读者的注意。用户在滑动结果的时候可以触发动画效果，以帮助用户注意到统计的图表和结果。《华尔街日报》推出的移动端新闻"美联储汇率如何影响市场"（How Fed Rates Move Markets），展示了汇率变化时抵押贷款利率、国债、股票、美元的变化情况，帮助用户随时更新变化带来的影响。此新闻应用了UX技术，以一种更加新颖且适合用户的格式来呈现复杂的数据。而且由于它随着当前的速率周期的演变而更新，图形也会发生变化。

未来，数据新闻媒体将进一步加大对移动端产品的投入，生产适合移动端阅读方式的专门产品，手机交互游戏、移动端可视化图表等形式将赋予生产者更灵活多变的数据呈现方式。

（二）轻量化阅读渐成主流

传统的新闻报道以文字为主，大段落的文字常常会让受众有一种"疲倦感"。随着移动互联网时代的到来和用户碎片化阅读习惯的形成，受众越来越产生一种轻量化阅读的需求，即运用较少的时间和精力来了解一桩复杂的新闻事件。而这便是数据新闻现今的发展趋势之一，即实现受众的轻量化阅读体验。

简单易懂的数据，配以交互式的体验，从而使得读者无须再花费过多的精力去理解文字报道中的逻辑，而是以更加直接的方式获得复杂的新闻信息。在轻量化阅读的趋势之下，可视化的动图和模拟场景将得到大量的应用。这将带给受众更为浸入式的体验，便于其更好地理解新闻事件。

虽然数据新闻生产过程中处理的信息量可能非常巨大，但在终端呈现时会尽量降低其复杂程度，以最直接、最轻量的信息来获取受众的关注，因而所有媒体的数据新闻生产都非常重视数据的可视化效果。正如英国《卫报》

数据新闻编辑 Simon Roger 所说："数据新闻不是图形或可视化效果，而是用最好的方式去讲述故事。只是有时故事是用可视化效果或地图来讲述。"

在这一方面，虽然纸媒在视觉与交互传达方面具有天生的弱势，但传统的信息图表轻量化的阅读体验还是很有代表性的，如新京报《新图纸》栏目的设计理念便较好地迎合了读者轻量化阅读的需求。其理念可以概括为以下四个方面。其一，坚持"化繁为简"，努力将庞杂的信息高度概括，提炼出最为重要的部分。其二，围绕视觉中心，避免平均用力，通过一个较有视觉冲击力的图片或者图形抓住读者眼球。其三，利用指引图形来引导读者的阅读方向，需要有一个指引方向来引导读者按照设计的步骤阅读。其四，用色"少而精"，避免两个极端，适当运用对比色和同色系的颜色。[①]

（三）建设开放型数据资源

在数据新闻发展的萌芽时期，媒体所使用的数据主要来源为外部数据，如统计局公布的数据、咨询研究机构发布的数据以及企业年报等。此外，对于数据的使用也仅仅停留在直接使用的初级阶段，而缺乏进一步的挖掘分析。而随着数据新闻生产技术的不断发展，对数据采集和加工处理手段的增多，数据开放趋势也不断加强，在这一过程中，媒体自建或合作的数据资源不断出现。

过去的开放数据主要来源是政府机构、科研机构、非政府组织等。在加强与商业公司数据资源的交换、合作与共享基础上，数据新闻媒体也纷纷加大了自身数据库的建设力量，将自身收集与整理的数据集逐步打造成连接原始数据与公众或其他机构之间的再利用平台，从而加强自身在某一领域报道的力度和权威性。这一方面有利于数据资源的再利用，另一方面也成为媒体开拓收入来源的一个有效途径。

除了通过网络爬虫抓取公开的网页信息外，媒体纷纷以相关国家和地区的"政府信息公开请求"（FOIA Request）方式获取公共数据，或通过"众

---

① 许英剑、书红：《〈新京报·新图纸〉：报纸适应新媒体的新法宝》，http://www.southcn.com/nfdaily/media/cmyj/44/content/2013 - 11/13/content_ 84517256. htm，最后访问日期：2017年3月20日。

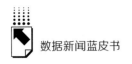

包"方式获取私有信息,这些都成为媒体打造数据新闻内容的基础工作。

阿根廷《民族报》从2011年开始提供自建的开放数据源,在进行数据新闻生产的同时开放数据,并且对数据集的使用方式进行解释,至今已组织过四期开放数据集活动,2016年还在社交网络上开放和推广来自阿根廷和世界的开放数据项目。

国内一些媒体公司也已经在数据采集与分享方面做了不少工作,但相对而言还没有形成有影响力的产品。未来数据新闻媒体在开放数据领域的进一步拓展,将使这些媒体成为重要的开放数据来源之一。

参考文献

方爱华、张解放:《数据可视化实践对数据新闻团队的启示》,《新闻世界》2014年第6期。

许秋里、王丹宁:《网易新媒体实验室:数据新闻团队出现内容产品经理的必然性》,《中国传媒科技》2015年第5期。

沈浩、谈和、文蕾:《"数据新闻"发展与"数据新闻"教育》,《现代传播(中国传媒大学学报)》2014年第11期。

王群、谢明荣:《数据新闻的理念与实践研究——以网易"数读"为例》,《今传媒》2016年第7期。

王雪皎:《大数据驱动下的数据新闻生产研究》,硕士学位论文,电子科技大学,2015。

蔚雯、姜青青:《大数据时代,外媒大报如何构建可视化数据新闻团队?——〈卫报〉〈泰晤士报〉〈纽约时报〉实践操作分析》,《中国记者》2013年第11期。

张帆、刘冬晴:《数据新闻生产的实践模式研究——以财新数据可视化实验室的虚拟团队为例》,《新闻前哨》2016年第7期。

章戈浩:《作为开放新闻的数据新闻——英国〈卫报〉的数据新闻实践》,《新闻记者》2013年第6期。

赵新宁:《财新网"数字说"的数据新闻实践研究》,硕士学位论文,河北大学,2016。

B.5
2017年国内数据新闻议题分布
与变化趋势研究[*]

芦何秋　谭　心[**]

摘　要：　本文通过对"澎湃美数课""财新网数字说""新华网数据新闻""新浪网图解新闻""人民网图解新闻"五家数据新闻平台进行的数据与内容分析，从议题分布、呈现方式和互动效果三个方面对国内数据新闻发展的现状进行整体考察，在此基础上对国内数据新闻的未来发展趋势进行了预测。

关键词：　数据分析　内容分析　新闻议题

　　数据新闻是大数据分析技术发展的产物，2009年，国外媒体开始陆续尝试通过计算机大数据分析进行新闻报道。2013年，《纽约时报》数字化专题报道Snow Fall（雪从天降）创造了350万浏览量，引发国内外媒体对数据新闻报道的关注。2013年起，国内媒体陆续开始对数据新闻进行实践探索。

────────────

＊　本研究属于博士后第55批面上资助项目"公共事件中微博意见领袖社会责任的实证研究"（2014M552026）；湖北大学研究生案例库项目"大数据背景下网络舆情与意见领袖案例库"（520－150270）；武汉大学人文社会科学青年学术发展计划学术团队建设（项目编号：Whu2016007）阶段性成果。
＊＊　芦何秋，新闻学博士，华中科技大学新闻与信息传播学院博士后，湖北大学新闻传播学院副教授，主要研究方向为网络传播。谭心，湖北大学新闻传播学院2016级硕士研究生。

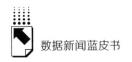

近几年来，随着国内互联网和大数据分析技术的蓬勃发展，数据新闻已经成为国内媒体发展新的增长点。本研究以社会影响力和数据可获取性为主要参照，选取"澎湃美数课""财新网数字说""新华网数据新闻""新浪网图解新闻""人民网图解新闻"五个数据新闻平台作为典型分析对象，通过数据统计与内容分析展现国内数据新闻发展的现状。

一 问题的提出

国内学界关于数据新闻的研究成果在 2013 年后迅速增长，研究重点包括以下几个方面。

第一，数据新闻的概念定义。国内对数据新闻没有一个明确的定义，学界和业界对数据新闻的认知也存在差异。在学界，不少研究沿用《数据新闻手册》中的定义：用数据处理的新闻。也有研究者从其他角度给出了自己的理解，如认为数据新闻是一种新的新闻生产方式，具有跨学科和跨领域的特点。[1] 方洁和颜冬从新闻的呈现形态、生产和发展的角度对数据进行了定义。[2] 在业界，数据新闻的概念主要强调可视化和新闻叙事。如网易新媒体实验室主管许秋里认为，数据新闻是基于数据的获取、挖掘、分析、叙事并进行可视化呈现的新闻报道方式，其中关键是准确的数据选择和严谨的逻辑叙事。[3] 财新传媒可视化实验室黄志敏认为，可视化技术将数据展现为直观的图形，这一概念应用在新闻领域即为数据新闻。[4] 可以发现，多数研究者认为数据新闻是一种基于数据分析的新闻报道方式。在数据新闻中，数据是依托载体，可视化是呈现形式，新闻叙事是核心内容。

---

① 文卫华、李冰：《从美国总统大选看大数据时代的数据新闻报道》，《中国记者》2013 年第 6 期，第 80 页。

② 方洁、颜冬：《全球视野下的"数据新闻"：理念与实践》，《国际新闻界》2013 年第 6 期，第 73 页。

③ 许秋里、王丹宁：《网易新媒体实验室：数据的准确和叙事的严谨是数据新闻的生命》，《中国传媒科技》2015 年第 4 期，第 64 页。

④ 黄志敏、陈嘉慧：《财新数据可视化实验室的创新》，《传媒评论》2015 年第 4 期，第 9 页。

第二，数据新闻的发展历程。部分研究者通过对国内数据新闻发展历史与现状梳理，对其未来发展方向进行了分析。有学者从技术发展的角度认为数据新闻是在传统数据新闻、计算机辅导报道、精确新闻等的基础上发展起来的。[①] 在发展趋势方面，调查型数据新闻采编与深度报道、新闻策划紧密结合将成为数据新闻发展的一个趋势。[②] 同时，未来的数据新闻可视化将呈现新的态势，内容制作上用户转为制作者，信息提供个性化，视觉设计手段多样化。[③]

第三，数据新闻的业界影响。不少学者关注数据新闻给新闻传播实践带来的影响。有学者认为大数据及数据新闻将从个性化信息定制、众包式内容生产以及传媒业跨界融合对新闻业态进行重塑。[④] 国内新闻生产实践应该借助大数据技术，建构中国特色的数据新闻生产模式。[⑤] 数据新闻的发展将促进传统媒体转型，传统媒体可以充分挖掘大数据技术的应用价值，将其提供的各种信息与分析结果用于新闻报道。[⑥]

第四，数据新闻的应用实践。相关研究主要包括国外与国内实践两个研究视角。国外数据新闻实践的研究对象主要集中在欧美最先尝试数据新闻生产的媒体上[⑦]，如对《卫报》和《华尔街日报》数据新闻生产流程和特点

① 王勇、王冠男、戴爱红：《国内数据新闻本体发生发展研究述评》，《昆明理工大学学报》2015年第6期，第93页。
② 郝雨、任占文：《我国数据新闻的传统因素及创新策略——关于中国国情下数据新闻普及发展的几个关键性问题》，《新闻界》2016年第12期，第41页。
③ 覃爱娟：《国内数据新闻可视化实践和发展趋势——以财新网"数字说"为例》，《青年记者》2014年12月中，第90页。
④ 喻国明、李慧娟：《大数据时代传媒业的转型进路——试析定制内容、众包生产与跨界融合的实践模式》，《现代传播》2014年第12期，第1页。
⑤ 杨娟：《大数据技术驱动下的中国新闻生产方式变革》，《当代传播》2015年第5期，第105页。
⑥ 王俊荣、崔爽爽：《大数据时代传统媒体的转型与突围》，《当代传播》2014年第4期，第46页。
⑦ 章戈浩：《作为开放新闻的数据新闻——英文〈卫报〉的数据新闻实践》，《新闻记者》2013年第6期，第8页。

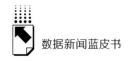

分析等①。国内的一些应用实践研究主要是对各大门户网站做得相对成功的数据新闻栏目和作品进行个案分析，如分析澎湃新闻的数据新闻作品的特点与不足②，人民网数据新闻的发展历程以及现状③，新华网和央广网时政类数据新闻的特点与问题④等。

综上所述，数据新闻研究的重点在于从理论上厘清数据新闻相关概念的内涵与外延，从历史发展角度梳理数据新闻的国内外发展历程，从现象分析与典型案例分析中归纳总结中西方数据新闻的应用实践与业界影响。相对而言，关于国内数据新闻实践的量化研究成果还不丰富，数据新闻发展的现状扫描还不系统，相关研究领域还有可提升的空间。

二　研究设计

（一）样本选取

本研究根据平台影响力、信息更新频率和数据可获得性为标准，选取"澎湃美数课""财新网数字说""新华网数据新闻""新浪网图解新闻""人民网图解新闻"五个数据新闻平台作为研究对象，以此考量2016年国内数据新闻发展现状。

本研究的样本选取时间为2016年1月1日~12月31日，五个数据新闻平台共获得样本1211篇。其中"澎湃美数课"226篇，"财新网数字说"326篇，"新华网数据新闻"454篇、"新浪网图解新闻"33篇，"人民网图解新闻"172篇，详见表1。

---

① 文卫华、李冰：《从美国总统大选看大数据时代的数据新闻报道》，《中国记者》2013年第6期，第81页。

② 黄子健：《澎湃数据新闻：传统媒体新探索》，《中国传媒科技》2014年第12期，第20页。

③ 唐述权：《让数据说话，提升新闻价值——人民网数据新闻发展综述》，《传媒》2016年7月下，第9页。

④ 任乐天：《时政类数据新闻实践研究——以新华网和央广网关于"一带一路"战略的数据新闻报道为例》，《新媒体与社会》2015年第3期，第174~176页。

表1　篇数统计

	篇数		篇数
澎湃美数课	226	新浪网图解新闻	33
财新网数字说	326	人民网图解新闻	172
新华网数据新闻	454	合　计	1211

（二）类目建构原则

本研究旨在通过新闻议题的内容分析呈现国内数据新闻的发展现状及发展趋势，在文本细读的基础上，本研究共区分出8类新闻议题。

时事政治类，包括领导人讲话、会议相关、国际时政、政治人物、军事等。例如"人民网图解新闻"的《图解：习近平访问厄瓜多尔、秘鲁、智利并出席 APEC 会议全纪录》是按照会议记录的全过程梳理出一个流程图。

政策法规类，包括政策法规解读、法律规范、重大案件等。例如"澎湃美数课"的《盘点|"百名红通"到案37人，六成贪污受贿，出逃欧美最多》针对案件发展始末进行梳理。

社会民生类，相关内容广泛且琐碎，涉及民众生活或者是民生相关的热点事件或社会现象，还包括医疗、健康等日常生活各方面相关内容。例如"新华网数据新闻"的《2017 元旦自驾游避堵全攻略》做出拥堵地段的地图以及交通指南。

经济生活类，包括经济政策、经济事件、经济现象等。例如"澎湃美数课"的《险资凶猛④|险资：从市场追捧到"野蛮人"，如何管住？》。

体育娱乐类，包括体育赛事、体育精神、娱乐新闻事件等。例如"澎湃美数课"的《图解|四年等一回的奥运会，运动员最多参加几次？》整理了国际和国内参加奥运次数最多的运动员资料。

科技文教类，包括教育新闻、知识科普、科学技术和文化现象等。例如"澎湃美数课"《75 所部属高校"晒账单"，哪些学校更会赚钱？》的内容是教育财政拨款。

气候环境类，包括天气和气候变化、环境保护、资源保护等。例如"澎湃美数课"的《数据帝扒天气｜今年冬天是个非典型暖冬？》详细介绍了天气的变化。

其他类，主要是历史纪念、节日以及其他服务性新闻。例如"澎湃美数课"的《国际残疾人日｜残障人群的日常生活体验》。

在议题分类过程中有少数数据新闻同时涉及两种类型的议题，研究过程中以其主要议题类型为主。例如"人民网图解新闻"的《图解：付费听音乐，这次真的能行吗？》虽然涉及一部分娱乐方面的内容，但主要内容是与版权相关的政策，因此将该条新闻划分至政策法规类议题。

三 研究发现

（一）数据新闻议题的整体分布与平台特点

表2 议题类型分布

	社会民生	时事政治	政策法规	经济生活	体育娱乐	科技文教	气候环境	其他	合计
澎湃美数课	65篇 28.8%	38篇 16.8%	5篇 2.2%	19篇 8.4%	38篇 16.8%	36篇 15.9%	19篇 8.4%	6篇 2.7%	226篇 100%
财新网数字说	87篇 26.7%	55篇 16.9%	33篇 10.1%	101篇 31%	17篇 5.2%	13篇 4%	15篇 4.6%	5篇 1.5%	326篇 100%
新华网数据新闻	140篇 30.1%	87篇 19.2%	56篇 12.3%	34篇 7.5%	25篇 5.5%	61篇 13.4%	35篇 7.7%	16篇 3.5%	454篇 100%
新浪网图解新闻	10篇 30%	13篇 39.4%	3篇 9%	0	2篇 6%	4篇 12.1%	0	1篇 3%	33篇 100%
人民网图解新闻	44篇 25.6%	76篇 44.2%	41篇 23.8%	2篇 1.2%	4篇 2.3%	2篇 1.2%	2篇 1.2%	1篇 0.6%	172篇 100%
合计	346篇 28.6%	269篇 22.2%	138篇 11.3%	156篇 12.9%	86篇 7.1%	116篇 9.6%	71篇 5.9%	29篇 2.4%	1211篇 100%

从表2中数量和比例分布可看出，媒体根据其机构性质不同，其议题分布重点有明显差异。总体上看，社会民生类议题占比最高（28.6%），其次

是时政类议题（22.2%）。

"澎湃美数课"在社会民生方面的报道比例最高（28.8%），关于经济生活（8.4%）、气候环境（8.4%）和政策法规（2.2%）议题的报道相对较少。同其他平台相比，"澎湃美数课"的议题分布范围广泛，各个议题的比例相对均衡，其中体育娱乐、科技文教和气候环境类议题的比例高于平均水平。

"财新网数字说"由于依托于财经类媒体机构，其报道重点明显偏向经济生活类议题（31%）。同时，"财新网数字说"其他议题的内容往往与经济紧密相关，或者是以经济的角度来切入。例如《恐怖主义对全球经济影响激增》，梳理了2015年最严重的恐怖袭击，并且列举出恐怖主义带来的经济影响。财新网定位的受众群体是政界、学界、产业界精英，主要是向他们提供财经和金融资讯，相比其他平台，"财新网数字说"更强调单一但是更专业的经济解读。

"新华网数据新闻"将大量的篇幅放在了社会民生（30.1%）、时事政治（19.2%）以及科技文教（13.4%）相关内容上。同时，为了兼顾大多数民众的新闻兴趣，"新华网数据新闻"科技文教和气候环境的比例明显高于平均水平，在新闻呈现上具有明显的软新闻特点。

"新浪网图解新闻"更新频率不高，其2016年发布的数据新闻数量不多，内容集中在社会民生（30%）和时事政治（39.4%）上，新闻议题分布不均衡。与其他平台相比，"新浪网图解新闻"更热衷于报道争议性的热点话题，如《当我们谈论"宝马离婚"时，我们在谈论什么?》这种受众群体广泛，且短时间内最受关注的议题。

"人民网图解新闻"定位于传统硬新闻的解读，其时事政治类（44.2%）和政策法规类（23.8%）议题占到总体议题比例的68%。相关新闻通常是国家大事以及宏观角度的一些议题，以及对国家的各个政策进行深度的解读。

可以发现，社会民生类议题是数据新闻最主要的内容，各媒体平台在这一议题的比例较接近。其次是时政类，但是关于这一议题各媒体平台的报道比例差异明显。这两类议题也是目前受众接触最多的议题,一方面是由于受众更倾向于选择接收这些与自己生活有关的,并且会影响自己生活中决策的议题;另一方面是媒体需要在传递和解读政府方针、政策,引导舆论的同时满足受众的新闻需求。

(二)数据新闻议题的分类特点与平台情况

1. 社会民生类

社会民生类议题是数据新闻最主要的内容,它在各媒体平台数据新闻中的总量百分比和媒体之间的纵向百分比如表3所示。

表3 社会民生类议题分布

	篇数(篇)	总量百分比(%)	纵向百分比(%)
澎湃美数课	65	28.8	18.7
财新网数字说	87	26.7	25.1
新华网数据新闻	140	30.1	40.5
新浪网图解新闻	10	30	2.9
人民网图解新闻	44	25.6	12.7
合　计	346	28.6	100

在五大数据新闻平台中,社会民生类议题比例较接近,一般在25% ~ 30%。这一类型的议题内容以人民群众的社会生活为主,人们在日常生活中碰见的方方面面的问题都有所涉及,涵盖了读者所关心的各类社会事件、现象和问题。

各个数据新闻平台在民生新闻议题上的报道各有特色。"澎湃美数课"的社会民生类议题内容丰富而琐碎,通常从微观的、关系到个人的话题切入,例如《冷知识 | 长时间"葛优躺",你的颈椎脊椎可能 hold 不住》就是根据网络流行词"葛优躺"引申的健康话题。"财新网数字说"体现出以经济为主的选题特点,大部分社会民生类议题以经济视角进行分析,例如《易居:35 城住宅存销比不足 9 个月接近六年低点》在谈住房这个民生问题时选择的是住房供需的角度。"新华网数据新闻"和"新浪网图解新闻"的

社会民生类议题数量虽然差距很大，但是从比例上来看都高于整体的平均值。相关数据新闻的呈现比较接地气，都是从民众的衣食住行等方面进行选题，有大量关于医疗健康、生活知识和出行方式的内容，对具体的热点事件关注相对不多。"人民网图解新闻"的社会民生类议题内容比较宏观，一般关注影响比较广泛的事件或社会性的问题，并且善于从全局的视角进行分析。例如《图解：1.5亿人在线订餐，舌尖上的安全如何保障?》从国家对食品安全监管的角度解读当前存在的食品安全问题和国家如何解决。

从纵向媒体平台对比来看，"新华网数据新闻"的社会民生类议题比例在各媒体平台中最高（40.5%），同时在总量比例上也最高（30.1%）。"新华网数据新闻"内容层次性丰富，议题涉及宏观、中观和微观各方面，相对来说内容全面、种类多样，在五大媒体平台中比例最高，内容最多。

2. 时事政治类

时事政治类议题是数据新闻的最主要议题之一，可具体细分为国际时政、国内时政。国际时政和国内时政两类数据新闻数量以及在时政类议题中的比例对比如表4所示。

表4　时事政治类议题分布

	国际时政			国内时政			合计		
	篇数（篇）	时政类总量百分比（%）	纵向百分比（%）	篇数（篇）	时政类总量百分比（%）	纵向百分比（%）	篇数（篇）	总量百分比（%）	纵向百分比（%）
澎湃美数课	34	89.5	35.4	4	10.5	2.3	38	16.8	12.8
财新网数字说	30	54.5	31.3	25	45.5	14.5	55	16.9	18.6
新华网数据新闻	13	14.9	13.5	74	85.1	43.4	87	19.2	29.4
新浪网图解新闻	8	61.5	8.3	5	38.5	2.9	13	39.4	4.4
人民网图解新闻	11	14.5	11.5	65	85.5	37.6	76	44.2	25.7
合　计	96	35.7	100	173	64.3	100	296	22.2	100

从整体来看，国内时政议题数量更多，在比例上各媒体有很大差异，但是也有少数媒体对国际时政关注度明显更高，例如"澎湃美数课"。

具体来看，"澎湃美数课"侧重发布国际时事政治相关议题，国际时政内容占其时政新闻的89.5%。"澎湃美数课"时政类议题的特点是紧跟国际时事，并善于做追踪连续报道。如在美国大选期间连续发布了9篇与美国大选相关话题的数据新闻，这一系列的数据新闻也获得了广泛的关注。"财新网数字说"和"新浪网图解新闻"在国际、国内时政议题分布较均匀，相对来说国际时政内容稍多。"新华网数据新闻""人民网图解新闻"的时政类议题以国内时政为主，分别占各自的时政类新闻数量的85.1%和85.5%，这两个数据新闻平台更加侧重对国内重大新闻事件的报道，通过大数据分析找到民众最关心的、最贴近百姓利益的时政话题进行解析，例如"人民网图解新闻"在G20期间，连续发布了一系列与G20相关的数据新闻。

从纵向媒体平台的对比来看，时政类议题在各大数据新闻平台中都是一个大类议题，但是各媒体对于国际时政和国内时政的偏好不同，"澎湃美数课"和"财新网数字说"在国际时政类议题的比例较突出，而"新华网数据新闻"和"人民网图解新闻"则是在国内时政类议题的比例较高。

3.政策法规类和经济生活类议题

这两类议题在整体上处于居中的比例，但是从纵向比例来看，各媒体对这两类议题的重视程度有很大不同。两类议题在各媒体数据新闻中的总量百分比和媒体之间的纵向百分比如表5所示。

表5　政策法规类与经济生活类议题分布

	政策法规类			经济生活类		
	篇数（篇）	总量百分比（%）	纵向百分比（%）	篇数（篇）	总量百分比（%）	纵向百分比（%）
澎湃美数课	5	2.2	3.6	19	8.4	12.2
财新网数字说	33	10.1	23.7	101	31.0	64.7
新华网数据新闻	56	12.3	40.6	34	7.5	21.8
新浪网图解新闻	3	9.0	2.2	0	0	0
人民网图解新闻	41	23.8	29.7	2	1.2	1.3
合　计	138	11.3	100	156	12.9	100

"澎湃美数课"和"新浪网图解新闻"在这两类议题的总量和纵向百分比上都偏少。表现比较突出的是"财新网数字说"在经济生活类议题的比例（64.7%）以及"人民网图解新闻"在政策法规类议题的比例（29.7%）。

在政策法规类议题中，"人民网图解新闻"和"新华网数据新闻"不仅总量的比例较高（23.8%、12.3%），与其他媒体相对比的纵向比例也很高（29.7%、40.6%）。两家数据新闻平台具有中央级官方媒体背景，议题选择上侧重宏观解读，例如"人民网图解新闻"的《图解：延迟退休会使养老金待遇降低？人社部这样解读》就是对延迟退休政策和养老金的联系进行梳理，解释人民群众所疑惑的延迟退休对养老金待遇的影响问题，并且对一些较复杂政策进行简单化阐述，尽可能地避免受众对这些政策与法规产生误解。

在经济生活类议题中，"财新网数字说"（31.0%、64.7%）的总量百分比和纵向百分比都最高，这与"财新网数字说"是一家主打经济新闻的媒体机构有关，其他媒体经济类议题的内容较少，无论是总量的比例还是纵向比例都偏低。

4. 体育娱乐、科技文教、气候环境类议题

体育娱乐、科技文教、气候环境类议题在各媒体数据新闻中的总量百分比和媒体之间的纵向百分比对比情况如表6所示。

表6 体育娱乐、科技文教、气候环境类议题分布及比例

	体育娱乐			科技文教			气候环境		
	篇数（篇）	总量百分比（%）	纵向百分比（%）	篇数（篇）	总量百分比（%）	纵向百分比（%）	篇数（篇）	总量百分比（%）	纵向百分比（%）
澎湃美数课	38	16.8	44.2	36	15.9	31.0	19	8.4	26.8
财新网数字说	17	5.2	19.8	13	4.0	11.2	15	4.6	21.1
新华网数据新闻	25	5.5	29.1	61	13.4	52.6	35	7.7	49.3
新浪网图解新闻	2	6.0	2.3	4	12.1	3.4	0	0	0
人民网图解新闻	4	2.3	4.6	2	1.2	1.7	2	1.2	2.8
合　计	86	7.1	100	116	9.6	100	71	5.9	100

类似体育娱乐、科技文教和气候环境这样具有消闲性质的软新闻在数据新闻中占有不小的比例。

在这几类议题的比例上,"澎湃美数课"和"新华网数据新闻"的比例明显较高,尤其是"澎湃美数课"关于体育娱乐的议题数量较大(16.8%),其内容分布较广泛,体育、电影、游戏等各方面都有涉及。除了体育文娱等轻松活泼的内容,"澎湃美数课"同时还设立了"冷知识"的小专题,以介绍冷门但是与生活联系较密切的知识科普为主,例如《"史上最热月"的标题是不是看腻了?一图告诉你事实就是这样》介绍了节气、节日、社会热点背后的知识等。同样设立了"冷知识"专题的还有"新华网数据新闻",相关议题除了"冷知识"科普,还有很多如同"大杂烩"的知识科普。

在科技文教类议题方面,"新华网数据新闻"(52.6%)和"澎湃美数课"(31.0%)的比例最高,第三是"财新网数字说"(11.2%)。三家媒体在文本内容上重视的内容不同,"新华网数据新闻"关注更多的是科学技术的发展,比如航天技术、新型事物、高科技等;而"澎湃美数课"关注的是文化类,比如教育、知识科普等,"财新网数据新闻"则是以教育类为主。相对来说,其他媒体对这一议题的关注度较低。

在气候环境类的议题方面,五大媒体通常是发布一些服务性信息,以天气预报和环境保护相关内容为主,部分媒体专门设置了天气相关板块,例如"新华网数据新闻"的"二十四节气知识手册","澎湃美数课"的"数据帝扒天气"等,这种类型的议题逐渐成为数据新闻的一个固定议题内容。"新华网数据新闻"(49.3%)和"澎湃美数课"(26.8%)的比例依旧是最高的,第三是"财新网数字说"(21.1%)。"新华网数据新闻"和"澎湃美数课"都是以天气变化以及相关知识为主,"财新网数字说"则是以环境污染、灾害天气为主。

(三)数据新闻议题的表现形式

国内数据新闻的可视化表现形式可分为静态图表、图文互动、动态图、交互、有声互动图以及视频。这六种表现形式是数据新闻最常使用的形式,详细数据如表7所示。

表7 数据新闻的表现形式

	静态图表	图文互动	动态图	交互	视频	有声互动图
澎湃美数课	1	1	1	1	1	1
财新网数字说	1	1	1	1	0	0
新华网数据新闻	1	1	1	1	1	1
新浪网图解新闻	1	1	0	1（扫码查看）	0	0
人民网图解新闻	1	0	0	1	0	0

五大媒体平台的数据新闻议题表现形式以静态图表、图文互动和交互为主。这是受我国数据可视化技术发展现状的影响，多数媒体使用的都是类似Tableau的可视化数据分析软件，因此表现形式也较接近。这种静态图表的表现形式不仅仅是传统的图文结合，而且是将抽象数据具体化，或者是将数据的概念转换为一种直观易理解的方式。

从议题的表现形式多元化来看，"澎湃美数课"的表现形式相对于其他的数据新闻平台较丰富，除了最基本的静态图表还有大量的动态图（或动态图与静态图表相结合）。例如《"史上最热月"的标题是不是看腻了？一图告诉你事实就是这样》就是采用的动态图呈现天气变化，动态图相比静态图更加容易呈现出数据的变化，表现形式极具动感。因此在涉及一些数据流动、时间轴、空间变化等有动态数据的议题时，"澎湃美数课"会更多地采用动态图以及短视频（通常在10分钟以内）来展示数据变化。

"财新网数字说"的主打议题是经济类新闻，相关议题内容包含了大量数字，单纯枯燥的数字呈现和对比很难让受众快速做出反应，因此"财新网数字说"采用以静态图为主，部分采用动态图和交互图的表现形式。

"新华网数据新闻"和"人民网图解新闻"专门设置了"交互"板块和专题，交互式通常需要将鼠标光标移动到准确位置才能显示出具体内容，还有一部分是需要鼠标点击，然后网页跳转至具体内容。这两种是最主要的交互表现形式，受众可以依据自己的兴趣选择是否查看这些具体内容。相对其他数据新闻平台，"新华网数据新闻"和"人民网图解新闻"交互板块的数据新闻质量较高。例如"人民网图解新闻"的交互板块中的数据新闻大多数是采用卷轴、时间轴的形式，可以自主选择前进和后退，同一个画面可以持续变化。而其他媒体的交互图相对较简单，通常一个交互元素只能对应一个画面的变化。

"新浪网图解新闻"是以静态图为基础，需要受众扫描二维码，然后才能获得完整的信息，这种交互方式比移动鼠标更加复杂和麻烦，一般在社会民生类这一最容易引起受众关注的议题中获得的关注度较高。

整体上，国内数据可视化技术还不够多元和成熟，虽然有多种表现形式，但是五大媒体平台的数据新闻在形式上没有特别大的差异，都是竖型的静态图，且表现的元素很相似，容易造成受众的审美疲劳。

（四）数据新闻议题的互动效果

本文对每个媒体的所有数据新闻的评论进行统计，得出了每一议题的平均评论数和点赞数，如表8所示。

表8　数据新闻的平均评论数和点赞数

	社会民生	国际时政	国内时政	政策与法规	经济	体育娱乐	科技文教	气候环境	其他	平均
澎湃美数课（点赞/评论）	36/127	35/87	49/56	26/26	30/33	41/78	39/112	32/59	35/51	38/87
财新网数字说（评论）	28	22	8	30	18	18	303	34	62	35
新华网数据新闻（点赞/评论）	169/3	129/3	818/6	273/9	124/2.5	163/2.5	189/3	213/2.65	207/2	290/4
新浪网图解新闻（评论）	42	4	5	41	0	0	1	0	0	18
人民网图解新闻	0	0	0	0	0	0	0	0		0

"澎湃美数课"和"新华网数据新闻"设置了点赞和评论两个板块，"财新网数字说"只设置了评论区，"新浪网图解新闻"虽然只有评论区，

但是可以对评论进行点赞或者回复来参与互动，而"人民网图解新闻"未设置评论板块。

从点赞和评论数量来看，点赞量与数据新闻议题总数量基本成正比，但是评论量普遍偏少。从整体数量上看，无论是点赞还是评论都偏少，互动程度不高；争议性话题的能够引起关注，但是互动效果不够明显。

"新华网数据新闻"发布频率高，数量较多，受众关注度较高，但是在评论区却很少有互动。评论量相对较多的是时政类议题，随着受众阅读习惯的改变，受众不是对具有告知性的事实信息更感兴趣，而是对形象生动或者具有实用性的信息兴趣更大。由于"新华网数据新闻"对时政议题的解读较多，并且内容详细，通俗易懂，因此受众也比较愿意参与评论，表达自己对国家重大事件的看法，但是这一部分受众数量不多。相对来说，"澎湃美数课"的点赞量和评论量比较稳定，一方面和其发布的数据新闻议题分布较均匀有关，受众群体分布广泛；另一方面"澎湃美数课"的版面设计中有一个热门话题，将热门话题或者新鲜的话题推送到这个比较醒目的板块，更容易引导受众参与互动。

"财新网数字说"的评论很大一部分来自新浪微博，新浪微博较强的信息互动功能激发了受众参与评论的热情。一些用户平时很少接触数据新闻栏目，但是通过社交媒体的转发分享，越来越多的受众会开始逐渐关注它。此外，"财新网数字说"主打经济类新闻，受众群体较稳定，因此参与评论的人群也相对稳定。

从互动程度和效果可以看到，国内数据新闻与受众的互动较少，在热点话题上互动稍多，但是仅有少数数据新闻达到了较好的互动效果。此外，一些尝试与其他媒体平台共享信息的数据新闻更容易增强与受众的互动效果。

四　国内数据新闻未来变化趋势

1. 数据新闻议题的宽度和深度拓展

未来国内数据新闻议题的宽度和深度将进一步拓展，表现为议题类别更

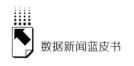

数据新闻蓝皮书

加多元，服务性信息增多；同时会有更多关联细节和核心细节，并且形成独家分析。

基于议题宽度的多元发展将是国内数据新闻媒体发展的一个重要趋势，在文中提到了时政类、社会民生类、政策与法规类、经济生活类、体育娱乐类、科技文教类、气候环境类等议题，但未来国内数据新闻的发展将面向更为细分的市场，除了大众议题会被继续关注之外，定制化的小众议题也将陆续出现。除此之外，不同类别议题之间的关联度将被加强，呈现出多元融合的趋势，例如"人民网图解新闻"的《图解：付费听音乐，这次真的能行吗？》就是从对音乐版权问题的分析，引申到宏观的版权问题，不仅涉及体育娱乐相关内容，而且更多是政策与法规类的内容。

另外，议题的深度将在全媒体大数据时代被不断挖掘。由于各媒体的数据来源、分析角度的不同，议题的文本也呈现出更多的关联细节、核心细节，并且形成独家分析。例如关于美国大选的数据新闻中，"澎湃美数课"从美国选区、投票日、选举过程中的乱象、社会话题与大选的关系等方面展现出美国大选全貌，并形成独家分析。虽然当前国内数据开放程度不够高，但是从有限的数据中挖掘出独特的、有价值的信息是数据新闻在未来发展中最重要的内容之一。针对某一热点事件，不同媒体平台的独家数据分析将更有利于受众接近复杂的新闻事实。

2. 数据新闻呈现方式的多元化

从表现形式来看，同质化呈现成为制约国内数据新闻进一步发展的瓶颈，要在市场中获得成功，未来国内数据新闻发展呈现方式会更加多元，可视化程度也进一步提高，不再局限于几种基础的可视化形式，同时设计元素也更加多样化。

当前国内的数据新闻实践正在不断探索和发展，数据新闻方面的人才也在培养中。但是相比国外的数据新闻来说，国内数据新闻的可视化程度还比较低。例如国外彭博社的数据新闻"How Do People Play The Trading Game?"中设置了一个交互图和多个静态图表，在色彩上使用黑底色，红色和绿色的折线趋势图和柱状图交织的形式，色彩明度和纯度高，视觉冲击力大，还有清晰明了的散点分布图，内容丰富。但是国内的数据新闻以静态图表为主，以及少数的交互图和视频、动态图，在图表设计比国外单一，色彩偏灰度，在一定程度上这种配色适合年轻人的审美习惯，但是视觉冲击力较弱。

虽然目前数据新闻的设计元素、版面、可视化程度在短时间内很难有太大的变化，但是各大媒体和专业技术人员已经在不断尝试在设计中添加新的元素。例如使用频率越来越高的交互元素，以及静态图表中图形排版的变化。在可视化方面，不再局限于使用 Tableau 或者 ECharts 等软件，避免长时间使用同类型元素，让数据更直观地呈现在受众眼前。在减少一些冗杂的元素的同时，在内容上为受众提供丰富的新闻信息。因此在数据新闻未来发展中，在吸引受众注意力方面不仅会注重形式上的创新，可视化进一步优化，而且会更加注重内容的丰富多彩，做到形式和内容兼备。

3. 数据新闻互动效果的提升

随着制作技术的发展和成熟，数据新闻的应用会更加广泛，呈现跨媒体跨领域的合作，互动效果也将不断增强，从而使数据新闻成为网络新闻未来发展的重要增长点。

在技术进步和媒介融合的环境下，数据新闻独特的叙事方式会在未来成为一种主流的新闻类型。一方面，媒介融合的环境会使数据新闻能够进行跨媒体或者跨领域的合作，在多个平台共享信息。例如"财新网数字说"将数据新闻同步分享至社交媒体，虽然数量较少，但是传播效果能够得到明显增强。多平台共享信息可以获得更多的受众注意力资源，其他媒体也在不定期地同步分享数据新闻至社交媒体或其他平台，这是一个发展趋势。另一方面，技术的完善会使数据新闻质量越来越高，增强对受众的冲击力和吸引力。

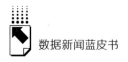
参考文献

方洁、胡杨、范迪：《媒体人眼中的数据新闻实践：价值、路径与前景——一项基于七位媒体人的深度访谈的研究》，《新闻大学》2016 年第 2 期。

杨雅：《大数据分析与可视化技术：新闻传播的新范式——"大数据与新闻传播创新"研讨会综述》，《国际新闻界》2014 年第 3 期。

B.6
数据新闻相关政策报告*

何　睿**

摘　要： 本文从大数据战略相关政策、开放数据、数据安全与个人隐私、
互联网治理与内容监管四个方面梳理了国内外数据新闻相关的政
策，并基于公共政策评估策略和标准，分析了我国数据新闻相关
政策的现状与问题，随后从数据新闻产业发展、开放数据与信息
安全、数据新闻技术与专业规范等方面提出了对策和建议。

关键词： 数据新闻　新闻政策　开放数据

一　引言

数据新闻，又叫数据驱动新闻，是指基于数据的获取、分析和处理、可
视化呈现的新闻报道方式。数据新闻作为大数据的技术背景下产生的一种新
型报道形态，它的出现，在一定程度上改变了传统新闻生产方式。

在信息化背景下探讨数据新闻相关的政策规定，其必要性在于：一是
我国目前尚未有针对数据新闻这一报道形态专门设立的政策规定，相关的
研究也较少。随着大数据产业的迅速发展，无论是实践还是政策存在模糊
的边缘地带都将不利于数据新闻的发展。因此，亟待出台相关的政策法
规，最大限度避免边界模糊与空白带来的负面影响。二是数据新闻虽遵从

* 本文获上海财经大学教学创新团队项目支持。
** 何睿，博士，上海财经大学人文学院经济新闻系讲师，"数据财经新闻教研中心"研究员，
主要研究领域为数据新闻、网络舆情和健康传播。

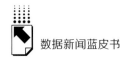

一般新闻报道的客观、真实等范式，但其数据挖掘、处理、分析与可视化的操作流程与传统的新闻生产过程有着显著的差异，因此，急需一套规范化的数据新闻范式来指导数据新闻实践。鉴于此，本文将从新媒体环境下的新闻政策研究、大数据相关的政策等出发，就我国数据新闻相关的政策与监管问题展开探讨。由于传媒和新闻政策也属于公共政策的范畴，因此，本文也将引入公共政策相关理论，讨论我国数据新闻相关政策的实施和评估策略。

二 数据新闻相关政策文献回顾

（一）新媒体环境下的新闻政策研究

新闻政策[①]是作为政党和政府在管控新闻以及落实宣传等方面的重要规约，一般包含五个方面的内容，即新闻工作的方针、新闻工作的原则、新闻宣传制度、新闻职业道德纪律和新闻事业发展政策。[②] 新闻政策的产生，源于"政府的国家利益诉求和商业/工业企业运作之间的互动"，其制定通常以公共利益为指导原则。[③]

1. 新闻政策与研究维度

研究者认为，我国新闻政策相关的研究主要集中在新闻政策的历史研究（政策的演进过程）、新闻政策与法治研究（新闻政策法制化）、新闻政策发展研究（新闻政策总体上的发展方向与特点）、新闻政策与实务研究等。这些方面涵盖了我国新闻政策现状与发展最为紧迫的问题，形成了新闻政策的一般研究维度。

---

① 本文所使用的"新闻政策"含义趋向于广义，在某些程度上，对新闻政策、传媒政策、媒体政策不做具体区分。

② 周陈程：《20世纪90年代以来党的新闻政策研究文献综述》，《东南传播》2015年第3期，第65~67页。

③ 库伦伯格、麦奎尔：《媒体政策范式的转型：论一个新的传播政策范式》，转引自金冠军、郑涵、孙绍谊《国际传媒视野》，上海三联书店，2005，第15页。

2. 互联网治理与内容监管

互联网技术变革被认为是引发互联网新闻政策变化的主要因素①，因此，随着互联网和新媒体技术的变革，我国互联网监管政策尤其是市场准入、内容生产与传播相关的政策法规等也相应进行了调整。

目前，新媒体传播形式和传播渠道日渐多元化，存在文本、图像、音频、视频等多种形式以及新闻网站、门户网站、博客、播客、微博、微信、APP 等在内的多种传播平台和渠道。② 根据《中国互联网络发展状况统计报告》，截至 2016 年 12 月，我国手机网民规模达 6.95 亿。台式电脑、笔记本电脑的使用率均出现下降趋势，手机不断挤占其他个人上网设备的使用。③ 手机的新闻品类使用也呈现上升趋势，Trustdata 信诺数据调查显示，2017 年新闻用户规模持续增长，新闻客户端的月活跃用户量峰值近 1.3 亿。④ 在这一背景下，互联网治理与监管的难度无疑是较大的。

（1）市场准入与新闻采编权

从已有文献来看，对于新媒体的监管政策主要表现在限制新闻采编权、限定新闻传播主体的准入资质等方面。

我国 2000 年出台的《互联网站从事登载新闻业务管理暂行规定》，对互联网新闻的采编发布进行了规定。2005 年，国务院新闻办公室和信息产业部联合发布了《互联网新闻信息服务管理规定》，严格区分了互联网新闻信息服务单位的种类：新闻单位和非新闻单位。新闻单位具有新闻发布权，而非新闻单位（综合性网站）只有新闻"转载"权，更细致地对综合性网

---

① 武志勇、赵蓓红：《二十年来的中国互联网新闻政策变迁》，《现代传播》2016 年第 2 期，第 134 ~ 139 页。
② 武志勇、赵蓓红：《二十年来的中国互联网新闻政策变迁》，《现代传播》2016 年第 2 期，第 134 ~ 139 页。
③ 中国互联网络信息中心：《第 39 次〈中国互联网络发展状况统计报告〉》，2017 年 1 月 22 日，http://www.cnnic.net.cn/hlwfzyj/hlwxzbg/hlwtjbg/201701/t20170122_66437.htm。
④ Trustdata：《2017 年 Q1 中国移动互联网行业发展分析报告》，2017 年 3 月，http://trustdata.oss-cn-beijing.aliyuncs.com/report/pdf/2017 年 Q1 中国移动互联网发展分析报告.pdf。

站新闻采编权进行了规定。①

社交媒体、公众账号的新闻资质、行为规范也有涉及。2014 年 8 月，国家互联网信息办公室发布《即时通讯工具公众信息服务发展管理暂行规定》，规定即时通信工具服务提供者应"取得法律法规规定的相关资质"。从事公众信息服务活动，应取得"互联网新闻信息服务资质"。新闻单位、新闻网站开设的公众账号"可以发布、转载时政类新闻"，取得互联网新闻信息服务资质的非新闻单位开设的公众账号"可以转载时政类新闻"。其他公众账号"未经批准不得发布、转载时政类新闻"。

（2）内容生产与传播的监管

自我国出台了互联网新闻的管理办法与规定之后，各种类别的新闻都在不同程度上受到监管。② 根据武志勇等人的研究，九成以上参与调查的网络新闻工作者认为监管最严格的新闻类别分别为时事新闻和政治新闻，其中，时政类新闻从来源到转载过程，都有严格要求。③

（3）新闻政策法制化

互联网管理政策出台通常以行政命令的形式为主，以强制性的力量，发动群众运动来治理互联网，然而，研究者认为，新闻政策的制定最终会走向法制，走向规范，应当出台统一的传播法来改变这一现状④，不过，目前很少有文献探讨新闻政策和新闻法律法规之间的界限和关系、未来新闻政策如何法制化以及法制化的路径等问题。⑤

---

① 武志勇、赵蓓红：《二十年来的中国互联网新闻政策变迁》，《现代传播》2016 年第 2 期，第 134 ~ 139 页。
② 李丹林：《媒介融合背景下我国传媒政策与法律研究论纲》，《南京社会科学》2014 年第 2 期，第 115 ~ 121 页。
③ 武志勇、王冉冉、温莞怡：《网络新闻工作者互联网新闻政策评价调查报告》，《新闻大学》2015 年第 1 期，第 80 ~ 86 页。
④ 刘锐：《2014 年—2015 年我国新媒体管理政策评估与评价》，《编辑之友》2016 年第 1 期，第 46 ~ 51 页。
⑤ 周陈程：《20 世纪 90 年代以来党的新闻政策研究文献综述》，《东南传播》2015 年第 3 期，第 65 ~ 67 页。

3. 新闻政策分析与评估框架

关于新闻相关政策的评估与分析，研究者通常基于公共政策的概念与理论。一般认为，新闻政策也属于公共政策的范畴，公共政策系统由政策环境与政策主客体一同构成。

研究者认为评估策略应包含三个方面：评估政策实施效果的微观/宏观量化标准；保障政策有效实施的监督、责任机制；保障政策有效实施的激励和惩罚机制。[①]

有研究者基于威廉·邓恩提出的公共政策评估标准，即效果（长期/短期，有效/无效）、效率（投入/产出）、充分性（不足/适度/过度）、公平性（利益协调，如国家、市场、公众的关系）、回应性和适当性[②]等，认为我国的媒体管理原则主要是党性原则、国家安全至上原则和属地管理原则，我国新闻政策的评估要素维度包含政府管制目标的实现、市场绩效及公民权利的保护等[③]。

在下文中，我们也将从公共政策评估策略和邓恩的公共政策评估标准来分析我国数据新闻相关的政策。

（二）大数据与新闻相关的政策

与数据新闻相关的另一个领域是大数据。

1. 大数据与国家战略

美国政府于 2012 年初出台《大数据研究与发展计划》，并将其视为国家战略。随后，世界各国也逐渐将大数据发展作为一种宏观战略。[④] 我国对大数据也十分重视，2015 年出台的《关于促进大数据发展行动纲要》从国

---

① 赵润娣：《国外开放政府数据政策：一个先导性研究》，《情报理论和实践》2016 年第 1 期，第 44～48 页。

② 〔美〕邓恩：《公共政策分析导论》，谢明等译，中国人民大学出版社，2010，第 249 页。

③ 刘锐：《2014～2015 年我国新媒体管理政策评估与评价》，《编辑之友》2016 年第 1 期，第 46～51 页。

④ 魏航、王建冬、童楠楠：《基于大数据的公共政策评估研究：回顾与建议》，《电子政务》2016 年第 1 期，第 11～17 页。

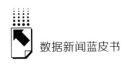

家大数据发展战略全局的高度，提出了我国大数据发展的顶层设计。

2. 开放数据

大数据平台的互联、开放、共享，能够有效地反映社会民主和政府开放的程度。[①] 与此同时，通过新闻政策规范信息公开行为也是政府公信力建立的关键。[②]

有关开放数据的政策分析框架主要从数据开放运动的政策性倡导、开放数据技术研发、开放数据政策过程（包括政策制定、决策、执行、评估和调整等）、政策与法律的配合协作、开放数据与数据安全的平衡问题等方面展开。[③] 数据相关的问题包含：数据可获取、隐私、数据准确性、数据归档和保存、数据监管[④]、数据标准、数据共享政策等[⑤]。

研究者在对国外开放政府数据政策的分析基础上，构建了开放政府数据政策的内容框架[⑥]，即政策目标、机构设置与人员协调、数据管理、政策实施计划与评估策略几个方面[⑦]。

3. 数据安全与隐私权

隐私问题成为大数据时代面临的最大问题和挑战。大数据的记录和存储，也使得数据本身、国家数据、私人数据安全风险上升。[⑧] 数据开放政

---

① 许根宏：《当前数据新闻传播存在的问题、原因及对策》，《新闻战线》2016 年第 13 期，第 20 ~ 23 页。

② 陈绚：《论信息公开政策与政府公信力的提升》，《国际新闻界》2009 年第 2 期，第 58 ~ 62 页。

③ 马海群、蒲攀：《国内外开放数据政策研究现状分析及我国研究动向研判》，《中国图书馆学报》2015 年第 5 期，第 76 ~ 86 页。

④ 张梦霞、顾立平：《数据监管的政策研究综述》，《现代图书情报技术》2016 年第 1 期，第 3 ~ 10 页。

⑤ John Carlo Bertot、郑磊、徐慧娜、包琳达：《大数据与开放数据的政策框架：问题、政策与建议》，《电子政务》2014 年第 1 期，第 6 ~ 14 页。

⑥ 赵润娣：《国外开放政府数据政策：一个先导性研究》，《情报理论和实践》2016 年第 1 期，第 44 ~ 48 页。

⑦ 赵润娣：《国外开放政府数据政策：一个先导性研究》，《情报理论和实践》2016 年第 1 期，第 44 ~ 48 页。

⑧ 南长森、白霞：《融合发展、综合创新：2016 年新闻传播学科发展述评》，《长安大学学报》（社会科学版）2017 年第 1 期，第 106 ~ 124 页。

策、国家安全政策、个人信息保护政策三者之间如何做到全局性的统筹规划①，找到保密与公开的平衡点，是其中的难点。

这也成为数据新闻面临的严峻问题。有研究者认为公众是在用个人数据的被挖掘换取各种增值服务，大数据时代新闻专业主义面临着消解、修缮与重构。②

（三）数据新闻相关政策法规与专业规范

从已有的文献看，直接探讨数据新闻相关政策问题的研究少之又少，一些提及数据新闻政策的文献，通常仅将其作为数据新闻面临困境的解决方案提及。如有研究针对我国数据新闻发展的实际，提出应对之策。①形成良好的数据产业驱动政策，制定适合国家及本地实际的大数据发展规划，尽快落实政府信息公开制度，增加资金投入等。②建设高品质数据库，政府要做好数据库的顶层设计，进行科学规划；数据供应商则应完善和统一数据制定行业标准。③在遵循新闻的写作报道范式的基础上，创立数据新闻写作范式。④业界与学界进行良性互动来共同构建数据新闻人才智库。⑤打造多元化数据新闻市场增值模式，如多渠道引入民间风投资金，充分挖掘数据的"增值"业务，提供数据库服务等。⑥推进设立完备的数据新闻法律法规，如规避非法数据供应商对公民隐私权的侵犯，重视网络信息与数据库的知识产权问题等。③

也有研究对比传统媒体与网络媒体在数据新闻生产实践上的差异，针对传统媒体数据新闻生产的困境，提出政府相关部门应完善信息法规，促进数据开放；传统媒体则应充分发挥自身享有的新闻采编权，通过自主调查采集数据，丰富数据来源；建立数据新闻行业标准，完善从业准则，在数据获

---

① 王本刚、马海群：《开放数据安全问题政策分析》，《情报理论与实践》2016 年第 9 期，第 25 ~ 29 页。

② 周均、赵志刚：《大数据时代新闻专业主义的消解、修缮与重构》，《中国出版》2016 年第 6 期，第 43 ~ 46 页。

③ 付松聚：《从新闻范式到驱动政策：数据新闻发展的应对之策》，《中国记者》2017 年第 2 期，第 67 ~ 69 页。

取、处理和分析、可视化流程中将新闻失真和失实的可能性降到最低，以实现数据新闻的客观性、真实性。[1]

从上述文献可以看出，国内暂无与数据新闻直接相关的政策规定，研究者更多地从数据新闻发展困境的角度来探讨其法律、政策和专业规范建构，缺乏一个系统的分析框架。因此，本文试图从数据新闻紧密相关的新媒体新闻和大数据产业相关的政策两方面出发，结合数据新闻的专业规范和发展需要对我国现阶段的数据新闻相关政策进行分析，并借鉴公共政策评估策略和框架，探讨其存在的问题。

三 数据新闻相关的政策现状与问题

（一）大数据与国家战略

世界主要国家和地区，如美国、欧盟、澳大利亚等，都在加快大数据领域部署，将大数据产业上升到国家战略。这些战略规划的共同特点在于，提倡政府数据开放与信息安全保障并重，规定了明确的行动计划和重点项目，并且指定了明确的管理机构和执行机构。[2]

在我国，大数据经历了快速的发展。2009～2013 年，大数据概念开始在我国获得关注，2015 年大数据产业进入高速发展时期，2016 年，大数据政策逐渐延伸至不同领域，从理论研究走向实际应用。[3]

据不完全统计，2014～2016 年，我国共有 63 个国家级文件涉及大数据发展与应用。其中，最具标志性的为 2015 年颁布的《关于促进大数据发展行动纲要》，它第一次从国家大数据发展战略全局的高度，提出了我国大数

① 张帆：《我国传统媒体对数据新闻的生产实践：困境与路径选择》，《湖北大学学报》（哲学社会科学版）2017 年第 2 期，第 122～128 页。
② 张勇进、王璟璇：《主要发达国家大数据政策比较研究》，《中国行政管理》2014 年 12 月，第 113～117 页。
③ 腾讯财经大数据：《2016 年中国大数据行业盘点——政策篇》，2016 年 12 月 21 日，http：//tbd. jusfoun. com/news/3000284. html。

据发展的顶层设计。"十三五"规划纲要中则 20 次提到大数据，并提到"实施国家大数据战略，把大数据作为基础性战略资源，全面实施促进大数据发展行动，加快推动数据资源共享开放和开发应用"[①]。

大数据国家战略也有力推动了区域大数据的发展。2016 年 1 月 15 日，作为第一批国家级大数据综合试验区的贵州省通过了《贵州省大数据发展应用促进条例》，这是中国首部大数据地方法规，填补了中国大数据立法的空白。2016 年 10 月 8 日，继贵州省之后，京津冀、珠江三角洲、上海市、河南省、重庆市、沈阳市、内蒙古自治区等七个区域获批推进国家大数据综合试验区建设。

我国国家领导人也高度重视大数据发展。2013 年 7 月，习近平视察中科院时，曾提出"大数据是工业社会的'自由'资源，谁掌握了数据，谁就掌握了主动权"；2015 年第二届世界互联网大会开幕时，则表明"'十三五'时期，中国将大力实施网络强国战略、国家大数据战略、'互联网 + '行动计划"。

与发达国家大数据政策比较而言，我国面临的问题主要表现在：大数据发展应用的要求较为笼统，缺乏可操作性；大数据应用水平不高；大数据产业支撑体系不完善；推动大数据区域特色化发展的思路不清晰等。[②] 因此，我国除了将大数据发展提升为国家行动外，还应勾画符合我国实际的大数据配套政策制定路线图，为产业孵化、技术研发、推广应用营造完善的政策环境。[③]

值得注意的是，在某种程度上，目前大数据产业与数据新闻生产尚未形成完整的生态链和营利模式，因此资金支持等也是一个需要重视的问题。

[①] 《"十三五"规划纲要：实施国家大数据战略》，凤凰网，http：//finance. ifeng. com/a/20160317/14275412_ 0. shtml。

[②] 安晖：《国家大数据政策及发展方向》，中国大数据学院总裁班首期公开课的 PPT，2016 年 12 月 23 日。

[③] 张勇进、王璟璇：《主要发达国家大数据政策比较研究》，《中国行政管理》2014 年 12 月，第 113～117 页。

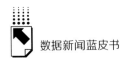

（二）开放数据

开放数据是数据新闻的重要支撑条件之一。西方许多国家数据新闻快速发展离不开开放数据机构和网站的推动。自 2009 年以来，美国、澳大利亚、欧盟、英国、日本等相继制定了数据开放政策①；许多国家和地区还颁布了《信息自由法》和《个人数据保护法》，以完善信息和隐私保护体系。

在我国，开放数据也被列入政府发展规划中。我国"十三五"规划纲要强调"政府数据开放共享""推动产业创新发展""健全安全保障体系"三位一体，预计到 2020 年底，逐步实现信用、交通、医疗、卫生等民生保障服务相关领域的政府数据集向社会开放。《"十三五"国家战略性新兴产业发展规划》提出"推动信息技术产业跨越发展，拓展网络经济新空间"，其中包括"加快数据资源开放共享，发展大数据新应用新业态；强化大数据与网络信息安全保障"，还包括整合现有资源，"构建政府数据共享交换平台和数据开放平台"等。

2014 年 9 月，李克强总理在达沃斯论坛上提出"互联网＋"的新概念。②"互联网＋"强调融合创新和变革转型，包括利用大数据分析手段，提升各级政府的社会治理能力。《国务院关于加快推进"互联网＋政务服务"工作的指导意见》提出："2017 年底前，各省区市人民政府、国务院有关部门建成一体化网上政务服务平台，全面公开政务服务事项，2020 年建成覆盖全国的整体联动、部门协同、省级统筹一同办理的'互联网＋政务服务'体系。"

我国也制定了专门的政府信息公开政策。2008 年 5 月 1 日起，我国开始实施《中华人民共和国信息公开条例》，这一条例从法律上确立了公民行

---

① 张晓娟、王文强、唐长乐：《中美政府数据开放和个人隐私保护的政策法规研究》，《情报理论与实践》2016 年第 1 期，第 38～43 页。
② 《十八届五中全会决定实施网络强国战略》，南方网，http：//news.southcn.com/china/content/2015－10/29/content_135858135.htm。

政知情权的保障，但是它的立法层次较低，仅属于行政法规一级。[①] 2015 年 4 月 21 日发布的《2015 年政府信息公开工作要点》中则明确提出"积极稳妥推进政府数据公开，鼓励和推动企业、第三方机构、个人等对公共数据进行深入分析和应用"，这是数据开放首次出现在我国国家层面的政策文件中，说明我国数据开放工作取得了巨大突破。[②] 2016 年 9 月，国务院印发的《政务信息资源共享管理暂行办法》，对当前和今后推进政务信息资源共享管理的原则要求、主要任务和监督保障做出了规定。但是，从世界范围上看，我国政府数据开放程度仍十分有限。英国开放知识基金会公布的 2015 年开放数据评估结果显示，在 122 个被调查的国家和地区中，中国数据开放排序仅为第 93 位，比 2014 年下跌 35 个位次。[③] 政府数据公开进程亟待不断深入。[④]

因此，目前来看，我国开放数据进程存在以下几个问题。一是总体上，我国数据开放程度仍较为落后。二是我国目前仍然处在信息公开阶段，还未建立国家层面的专门针对政府数据开放的法律法规，包括其实施与评估策略。三是开放数据政策的执行还有较多障碍。从数据新闻来源上说，我国近年建立了中央政府主导的"国家数据网"，以及地方政府主导的网络信息公开平台如"上海市政府数据服务网"等，然而存在网络数据更新不及时、政府数据的管理比较碎片化，以及部门之间数据共享较困难的问题[⑤]；与此同时，政府与企业数据共享之间也存在行业壁垒，导致媒体进行数据新闻实践时，无法公开获取许多核心数据。此外，我国关于开放数据的政策实施计划相对笼统，具体时间表和安排也不甚明确。

---

① 陈美：《英国开放数据政策执行研究》，《图书馆建设》2014 年第 3 期，第 22 ~ 27 页。
② 张晓娟、王文强、唐长乐：《中美政府数据开放和个人隐私保护的政策法规研究》，《情报理论与实践》2016 年第 1 期，第 38 ~ 43 页。
③ 李华：《全球开放指数前十名排序让人大跌眼镜》，中国网，http://cul.china.com.cn/cswh/2015 – 12/11/content_ 8446358. htm。
④ 郝雨、任占文：《我国数据新闻的传统因素及创新策略——关于中国国情下数据新闻普及发展的几个关键性问题》，《新闻界》2016 年第 12 期，第 40 ~ 46 页。
⑤ 张晓娟、王文强、唐长乐：《中美政府数据开放和个人隐私保护的政策法规研究》，《情报理论与实践》2016 年第 1 期，第 38 ~ 43 页。

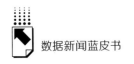

（三）数据安全与网络信息保护

2016 年 4 月 14 日，欧洲议会投票通过了《一般数据保护法案》（General Data Protection Regulation，GDPR），该法案将于 2018 年 5 月 25 日正式生效。[①] 这一法案由 11 章共 99 条组成，其中包括特定种类的个人数据处理、个人数据信息和获取（如数据访问权、擦除权、纠正权）等规定。该法案的通过意味着欧盟对个人信息保护及其监管达到了前所未有的高度，堪称史上最严格的数据保护法案。

我国关于数据安全与网络信息保护的法律法规包括《中华人民共和国刑法修正案（九）》、《全国人大常委会关于加强网络信息保护的决定》、《中华人民共和国电信条例》、工业和信息化部《电信和互联网用户个人信息保护规定》、《电信业务经营许可管理办法》、《全国人民代表大会常务委员会关于维护互联网安全的决定》和《消费者权益保护法》等。2015 年 6 月，全国人大常委会初审了《中华人民共和国网络安全法（草案）》，该草案以总体国家安全观为指导，就网络数据和信息安全的保障等问题制定了具体规则，构建了我国网络安全的基本制度。

也有一些地方政策对数据安全和隐私做出规定。如《上海市大数据发展实施意见》提出落实大数据法律监管，"明确数据安全的保护范围、主体、责任和措施，确保涉及国家利益、社会安全、商业秘密、个人隐私等信息受到合理保护"[②]。

虽然已有一些网络安全和信息保护的法律法规，但是我国缺乏专门的个人信息保护基本法，这恐成为制约我国个人隐私保护的最大瓶颈。

（四）市场准入与互联网内容生产、行为规范政策

数据新闻作为一种新闻报道形式，也需遵从新闻生产和传播的法规和一

[①] 《欧盟 GDPR〈一般数据保护法案〉》，数据观，http://www.cbdio.com/BigData/2017 - 02/09/content_ 5445958. htm，2017 年 2 月 9 日。

[②] 《市政府关于印发〈上海市大数据发展实施意见〉的通知》，上海政府网，2016 年 9 月 15 日，http://www.shanghai.gov.cn/nw2/nw2314/nw2319/nw12344/u26aw50056.html。

般政策，尤其是互联网内容生产的相关规定。

知识产权和数字版权相关的法律法规近三年得到了修订，如全国人大常委会通过了电影产业促进法实施，国家版权局出台《关于加强网络文学作品版权管理的通知》等。一些区域也对具体的事项进行了规定，如北京市版权局发布《规范软件应用市场版权秩序的通知》，北京市高级人民法院发布《涉及网络知识产权案件审理指南》，以上法律和规定进一步从立法上加强了对网络版权的保护。

"互联网＋"概念的提出，给"互联网＋"与各行业融合提供了机遇与动力。从 2014 年中旬开始，监管部门陆续发文，对于"互联网＋电视"加大监管力度，实施严格监管。2015 年 6 月 10 日，国务院法制办就《互联网等信息网络传播视听节目管理办法（修订征求意见稿）》公开征求意见，该《办法》规定，网络广播电视内容服务单位应配备专业节目审查人员，互联网禁止自制时政新闻节目。"互联网＋"与其他媒介的融合与监管也在进一步探索中。

2015 年 9 月 1 日，新《广告法》开始施行，这也是广告法实施 20 年来的首次修订。其中，首次将互联网广告纳入规范；对广告主、广告发布者和广告经营者的权利义务关系进行了重新梳理定位，强调了广告主是第一责任人；客观评价了网络游戏对未成人的影响。由于其修改幅度和规定之细致严厉，也被称为"史上最严广告法"。

2016 年，我国一共出台并正式实施了十余部互联网行业相关的法律法规[1]，尤其是《网络出版服务管理规定》《移动互联网应用程序信息服务管理规定》《互联网广告管理暂行办法》《互联网直播服务管理规定》等，则分别对网络出版物、APP 监管、互联网广告、网络直播等新兴事物准入和监管做出了规定。

一方面，数据新闻属于互联网内容生产的范畴，需遵循以上法律法规；然而另一方面，数据新闻在生产流程、终端呈现等有自己的特征，目前的政

---

① 《2016 互联网法规回顾》，创业邦，http://www.cyzone.cn/a/20170105/307177.html。

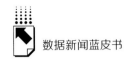

策法规"对数据新闻行业的侵权认定还存在模糊的边缘地带"①，这为数据新闻的发展埋下了潜在的隐患。

（五）大数据与新闻相关政策的评估与存在问题

从评估策略出发，大数据与新闻政策法规中也应包含政策实施效果测评的标准，保障政策有效实施的监督、责任机制，以及激励和惩罚机制等方面的规定。它们有助于政策有效进行、顺利实施。

邓恩提出了公共政策评估标准：①效果层面。我国大数据和互联网监管的政策是较为有效的，能够对快速变化的新媒体环境实现治理；但是从政策和法规不断修正的情况上看，其效果也通常是短期和暂时的。长期有效的治理则有赖于法律和专业规范的制定。②效率层面。新闻政策的制定通常以公共利益为指导原则，虽然政策投入较大，但是公民权利并没有获得最大化的保护。③充分性。从前文的梳理来看，我国数据新闻相关的政策主要集中在战略设计、市场准入等层面，对于个人隐私与数据保护等领域的规制却显然不足。④公平性。其要义在于协调国家、市场和公众三者之间的关系，其关键在于如何协调不同社会群体的利益，以形成稳定良性的互动机制。⑤回应性。即政策能否反映和满足公众的需求，促进大数据和互联网产业的发展等。从现有的规制来看，命令和强制性的规定较多，偏向家长式的管理。⑥适当性。这一评价标准取决于政策是否有价值、是否适应我国现有国情的发展，需要在今后的发展中进行检验。②

综上，目前与数据新闻相关的政策主要集中在大数据战略、开放数据、数据安全与隐私权、互联网内容生产的规定等方面，鲜有与数据新闻直接相关的政策与规定。参照公共政策评估策略和标准，我们认为我国现有的数据新闻相关政策的效果多是短期和暂时的，公众信息隐私和安全规制不足，不同行为主体之间的关系较难协调等。针对这些问题，

---

① 付松聚：《从新闻范式到驱动政策：数据新闻发展的应对之策》，《中国记者》2017年第2期。

② 〔美〕邓恩：《公共政策分析导论》，谢明等译，中国人民大学出版社，2010，第249页。

本文将从数据新闻产业发展、开放数据与数据安全、数据新闻专业规范等角度提出建议。

三 对策与建议

综合而言，虽然我国具备一整套法律体系，但对数据产业发展、数据开放与安全、数据新闻行业相关的规范等还存在模糊的边缘地带，不利于数据新闻的发展。因此，需出台相关的法律法规或制定相应的行业规范，最大限度避免边界模糊与空白带来的负面影响。并且，在建构数据新闻相关政策和专业规范时，政策与规范的实施路径和评估策略体系也应纳入其中。

（一）数据新闻产业发展政策

一是增强数据内容产业发展的政策规定，推动知识产权与版权制度革新。2016 年，世界各国纷纷推进修改版权法，以适应数字内容产业发展，文本与数据挖掘、广播权、流媒体内容授权与许可成为各国关注的核心。①

二是制定资金相关的可行性政策。如设立数据新闻产业发展的专项基金，补助数据新闻产业项目，对相应数据新闻供应商在税收方面给予减免和优惠等。

三是探索多元化数据新闻市场增值模式。目前，我国数据新闻产业尚未形成完整的生态链和营利模式，亟待构建多元化的数据新闻市场增值模式。如引入民间风投资金，减少外在市场风险；挖掘数据的"增值"业务，为特定目标受众提供个性化服务等。这均需要相关法规与政策的保驾护航。

（二）开放数据与数据安全

开放数据的主体包含政府、企业、个人等。政府数据是数据新闻最为重

---

① 《2016 国际互联网法律政策十大趋势》，搜狐网，http：//mt.sohu.com/20161214/n475892 899.shtml。

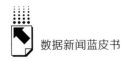

要的来源，目前开放数据运动已席卷全球，各国政府之间的信息鸿沟也逐渐拉大。我国《政府信息公开条例》实施以来，"公开是原则，不公开是例外"被日益提上议程，政府信息透明度逐渐增加。但是，仍需进一步推进数据开放进程，扩展政府信息公开的广度和深度。

一是采取开放数据政策的执行策略。借鉴其他国家开放数据政策的成功经验，包括：构建政策执行的监督机制、培育开放数据政策的多元执行主体、引入开放政府许可协议、加强开放数据政策的认同政策等。① 如媒体、组织、专业机构也应加入开放数据运动中，建立高质量的数据库，向用户开放开源数据集。国外如英国《卫报》搭建了"数据商店"（Data Store）频道，针对不同的主题分类，提供一系列的在线数据集，允许用户免费使用。开放知识基金会运作的社区推动型数据资源网站"数据中心"（The Data Hub），可提供免费平台，让用户进行数据搜索、数据集的创建和管理、数据集的更新、数据分享等活动。在我国，暂未建立长期有效的数据开放与分享机制，一些媒体或机构，如今日头条、DT财经、镝数等开始尝试向用户开放部分数据集。

二是制定数据管理政策和计划。一般而言，数据管理包含：数据类型，数据格式和标准，数据质量，元数据管理，与其他数据的互操作性，数据可访问性，数据重复使用，开放数据范围，数据许可，用户反馈机制，发布的数据量，开放的成本等。②

当然，开放数据也是一把双刃剑，其另一面是"数据安全"问题。在网络已深入人们经济社会生活方方面面的今天，数据安全问题已成为关系国家安全与用户切身利益的重大问题。从国家层面来说，跨境数据博弈成为各国关注的热门话题。欧盟通过《一般数据保护条例》（GDPR），对跨境企业的数据收集和处理进行了规定，这一条例被认为是最严数据保护法案，它于

---

① 陈美：《英国开放数据政策执行研究》，《图书馆建设》2014年第3期，第22~27页。
② 赵润娣：《国外开放政府数据政策：一个先导性研究》，《情报理论和实践》2016年第1期，第44~48页。

2018 年生效。安全始终是我国互联网治理的价值取向①，我国第一部有关网络安全方面的法律——《中华人民共和国网络安全法》自 2017 年 6 月 1 日起施行。它首次对网络空间主权原则、网络产品和服务提供者及运营者的安全义务，以及信息基础设施重要数据跨境传输的规则等做出了明确规定。个人层面而言，大数据时代，利用法律法规等对网络空间的数据与隐私权进行规制，已成为数据时代最受关注的话题之一。从欧美等设立的隐私保护法来看，应对企业采集、使用与储存个人信息等动态过程的规范性进行规定，而不单单是个人信息采集途径和方法的合法性问题，并且对数据滥用等可能对用户产生危害的行为实行问责制。

因此，在开放数据和信息安全问题上，应注重开放数据政策与数据安全政策的协同研究。② 有效推动国家层面的开放数据政策和数据安全政策的制定及协同运行，有助于国家对信息资源进行宏观规划与配置。

（三）数据新闻生产与技术规范

一般而言，行业规范应包含管理、工作、技术等方面的标准。就数据新闻操作而言，应包含以下几个方面的规定。

1. 数据新闻报道规范

（1）数据标准的建立。数据标准应包括数据的采集、分享、分析与处理等方面。首先，在进行数据采集时，尤其是网络挖掘而来的数据，其准确性有时难以保证，因此除了利用已有的数据，媒体可发挥新闻采编权或通过访谈、问卷、调查等社会科学方法自主采集数据，弥补现有数据的不足。其次，数据分享为数据新闻的内含之义，向受众公开数据集也应成为常态。此外，数据清洗、分析与处理则存在"黑箱"的情况，应公开数据获取与分析方法，增强其可信度及可验证性。

---

① John Carlo Bertot、郑磊、徐慧娜等：《大数据与开放数据的政策框架：问题、政策与建议》，《电子政务》2014 年第 1 期，第 6 ~ 14 页。

② 马海群、蒲攀：《国内外开放数据政策研究现状分析及我国研究动向研判》，《中国图书馆学报》2015 年第 9 期，第 76 ~ 86 页。

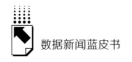

（2）数据新闻属于新闻的范畴，需遵循新闻的报道规范，如真实性、客观性等。然而作为一种新兴的报道形式，数据新闻的生产又以数据的获取、处理与分析、可视化、终端呈现等为特点，数据的处理与分析直接关系到数据能否准确、客观地呈现，而这一流程尚未建立起统一的行业标准和从业准则，新闻信息失真和失实的现象恐有发生。

近代新闻报道一直存在两种传统：一是客观性传统，强调新闻要客观、公正，如解释性报道、调查性报道、精确新闻等；二是人文传统，重视新闻的故事性、趣味性等与人关系密切的元素。① 数据新闻通过可视化的手段讲述数据背后的故事，通常是两者的结合，因此，亟待建立一套符合我国实际、具有可操作性的数据新闻生产规范。

2. 技术相关的规定

伴随着人工智能的兴起，下一波产业浪潮正到来，一些政府开始在顶层设计抢占制高点，如美国、英国等通过国家战略规划发展路线图，关注人工智能的潜在法律、道德和社会等影响。② 在数据新闻中，新兴的技术如无人机、VR 等手段逐渐兴起，针对这些技术也应制定相应的监管规定。

---

① 付松聚：《从新闻范式到驱动政策：数据新闻发展的应对之策》，《中国记者》2017 年第 2 期，第 67～69 页。
② 《2016 国际互联网法律政策十大趋势》，搜狐网，http：//mt. sohu. com/20161214/ n475892899. shtml。

数据新闻的伦理困境与出路

申 琦　章梦琦*

摘　要：　"数据新闻"目前还没有一个统一的概念界定，本文在国内外学者研究的基础上，指出应该从开放数据、社会科学知识和实践的角度对此概念进行把握。另外，本文指出了数据新闻与传统新闻报道模式的不同，进一步指出了数据新闻自身的特点。基于这些特点，本文认为数据新闻在快速发展的同时，也面临一些与传统新闻报道不同的伦理问题。这些问题包括数据的真实性和客观性问题、信息隐私安全问题、数据的保护与国家利益的冲突问题、数据新闻行业规范的滞后性。最后本文尝试给出了一些如何解决这些问题的建议。

关键词：　数据新闻　伦理困境　行业规范

一　数据新闻：新闻报道模式的变革

（一）"数据新闻"概念探讨

数据新闻又叫数据驱动新闻，目前尚未有一个比较统一的定义，但是已经有很多数据新闻从业者及相关学者对这一新的新闻报道模式进行了阐述。

---

* 申琦，博士，华东师范大学传播学院副教授；章梦琦，华东师范大学 2016 级传播学院新闻与传播专业硕士。

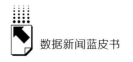

20 世纪 90 年代中期，美国和英国的一些新闻机构就已经设计了一些数据新闻项目。那时还不叫数据新闻，叫计算机辅助报道（Computer-assisted Reporting）或计算机报道，"数据新闻"被记者公开使用是在 2011 年 1 月的新闻骇客盛会 NICAR（the International for Computer-assisted Reporting）后，会议认为，"计算机辅助报道"这一概念已经无法阐述这个行业的实践。这次会议后，"数据新闻"的概念在记者群体中被广泛使用。

Anderson 把计算机辅助报道定义为"算法的、社会科学的和精确的报道形式"[1]，计算机报道（Computational Journalism）是"为增强新闻报道的问责功能而进行的算法、数据和社会科学知识的结合"[2]。"精确新闻"指的是记者在进行新闻报道时使用社会科学研究方法来收集新闻素材，完成新闻报道的采写，这些方法包括调查、实验和内容分析等。[3]"精确新闻""计算机辅助报道""数据可视化""数据新闻"密切相关，甚至容易引起混淆。中国人民大学的喻国明教授专门对"精确新闻""计算机辅助新闻""数据库新闻""数据新闻"的发展历史做了详细的梳理，他认为，与计算机辅助新闻和数据库新闻相比，数据新闻对新闻生产的思路和流程的改造是根本性的。[4]

《纽约时报》的 Aron Pilhofer 指出，数据新闻提供信息和相关分析以帮助人们了解一天中所有的重要事件。[5]数据新闻加大了新闻对改善民主的贡献，特别是如今政府公布的数据正在不断增加。数据新闻可以从三个方面做

---

[1] Anderson，"Notes towards an analysis of computational journalism，" *Social Science Research Network*，2011，10，pp. 2 - 4，http：//papers. ssrn. com/sol3/papers. cfm? abstract _ id = 2009292.

[2] Hamilton & Turner，Accountability through algorithm：Developing the field of computational journalism，2009，7，pp. 2 - 3，http：//web. stanford. edu/~fturner/Hamilton% 20Turner% 20Acc% 20by% 20Alg% 20Final. pdf.

[3] 彭艳：《大数据时代的精确新闻报道》，《新闻世界》2014 年第 8 期，第 381 ~ 382 页。

[4] 喻国明：《从精确新闻到大数据新闻——关于大数据新闻的前世今生》，《青年记者》2014 年第 12 期，第 43 ~ 44 页。

[5] Gray，Chambers & Bounegru，The data journalism handbook：How journalists can use data to improve the news，2011，Retrieved from http：//datajournalismhandbook. org/1. 0/en/introduction_ 2. html.

到这一点，第一是增强新闻的客观性，第二是提供新的新闻报道工具和组织来保持政府问责，第三是提高公民的政治参与。①

虽然"数据新闻"的概念还未达成共识，但是就学界和业界的人士对其描述来看，他们对数据新闻的认识有一定的共通性，基于此，把握"数据新闻"的概念需要注意以下几点。

第一，数据新闻发展的基础是互联网技术的发展带来的开放数据的兴起。互联网技术的发展对整个人类的生产、生活方式带来了巨大的变化，也给人们的交往方式带来了巨大的变革。Web 3.0 和移动通信技术，使得个人成为信息发布者，社交平台聚集了大量用户，用户在赛博空间密集的交互行为被记录下来，使得海量用户信息的精确收集成为可能。"偷"数据并不是难事，从那些公开的 excel、word、PDF、TIFF 文件中复制、粘贴一些摘要在开放数据时代非常容易，运用开放数据集，一系列新的数据集很容易被创造出来。②

第二，数据新闻是数据和社会科学知识相结合的一种报道形态，它的生产离不开对数据的采集、分析处理与可视化呈现。数据新闻不仅只有数据，更重要的是生产数据的人们，如果说对数据的操作需要的是数据爬虫技术、编程技术的话，那么想要解开数据背后的故事——数据新闻，就需要分析人类社会行为的社会科学知识。

第三，数据新闻的概念并不是某一个人提出的，它的出现得益于全世界数据新闻从业人员的实践探索。"精确新闻"的概念是菲利普·迈耶个人提出来的，但是数据新闻概念的出现是众多数据新闻记者实践探索的结果，并不是哪一个人总结出来的。

（二）数据新闻对传统新闻报道模式的变革

如今，数据比之前任何一个时代都容易得到，全世界的政府机构都存

---

① Sylvain Parasie & Eric Dagiral，"Data-driven journalismand the public good：'Computer-assisted-reporters' and 'programmer-journalists' in Chicago，" *New Media & Society* 15 （2013）：853 – 871.

② Jaime A. Teixeira da Silva，Judit Dobranszk，"Potential Dangers with Open Access Data Filesin the Expanding Open Data Movement，" *Publishing Research Quarterly* 31 （2015）：298 – 305.

储、公布了海量数据，记者也大量地运用数据来报道公众感兴趣的议题。在2011 年和 2012 年，凭借专业的操作和大量的实践，《纽约时报》和《卫报》走在了世界数据新闻报道的前头，两家媒体围绕暴乱、同性恋、犯罪等议题展开了大量的数据新闻报道并取得了巨大成功。这也使数据新闻这种新兴的新闻报道形式逐渐被广泛使用。这种新的新闻报道方式与传统的新闻报道有很大不同，主要有以下几点。

第一，新闻来源。新闻来源即新闻事实是由谁提供的，传统新闻报道的新闻来源主要有政府机关提供的线索、广大受众提供的线索、新闻工作人员自己发现的线索。这些线索往往是一些具体的事件、事实的变动，数量有限。数据新闻最核心的部分是数据，数据新闻的数据来源主要有三个部分：一是新闻机构自身的采集；二是一些机构的开放数据，包括政府公布的数据和其他机构公开的数据；三是第三方机构出售的数据。数据新闻的新闻来源往往是很多事件、数据的集合，着重分析大量事件、数据之间深层的联系。

第二，生产流程。传统新闻的生产流程包括发现新闻线索、选题策划、采写和最后的呈现，而数据新闻的生产流程一般是关注一定的主题，运用相关算法获取大量的所需数据，利用数据分析工具对数据进行处理，最后运用可视化技术完成数据新闻的呈现。相比传统新闻报道对人的个人采写能力的极大依赖，数据新闻的生产更加依靠数据技术来完成相关报道。此外，传统新闻报道的生产流程是线性的，采编、设计和印刷一个在前一个在后，而数据新闻往往是三个程序同时进行，必要时会对生产环节进行实时调整，整个工作流程是非线性、合作式的关系。

第三，报道呈现方式。传统新闻报道与数据新闻报道呈现方式的最大区别在于新闻作品的可视化，虽然传统新闻报道也会采用图表等表现方式，但是由于数据数量的限制、传播载体的掣肘，这种表现只是简单的文字向图表视觉表达的转换，信息量有限，数据新闻鉴于其对数据更加深入的挖掘、处理，其可视化呈现能够深入挖掘事件之间的联系，将更多的信息表现出来，同时多样的可视化呈现加入交互动态元素，可提高受众的视觉体验。数据地图、时间线和交互地图是数据新闻最常见的可视化呈现方式。

第四，新闻的客观性。不管是传统新闻报道还是数据新闻报道，都强调新闻专业主义，都要遵循客观的报道原则。传统新闻记者虽然努力遵循客观这一原则，但由于传统新闻的生产对记者个人的依赖、数据量的有限性等缺陷，新闻作品不可避免地会受到新闻记者主观因素的制约，另外数据的有限性会对新闻报道的深度和准确性产生一定的影响。与传统新闻报道相比，数据新闻的生产更加注重数据，而不是记者个人，全面、精确的数据对新闻报道的客观性的提高具有重要作用。

（三）数据新闻的特性

数据新闻在对传统新闻报道模式的变革中，显示出了自己的一些特性。

第一，新闻报道的互动性。这种互动不是在新闻报道之后的转发、评论和点赞，而是作品中包含的互动元素。《纽约时报》的数据新闻栏目 The Upshot 内容覆盖各个领域，包括政治、体育、经济等，这个栏目的数据新闻生产十分注重数据新闻的交互性。2017 年 3 月 30 日，《纽约时报》的数据新闻团队使用 Redfin，抓取了美国国家房地产经纪公司的房屋价格数据，以及基于斯坦福大学教育数据档案考试成绩的学校质量数据，开发了一套查看学校质量、房价和通勤的图表。以纽约的公共学校为例，图标以城市的公共学校为中心，当读者将鼠标放在图表的不同位置，系统会自动生成一条连接鼠标触点与学校的直线，并且自动显示鼠标触点地区的房价，随着鼠标的移动，房价会实时变化。如果用传统的新闻报道模式对房价与学校的关系进行报道，无疑要阐述大量的数据关系，纯粹的文字或图标会让读者感到厌烦；而数据新闻的交互元素，让读者对房价与学校的关系有一个很直观的认识，读者与图标的互动增强了数据新闻的可读性。

第二，数据体量的巨大性。数据新闻的"数据"不仅是指数字，而且是指所有的为生产数据新闻所采集的文字、图片甚至是音频。作为数据新闻另一个优秀的探索者，《卫报》进行了大量的数据新闻报道，其标志性栏目是《数据博客》（Date Blog），其报道内容覆盖政治、经济、体育、战争、灾难、环境各个方面。2017 年 2 月 8 日，《卫报》制作了一个航空视觉的全

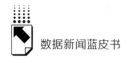

球实时空气污染地图，对全球城市空气污染情况进行了报道。《卫报》的数据新闻工作团队分析了危险 PM2.5 颗粒的数据，并按地区列出了这些数据，以显示欧洲、美国、非洲、亚洲等国家和地区空气最差的城市。为了制作这份地图，他们从世界卫生组织超过 2.5 微米（PM2.5s）超细颗粒的巨量数据中分析研究，相关城市达数万之多。①

传统媒体的调查也会涉及相关的数据，这些数据的体量可以靠人工收集和分析，数据量是极其有限的，相比之下，数据新闻需要收集数万条数据，才能洞悉一个行业、一种事物的发展趋势。要想受众对一个行业、事物的发展趋势有一个全面、深刻的了解，就需要巨大体量的数据做支撑。

第三，数据呈现的复杂性。数据新闻生产的最后一道流程就是数据的可视化呈现。将大量的数据转化为一张或多张受众能看懂的图表，使得数据新闻的可视化呈现要比传统新闻报道简单的图表呈现更为复杂。这种复杂性不仅包括图表本身视觉理解的复杂性，还包括数据可视化制作流程的复杂性。目前的数据新闻可视化形式包括数据地图、时间线和交互图表，据《纽约时报》的制图总监 Steve Duenes 介绍，他们希望将巨大体量的数据更快更轻量级地呈现，需要结合大量的文字、图片和图形的设计。数据新闻图形设计部门的成员不仅要会调研，还要懂得写代码、制图，这样才能获得让人惊艳的可视化呈现。②《卫报》数据新闻的成名之作是 2010 年登载的一篇伊拉克战争日志，《卫报》的数据新闻团队将维基解密的数据和谷歌地图结合，将战争伤亡人数标注在地图上，地图可以缩放，这张地图囊括的数据将近 40 万条。这张地图的制作需要将战争伤亡人员的信息，包括时间和地点，标注

① Pant by numbers: the cities with the most dangerous air-listed, the guardian, Last modified on Tuesday 7 March 2017 08.28 GMT, https://www.theguardian.com/cities/datablog/2017/feb/13/most-polluted-cities-world-listed-region，最后访问日期：2017 年 3 月 31 日。

② Ken Doctor, From "service desk" to standalone: How The New York Times' graphics department has grown up, March 7, 2016, 12:04 p.m. http://www.niemanlab.org/2016/03/from-service-desk-to-standalone-news-desk-how-the-new-york-times-graphics-department-has-transitioned-to-the-mobile-age/? relatedstory # rd&sukey = a76cdd086edb4fce1f53c9eb65255383e175c0920739d77db07184172621b28ef2426839f74c50f57a329b4be47d57d1，最后访问日期：2017 年 3 月 31 日。

在地图上，地点需要输入经度和纬度，并且将信息整理成表单，最后设计并输出地图，整个过程非常复杂。

二 数据新闻的伦理困境

（一）数据新闻与传统新闻报道伦理问题的差异

数据新闻和传统新闻报道遵循着一些相同的伦理原则，数据新闻和传统新闻报道必须真实、客观；都要注意保护消息源，避免或减少因报道对消息源造成的伤害；都要避免或减少因报道对报道对象的生活造成负面影响；等等。但是，无论是新闻报道的生产流程、最后的呈现形式，还是新闻的来源与客观性，数据新闻都与传统新闻报道不同，这是数据新闻对传统新闻报道模式的变革。在对传统新闻报道方式进行变革的同时，数据新闻显示了一些不同于传统新闻报道的特点，包括新闻报道的互动性、所使用数据的体量的巨大性和可视化呈现的复杂性。数据新闻与传统新闻报道的差异决定了数据新闻伦理和传统新闻报道的职业道德伦理的差异，本文认为差异主要有以下几个方面。

1. 传统新闻伦理和数据新闻伦理产生的背景不同

传统新闻理论的发展是建立在西方资本主义经济发展的基础之上的，资产阶级办报人标榜出版自由和言论自由，后期廉价报纸出现，报业激烈的竞争使得大量色情暴力等低俗内容出现，为受众所诟病，随后报业垄断时期到来，自由主义新闻理论和社会责任论相继出现。其间，奥克斯、普利策等呼吁新闻伦理，为现代新闻职业道德规范的出现做出了重要贡献。而数据新闻本身在近几年才发展起来，相比传统新闻报道，数据新闻在不多的实践当中逐渐开始树立一些伦理观念。

2010 年，英国《卫报》利用谷歌地图和维基解密将伊拉克战争的士兵伤亡地点标注在地图上，并在地图上附上伤亡的地点、时间等信息，这则新闻在英国引起轰动并影响了英国的军事计划。2011 年，《卫报》运用数据新

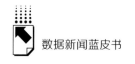

闻报道伦敦骚乱，用可视化图像标注骚乱发生的地点，并研究了社交媒体在骚乱中的作用。这些出色的报道奠定了《卫报》在数据新闻报道中的标杆地位。除了《卫报》，彭博社、《纽约时报》、《华盛顿邮报》、《泰晤士报》等媒体也制作出了大量的数据新闻报道。但是相关数据新闻报道中对个人信息的使用与公布，引起了很多争议，在这些争议中，数据新闻的一些伦理原则，比如隐私的保护、数据质量等，才慢慢引起人们的注意。

2. 传统新闻报道伦理甄于成熟，数据新闻伦理还有待确立

在古罗马时代，抄送新闻的人要履行忠实的义务，不能随意改写，传送公文的驿站有专门的交接制度，与我国的"两国交战，不斩来使"类似。自古以来，传送信息都要遵循一定的原则。从近代报纸产生至今，经过漫长的实践累积，传统媒体的新闻报道已经形成了一套十分完善的行业规范和伦理准则，这些规范和准则都经历过无数新闻实践的检验。无论是自由主义新闻理论还是社会责任论，都在西方乃至世界新闻史上产生了深远影响。数据新闻则是一种新的新闻报道形式，直到近几年，数据新闻才在西方媒体的实践下繁荣起来，无论是西方媒体还是我国媒体，都缺乏统一的被广泛认可并作为专业规范确立起来的伦理原则。

3. 数据对新闻伦理失范的影响程度

在传统新闻报道中，虽然也会用到一些数据，但大多是一些具体的数值，而且数据的数量十分有限，数据在传统新闻报道中居于次要地位。在传统新闻报道中，新闻采写人员注重分析事件的因果关系；而在数据新闻报道中，数据处于主导地位，无论是新闻报道的采集过程还是呈现过程，数据始终是关键要素。正如舍恩伯格在《大数据时代》中写的那样，在大数据时代，不再探求因果关系，而是注意相关关系。虽然这句话有些夸张，但是可以看出，数据本身注重相关关系。在传统新闻报道当中，数据不处于主导地位，新闻工作人员对新闻事实的专业操作是影响新闻报道法律伦理的重要因素；在数据新闻报道中，如果数据出现错误，那么这篇新闻报道的真实性和客观性就无从谈起。由此可见，数据对数据新闻伦理的影响程度远远大于传统媒体报道中数据对新闻伦理的影响程度。

（二）数据新闻面临的伦理困境

相比传统新闻，数据新闻对数据的依赖性更高，数据新闻记者借助相关工具，可以轻松获得海量数据。正是因为人们源源不断地生产数据，所以在大数据时代，数据变得唾手可得，数据变得比以前任何一个时期都更加开放。那么，数据新闻记者掌握的数据来自哪里呢？我们如今已经走进了"互联网＋"的时代，互联网正在融入我们国家的方方面面，融入了我们生活的方方面面。在教育层面，典型的"互联网＋教育"就是慕课，一个老师的课程可以被整个世界的学生所共享。在政务层面，政府的服务环境和办公环境都已经实现了数字化，利用简单的 APP 或者公众号，民众就能轻易知道政府公布的各项政策。在生活方面，互联网已经与我们的吃穿住行融为一体，我们只要有移动设备和移动网络，就能实现 24 小时联网。我们就在源源不断地产生数据，数据源于接入互联网的每个人。数据新闻记者通过不断抓取人们产生的数据来生产数据新闻，他们抓取的数据都可以被用来生产数据新闻吗？这些数据被使用之后被怎么处理了呢？他们抓取和使用数据的行为合法吗？这是数据新闻产生面临的一系列的职业道德伦理和法律问题。

1. 数据的真实性问题

数据新闻的真实性和数据的准确性密切相关。数据新闻最核心的部分就是数据，数据新闻的生产是在数据挖掘的基础上，如果挖掘的数据有问题，那么新闻的真实性就值得怀疑了。正如文章的前一部分所说，数据新闻数据的来源主要包括三个方面：一是新闻机构自己采集的数据，二是一些机构的开放数据，三是第三方出售的数据。在赛博空间自己采集的数据一般包括用户社交行为（发微博、博客，点赞，评论等）的数据、购物平台的数据等，这些数据一般需要专业的处理和分析才能达到数据新闻的使用标准，否则这些数据只能是繁杂无序的"脏"数据。一些机构的开放数据，如环保部门、企事业单位公开的数据是经过一定处理的数据，这些数据相对"干净"、有序，具有一定的权威性和公信力，但是由于不是元数据，这些数据难免在公布之前有一定的缺失或者变形。第三方出售的数据一般是由第三方机构的专

业团队负责数据的采集和处理，这些数据的准确性难免会受到新闻媒介和第三方机构之间的利益关系的影响。

2014年5月，中国社会科学院发布《形象危机应对研究报告2013~2014》，给出了我国每个省份的官员形象排名。中国社科院统计了人民网、新华网和央视网的相关报道，将负面新闻分为贪、渎、色、假、枉，结果显示15.4%负面报道与广东的官员有关，广东官员形象全国最差，给出的原因有三个。第一，负面新闻曝光多，且属地负有社会责任。第二，社会服务管理任务重、难度大。第三，社会治理改革成效欠佳，亟待精细化、人性化。这里的数据在网友中引起了很大的争论，网友认为仅凭人民网、新华网和央视网的相关报道，难以说明广东官员的负面新闻最多，而且这三家媒体全部分布在北京，难免会减少对北京官员的负面报道。网友的质疑是有道理的，中国社科院统计的新闻数据本身有缺失，而且样本的质量也是一个问题。

Constance Tabary、Anne – Marie Provost 和 Alexandre Trottier 对魁北克2011~2013年的数据新闻实践做了一个调查。通过对魁北克六家媒体的数据新闻的相关项目的观察，他们得出结论，虽然这些媒体数据新闻的数量日益增长，但是这些数据新闻的增长并没有对数据新闻记者的专业技能起到很大的提升作用，阻碍魁北克数据新闻质量提升的主要因素之一就是政府提供的数据质量不高。①

数据新闻要求数据新闻记者必须具备相应的数据处理技术，比如爬虫技术和数据可视化技术，甚至是设计编程技术，这对普通的记者来说是一种挑战。理想的数据新闻记者要求同时具有新闻记者和数据分析师的能力，但是在我国当前的新闻教育背景下，新闻记者很少有人能做到专业的数据分析，即使通过自学能够进行相关分析，但是也缺乏专业性。数据新闻的数据挖掘、处理与可视化呈现一般由专业的数据分析师操作，数据分析师如果不具

---

① Constance Tabary, Anne – Marie Provost & Alexandre Trottier, "Date journalism's actors, practices and skills: A case study from Quebec", *Journalism* (2016): 66.

备一定的新闻素养，可能导致数据和新闻相分离的情况，数据背后的新闻信息不能很好地被呈现出来。数据新闻记者比较注意事物的因果关系，数据分析师可能更加注重事物的关联。

比如，《南方都市报》编委联席委员韦中华提到，2015年7月德国总理默克尔在清华大学演讲时，《南方都市报》回溯了2000年以来在中国高校做过演讲的外国领导人。其中南都在"学生最爱问什么"一图中特意标注"一些学院会先收集学生想问的问题，最终选出提问者"，因为历年外国领导人在高校演讲，学生问的问题都相差不大，都是台湾问题或者南海问题。如果不加以背景说明，很容易给人以中国高校大学生没有创意的印象，所以南都记者对这一统计数据特地加以说明。①

2. 数据新闻的客观性问题

相比传统新闻对人的能动作用的强调，数据新闻更加强调数据，数据本身是客观的，那么依靠数据做出来的数据新闻就是客观的吗？答案是否定的。

做出过《中国高官迁徙调动图》（《南风窗》）、《还有多少官员独董》（《南方周末》）、《解密各省法院院长背景》（《南风窗》）、《公交车公共安全事件调查》（《南风窗》）、《数据说：中国恐怖袭击到底多严重》等数据新闻的图政数据研究室创办人黛玉曾经说过，数据呈现的环节要求提前构思出文字、图表等在内的呈现方式，甚至提前做好版面，依据新闻构建出指标。新闻的本源是事实，事实在前，新闻在后。但是由于新闻报道的时效性要求，数据新闻需要快速采写，一些事实发生后的采写环节被人为迁移，人的本质是社会关系的集合，这样报道出来的新闻难免会带有先入为主的主观色彩。②

---

① 韦中华：《纸媒高管谈数据新闻的"坑"和"填坑"》，http://www.oeeee.com/html/201505/29/263060.html，最后访问日期：2017年3月25日。

② 王博：《你不能错过的25个经典数据新闻案例大盘点》，北京大学新媒体研究院社会化媒体研究中心，2016年12月，http://www.csmrpku.com/archives/7872，最后访问日期：2017年3月26日。

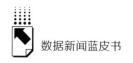
　　另外一个例子是《南方周末》在2014年春节前联合环保组织发起的"回乡测水"活动。他们首先征集志愿者，让志愿者用他们发放的测量工具测量家乡所在地的地表水水质，然后统计相关数据，最后他们统计了20个省份的35组饮用水和12组地表水的水质。这其中就有一个问题，这些志愿者有大学生、医生，也包括一些农民工、环保人员，实际上，他们对测量工具的使用是否科学直接影响到测量结果，这些都是人的因素对数据的客观性造成的影响。

　　3. 信息隐私安全问题

　　首先，明确一个概念，什么是信息隐私？信息隐私，作为隐私权的一部分，是人们对与其个人身份、生活状况等相关的各类信息的一种自决权；包括一般个人信息与敏感个人信息（张新宝，2015；王利明，2013）。信息隐私分为两个维度，一个是无差别的一般个人信息，比如，北京市的交通运行图，这里面就是大量无差别的个人信息，大家不能识别每个具体人的出行信息，但是可以知道整个朝阳区一天内人们乘车出行的轨迹。那么，这类信息需要保护吗？是隐私吗？另一个是我们特别关注的敏感的个人信息，比如我们个人的就医经历、情感生活等，涉及每个人不愿意公开的敏感信息。信息隐私是一个具有这两个不同维度的概念。实际上，稍加回顾，我们知道，整个人类对隐私这个概念的界定，主要经历了三个过程：一个是私密生活；一个是独处的权利；一个是发展到今天的个人信息自觉权，即个人在什么情况下，愿意表露并能够控制自己个人信息的权利。英国已经有法律守则规定与"隐私"相关的信息是不允许被泄露的，守则还规定负责主要政策和财政动议权的高级员工才与公共利益相关，而不是没有什么权力的普通员工，也就是说，只有和公共利益相关的主要人物的薪资信息才是允许被公布的。①

　　个人在什么程度上愿意表露自己的信息？表露在互联网上的个人信息，

---

① Paul Bradshaw, Ethics in data journalism: privacy, user data, collaboration and the clash of codes, https://onlinejournalismblog.com/2013/09/16/ethics - in - data - journalism - privacy - user - data - collaboration - and - the - clash - of - codes/, 2013 - 9 - 26.

虽然是公开的，但是他人，或者媒体等其他组织机构有利用、组合和再公开的权利吗？一旦有媒体组合了这些个人信息，并成为他人可识别的信息，有人利用它识别到了自己，并有可能影响到自身的生活时，是否算侵犯隐私？媒体要不要承担相关责任？数据新闻报道的信息隐私安全问题，主要包括两个方面：一个是使用可公开获得的数据，数据新闻报道是否会侵犯信息隐私？另一个是使用组合、关联、挖掘出的数据，数据新闻报道是否会侵犯信息隐私？

2012 年 12 月 23 日，美国隶属于纽约州白原市（White Plains）的地方媒体 *Journal News* 在其纸媒和官网上发表了文章《隔壁的持枪者：你所不知道的家附近的武器？》（*The gun owner next the door：What you don't know about the weapons in your neighborhood*）的数据新闻。之所以报道这个话题，是因为 12 月 14 日在美国康涅狄格州纽敦镇桑迪·胡克小学发生了一起致 28 人（包括 20 名儿童）死亡的校园枪击案。康涅狄格州紧邻纽约州，发生如此重大的枪击事件，自然引起地方公众和媒体的关注。*Journal News* 的记者运用从官方获得的数据，通过交互地理信息图展示了美国纽约市北 Westchester、Rockland 和 Putnam 三郊县 33614 名合法持枪者的名字与住址，以警醒公众注意枪支使用的安全。然而，报道引发了公众的强烈不满，受到了《纽约时报》《卫报》等媒体的批评，认为侵犯了持枪者的个人信息隐私安全，甚至有可能影响地方治安。持枪者认为，通过这张地图，不法分子可以轻易找到他们，趁其不在家时偷走枪支去作恶，报道效果适得其反。也有公众认为，不法分子也许会按图索骥专门侵犯那些没有枪支保护的家庭。政府认为，这样大范围公布持枪者信息，有可能导致当地居民恐慌，迫使人们移居到没有枪支的地方生活。该报道的记者和编辑也很困惑，他们根据自由信息法（Freedom of Information Act）使用的是公开数据源，为什么不可以报道？新闻言论自由和隐私保护之间的边界到底在哪里？

类似的还有第二个案例。2013 年 2 月 20 日英国《伯明翰晚报》在其网站上刊登了一篇 "City council spends 1£m on bed and breakfast rooms for Birmingham's homeless" 的报道，意在调查市政府每年救济无家可归者的花

费情况。报道不仅详尽公布了1～12月政府每月救助无家可归者的花费，还提到了1位被救助者的名字，并公布了政府为救助者提供饮食和住宿的旅馆名称、照片和位置。有学者质疑，这是侵犯个人信息隐私安全的行为；公开被救者的个人信息和旅馆名称，容易给他们带来伤害。

在这里还有一个问题，与西方社会不同，中国的传统文化崇尚"事无不可对人言"，"君子坦荡荡，小人长戚戚"。长期以来对隐私不但不受重视，而且比较避讳，总认为它是不好的，或者不光彩的事情。甚至在20世纪七八十年代，国人还多将隐私视为"阴私"，认为它是隐匿于家庭或者人际关系之间的"男女间不便公开、有伤风化的事情"（金信年，1982）。在西方，尤其是欧洲，对基于个人信息隐私的保护非常严格，甚至将其视为基本的人权。这是两种不同的取向。现在我们面临的严峻问题是，在大数据时代个人信息被频繁利用再组合的情况下，一旦媒体需要使用个人信息进行报道，该怎么做？

再看第三个案例。2011年9月，《堪萨斯明星报》（*Kansas City Star*）有一篇旨在揭露那些曾有过医疗事故的医生，却在注册登记时无显示的报道（*Bad medicine：Doctors with many malpractice payments keep clean licenses*）。这是一则典型的通过对个人信息挖掘重组后，产生信息隐私安全问题的报道。报道通过比对保健医生数据库信息与记者深访获得的数据，搜集到了21位医生执业生涯中曾出现过医疗事故，有的还是非常严重的医疗事故，而目前的注册中没有显示。记者将搜集到的零星的个人信息，组合在一起，告诉读者，在你周边有哪些曾经有过医疗事故的医生，而这些你或许并不知情，或许根本查不到。这当然引起了医生的强烈反对，拿过去的情况说事，侵犯了其隐私权。这一论争，类似近年来热议的"被遗忘权"（the right to be forgotten）。对过去和现在个人信息的重组、挖掘而可能产生的侵犯个人信息隐私安全问题，该如何解决？

4. 数据的保护与国家利益的冲突

一些新闻机构，尤其是外国的新闻机构，十分注重对消息源的保护。在数据新闻里，每个人的信息数据就是数据新闻的消息源，对数据的保护就是对数据新闻消息源的保护。个人数据也分为直接相关数据和间接相关数据，直接相关数据就是可以直接识别个人身份的数据，比如个人的身份证号、个人的肖像；间接相关数据就是无法直接识别个人身份的数据，比如年龄、职业、种族。但是多个间接相关数据的组合可能也会将个人身份精确识别。藏在一些文件里面的元数据，比如上网入口或者其他的数据，可以被用来锁定泄露这些数据的人，即使一些印刷品也有一些非显性的印记，利用这些信息甚至可以找出是哪种机器在印刷它们。①

尽管有一些法律条例要求对个人信息进行保护，事实上，很多数据泄露、数据分享和一些无可预料的问题没有得到有效解决。② 大数据时代的信息隐私安全问题，与整个社会发展相关。"精准性的目标使得传播媒介在投放原生广告时，必须通过大数据平台进行用户数据的采集和分析工作，然而大量的数据挖掘、分析过程使得用户数据的利用和保护更加困难，甚至出现了主体行为过程中的'失范'困境，用户隐私无法有效得到保护。"③

之前，FBI 要求苹果公司为特定手机解锁，原因是美国发生了一起恐怖袭击案，一个枪手杀了很多人，FBI 对犯罪嫌疑人进行调查时查到一部苹果手机，但是犯罪嫌疑人设置了安全密码，导致 FBI 无法得到相关信息，而且苹果手机的保密功能十分强大，稍有不慎数据可能自动销毁。美国法院命令苹果公司提供相关软件以破解苹果手机的加密程序，但是民众认为，FBI 可以用这个软件来获得恐怖分子的相关信息，也可能泄露公民个人信息，于是这个案件引发了全世界范围的讨论。

如今，我们越来越多需要个人信息进行经济生产。具有规模性、多样性、高速性与价值性的大数据，已成为直接的社会财富与资源，公私领域对其需求高涨。这是一个很现实的问题。不仅企业或者政府需要分享和利用个

---

① Reimer, 2005；PicMarkr, 2008：Did you know that every time you print a document on a color laser printer it, https：//arstechnica. com/uncategorized/2005/10/5447 – 2/.

② Joshua Fairfield and Hannah Shtein, "Big Data, Big Problems：Emerging Issues in the Ethics of Data Science and Journalism," *Journal of Mass Media Ethics*, 2014：38.

③ 闫济民：《大数据时代原生广告伦理困境及发展出路》，《新闻世界》2015 年第 12 期，第 83 ~ 85 页。

人信息，我们每个个体也需要。比如，我们在朋友圈不断地晒幸福，通过自我表露个人信息进行人际沟通，这是我们的个人身心发展的意愿和需求。对于个人来说，我们既想表露个人信息，又想一定程度地维护我们信息的安全。对于政府和信息产业者而言，比如苹果和 BAT 这样的公司，它们既是个人信息的收集者和使用者，又是负有保护个人信息隐私安全的义务的履行者。尤其是政府，在个人数据保护中，既是裁判员，又是运动员，如何平衡和监管？当个人信息保护与国家利益产生冲突，掌握个人数据的机构该怎么办？这些都是难题。

5. 数据新闻行业规范的滞后性

这种滞后性体现在两个方面。第一是缺乏对非专业新闻工作者（如程序员、图形设计者等）的职业道德伦理规范，传统新闻报道在其悠久的发展历史中已经确立起一套完备的行业规范，包括伦理道德规范和法律规范，对传统的新闻工作人员起到了很好的规范和示范作用。目前，数据新闻的生产要求相关从业人员有良好的计算机科学素养，比如采集数据的能力、分析数据的能力、数据可视化的能力。由于传统媒体的新闻工作者普遍缺乏相关专业背景，媒体不得不聘用大量计算机专业人员加入数据新闻的生产过程中，比如数据新闻的程序员、图形设计人员。传统新闻的职业道德伦理规范都是针对专业的新闻从业人员，那么对这些在数据新闻报道中起技术支撑作用的从业人员该怎么规范？清华大学的陈昌凤教授认为，为了确保所收集信息的可靠性与真实性，我们需要从人文角度对这些信息进行考量，"当数据新闻蓬勃发展之时，数据素养的功能也开始凸显，即强调对数据的批判思维以及清晰表达数据资讯的能力"①。

第二是有关数据使用法律建设的落后。2015 年 12 月，历经波折，欧盟终于通过了号称严苛的数据保护规定——《一般数据保护条例》（GDPR），而这个规定是早几年就提出的，尽管如此，欧盟成员国需要再将此条例转化为本国法律，条例才能得以实施，这也需要一个过程。据中国信息通信研究

---

① 陈昌凤：《数据新闻带来的变革》，《青年记者》2015 年第 6 期，第 69 ~ 70 页。

院发布的《大数据白皮书（2016）》介绍，从国内来看，我国数据法律化还比较薄弱，现行的法律法规仅有《政府信息公开条例》和《最高人民法院关于审理政府信息公开行政案件若干问题的规定》的司法解释有所涉及。

三　风险规避：数据新闻伦理困境的应对策略

数据新闻面临的伦理问题和传统新闻有相同之处，它们都面临着新闻的真实性与客观性的考验，都可能陷入对新闻源的保护和维护国家利益的冲突之中。这些相同的伦理原则里面也蕴含着不同的内涵。传统新闻报道的真实性表现在新闻报道的要素要真实，包括人物、事件、地点、原因等。数据新闻的真实性主要指的是数据的准确性，使用"干净"的数据是保证数据新闻准确性的前提。传统新闻的客观性原则是与新闻从业人员的主观意志相对立的，强调应该不加入个人意志，报道新闻事实的本来面目，这一点与数据新闻的客观性要求是相同的，但是数据新闻的客观性更强调数据的客观性，对数据的使用应该全面，这是数据新闻工作者应该更加深入考虑的问题。传统媒体对新闻源的保护大多数情况下指的是对"深喉"的保护，数据新闻则强调对存储的数据的保护，人的因素并不多。

既然数据新闻面临新的伦理，我们需要针对这些新出现的问题提出相应的应对策略，本文认为可以从以下几个方面着手。

第一，数据的采集必须按照相应的规则，采集"干净"数据；数据新闻工作者应该兼具新闻素养和数据处理能力。数据新闻的真实性和客观性建立在数据本身的准确性和数据新闻工作者对新闻客观性原则的坚守上。要保证数据新闻的真实性，需要按照规则采集数据，这些规则包括以下几个。①完整的数据，数据的基本元素应该具备，不能丢失。②具有时效性的数据，所采集的数据不能是已经发生很大改变的、与现实情况相去甚远的过期数据。③正确的格式，要保证数据格式的正确，数据单位不能缺失。④按照数据的分类采集数据，将数值、文字、图片等分开采集。要保证得到"干净"的数据，数据新闻工作者必须具备相关的数据处理能力，而这些能

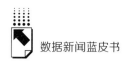

力往往是专业的新闻工作者所欠缺的，为此，这些新闻工作者要增强数据处理能力，了解数据采集规则，弥补数据处理能力的缺陷。

第二，对数据的选择，需要坚持"公共利益原则"和"知情同意原则"。数据新闻采集的大量数据如果处理不当，可能泄露个人隐私，侵犯人们的隐私权；数据乃数据新闻的新闻源，新闻源在某些情况下需要被保护，这可能与国家利益相冲突。为此，在进行数据新闻报道的时候，数据运用、分析与呈现要基于公共利益。为了公共利益，我们可以深度挖掘这些信息，比如利用海量数据来对恐怖分子进行定位。在苹果解密软件案件中，美国法院最终判决苹果公司解锁恐怖分子的手机。而如无必要，报道中不能详尽展示可识别的个人信息。数据信息是否服务于公共利益，与媒体的社会责任紧密相关，数据新闻经常被质疑的一个例子就是难道因为被允许的持枪者的数据是公共数据就能被放在网上展示出来吗？不能仅仅因为是公共数据就能被公开展示。持枪者的数据应该被放在其他数据库中使其更有意义，服务于更大的新闻议题。[①] 所谓知情同意原则，就是我们在使用数据进行报道时，应征得数据持有者或者个人信息持有者的同意。随着开放数据的普及和算法的改进，媒介机构使用个人信息的成本大大降低，由于采集的数据体量的巨大，取得个人同意再使用其数据信息基本不可能做到，但是这并不意味着个人就没有相关的知情权，在使用他人极具隐私性的数据信息时，一定要取得相关人的同意。

具体来说，可以采取三种方法来解决。一是，尽可能使用公开的多种类数据源，并且多方核实数据。笔者观察到中国媒体数据新闻报道的数据源比较单一。2016 年，滴滴媒体研究院、第一财经商业数据中心等机构发布《中国智能出行 2015 大数据报告》，这份报告的样本是全量的滴滴平台数据，基于此，此报告对消费者的消费行为进行了深度解读，比如出行的时间、地点等。这里使用的数据源就比较单一，只采用了滴滴出行的消息源。使用多种数据

---

① David Craig, Stan Ketterer, and Mohammad Yousuf, "To Post or Not to Post: Online Discussion of GunPermit Mapping and the Development of Ethical," *Journalism & Mass Communication Quarterly* 94（2017）: 168 – 188.

源（如官方、企业、科研机构等），能帮助我们在数据新闻报道当中提取更多的无差别的一般个人信息。同时，交叉可验证的数据源也能够提高报道的可信度和权威性。二是，尽可能使用无差别的一般个人信息，回避敏感个人信息。能够直接或者间接识别个人身份的信息就是敏感信息，比如姓名、身份证号、银行卡号等。要让读者从数据新闻报道中获取这些信息的时候，不太可能从中定位到某个具体的人，或某一群人，某一类人。这样就避免了类似由媒体所主导的公众共同参与的"人肉搜索"这样的结果。三是，在深度挖掘个人信息的时候，尽量避免组合、关联、呈现可识别的个人信息。利用一个人的性别、年龄、职业，可能不需要其身份证号码就能在一定范围内确认其身份。

第三，加快建立相关法规；业界和学界联合，建立行业规范。数据新闻是一种新兴的新闻报道模式，在数据新闻快速发展的同时，数据新闻的职业道德伦理规范和有关数据的法律建设并没有同步发展。加快建立相关法规和行业规范可以从两方面入手，一是借鉴数据立法的相关经验，加快我国数据使用和保护的法律法规，例如欧盟最新出台的《一般数据保护条例》（GDPR）中的一些关键条款如下：

● 数据泄露的责任扩大到数据控制方使用的任意数据处理方——因此也适用于涉及处理数据从而提供给某个服务的任意第三方，这一点在云业务模式中有着大量应用。

● 将所谓的"被遗忘权"写进法律，因此一旦某人不希望自己的数据由某公司进行处理，并且"只要没有保留该数据的合法理由"，该数据就必须删除。对数字营销有着重大影响。

● 如果公司需要处理大规模敏感数据或收集众多消费者的信息的话，则要求该公司任命数据保护官。数据处理非其核心业务的中小企业除外。

● 一旦发生严重数据泄露，要求公司及机构第一时间通知相关国家监管机构。

● 在父母同意下才能允许儿童使用社交媒体，各个成员国可对13～16岁的特定年龄段自行规定。

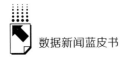
● 设立数据保护投诉的一站式监管机构，旨在简化企业的遵守流程。

● 保证个人的数据便携性权利，让他们能够在不同服务间更方便地转移个人数据。

二是加快建立数据新闻行业规范，包括数据新闻操作手册和伦理道德原则。数据新闻操作手册是针对实务而言的，数据新闻操作手册类似于数据新闻的制作教程，在广泛征集业界和学界意见的基础上，制定出数据新闻的通用操作规范，包括采集数据的规范、处理数据的规范、数据呈现的规范。在伦理层面，应该尽快就数据新闻的一般性伦理原则达成共识。①

第四，要对数据新闻的非专业新闻采编人员进行新闻专业主义教育。新闻专业主义要求记者遵守新闻的职业规范和伦理道德，真实、全面、客观地对事实进行报道。数据新闻的非专业新闻采编人员是指没有经过专业的新闻专业训练，不具备一般的新闻职业素养的数据新闻工作人员，比如数据新闻团队中的程序员和前端设计人员。这些非专业人员熟知数据的采集规则和算法，但是对新闻专业主义的理解不够，为此，数据新闻团队需要对这些人员进行培训，使其掌握一般的新闻操作技巧，将新闻领域的操作技巧、新闻专业主义原则与数据的采集规则、算法相结合，生产出既具有科学性又具有新闻专业性的数据新闻。

---

① 《欧盟最终通过严苛的数据保护新规定》，http：//techcrunch. cn/2015/12/17/gdpr – agreed/，最后访问日期：2017 年 3 月 31 日。

2017年数据机构与企业发展报告

叶韦明　梁银妍*

摘　要： 数据和技术对各个行业的影响越来越深入，媒体和企业在信息时代也相应做出变化。本文在梳理数据技术和数据行业图谱的基础上，整理数据企业的商业模式与营利模式、潜在风险、发展前景、人才培养和国外的数据企业情况。随后对媒体和企业中较早面对信息技术并做出行为反馈和反思的10名实践者进行深度访谈，揭示数据和信息在媒体内容生产领域和数据驱动型企业的角色和作用，并提出政策建议。

关键词： 数据企业　内容生产　发展模式　人才培养

一　前言

弗兰克·韦伯斯特指出，对于信息社会而言，最重要的定义并非依赖技术、经济、职业、空间或文化，这些定量的操作化标准都有逻辑漏洞；实际上，信息在社会中的秩序和功能具有质的差别，理论知识是我们所处世界的决定因素。[①] 在这样的理论前提下，我们尝试理解

---

* 叶韦明，传播学博士，北京大学深圳研究生院助理教授，主要研究方向为新媒体与社会，社交媒体与社会网络，数据新闻；梁银妍，北京大学深圳研究生院2016级新闻与传播硕士研究生。

① F. Webster, "Theories of the Information Society," *Library of Congress Cataloging in Publication Data* (1995): 7-30.

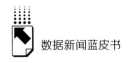

和讨论信息和通信技术（Information and Communication Technologies，ICT）对全球社会发展的深刻影响，并探讨数据对媒体和企业发展的影响。

今天数据渗透到每个行业的职能领域，成为重要的生产元素；挖掘和运用海量数据，即是信息时代（Information Technology，IT）到数据时代（Data Technology，DT）的变革过程。① 以数据为核心的资源经过商品化和市场化的过程，逐渐成为一种资产，带来了新的数据经济。数据经济的发展有四个阶段——数据资料阶段、数据产品阶段、数据资产阶段、数据资本阶段。这意味着，数据在发展过程中，从仅仅丈量物理世界的资料逐渐成为互联网公司提供的数据产品和资源，再到可控制、可计量、可变现的资产，到最后成为直接推动生产力的资本。② 可以说，数据的开发和应用改变了当今信息生产、流动和创造价值的方式，同时带来了人才市场的改变。

从数据的生产和获取到存储和处理，再到分析挖掘，以及最后的呈现和应用，围绕这些方向产生一系列经济活动，诞生了一大批企业。一般论及数据企业，包括：拥有数据的企业，以互联网公司为典型；基于数据进行技术开发的企业，如技术服务业；具备数据思维的企业，表现为数据与各个行业的结合。数据企业所涉及行业和领域包括电信、金融、医疗卫生、农业、交通、影视、媒体、物流、零售、汽车、电商、地产、工业等。"数据＋"成为数据企业的典型特征。

数据和技术对各个行业的影响越来越深入，媒体和企业在信息时代也相应做出变化。本文在梳理数据技术和数据行业图谱的基础上，整理了数据企业的产业链、商业模式与营利模式、潜在风险、发展前景、人

---

① J. Manyika, M. Chui, B. Brown, J. Bughin, R. Dobbs, C. Roxburgh, A. H. Byers, *Big Data: the Next Frontier for Innovation, Competition, and Productivity*, McKinsey Global Institute. McKinsey & Company, 2011.

② 代超、王存福：《郭毅可：我们正在进入数据资本的时代》，新华网，http：//news. xinhuanet. com/fortune/2016 – 11/23/c_ 1119974999. htm。

才培养，以及国外企业发展近况。本文对媒体和企业中较早面对信息技术并做出行为反馈和反思的 10 名实践者进行深度访谈，揭示数据和信息在媒体内容生产领域和数据驱动型企业的角色和作用，并提出政策建议。

二 数据企业发展综述

对企业而言，数据已成为一种管理思维，除了基础设施和技术需求，更重要的是理解其来源、形态、演变以及掌握分析能力。本节在梳理数据技术图谱、数据行业图谱、数据企业产业链、商业模式与营利模式、发展前景、潜在风险、人才培养和国外数据企业发展近况的基础上，深入了解数据企业现状和未来。

（一）数据技术图谱

关于数据基础构架，可以从数据和技术两方面进行梳理（见表 1）。数据是指使用数据的逻辑；技术指的是运用这些数据过程中所涉及的相关技术，以及随着计算机技术的发展所带来的新技术突破。

关于数据技术，常用的技术分类包括基础架构支持、数据采集、数据存储、数据计算、展现与交互，对应的具体数据技术与工具如表 2 所示。

表 1　数据基础架构、数据与技术相关内容

	类别	内容	
基础架构支持	数据	原始数据 数据清洗 数据标准化	数据应用
	技术	数据采集 数据存储 数据清洗 数据分析 数据展示	

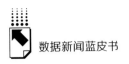

表2　技术层常见技术分类和工具分类

数据技术分类	数据技术与工具
基础架构支持	云计算平台;云存储;虚拟化技术;网络技术;资源监控技术
数据采集	数据总线;数据仓库技术(ETL工具)
数据存储	分布式文件系统;关系型数据库;非关系型数据库(NoSQL技术);关系型数据库与非关系型数据库融合;内存数据库
数据计算	数据查询、统计与分析;数据预测与挖掘;图谱处理;商业智能
展现与交互	图形与报表;可视化工具;增强现实技术

资料来源:赵勇:《架构大数据——大数据技术及算法解析》,电子工业出版社,2015,第13~14页。

(二)数据行业图谱

基于数据、互联网与传统行业的融合,数据公司一般以技术驱动型、数据驱动型和行业驱动型切入市场。[①] 在此基础上,本文进一步整理分类。①技术驱动型有两种。一类是通用公司,具备底层数据搭建或算法处理技术;另一类是以智能技术为核心的科技公司,在数据挖掘、机器学习、人工智能等成熟的基础上,解放生产力,以计算机技术为核心发展对象。②数据驱动型指该类企业通过自身业务积累或收集大量数据,通过数据驱动行业发展,将数据整合打造成数据流,进行加工并形成产品,以数据本身为核心生产资料。③行业驱动型指数据在某行业中的深度运用,"数据+垂直行业"是其核心特色。目前,数据运用水平较高的主要集中在电信、金融、零售、传媒等行业,医疗、交通、物流、教育等传统行业有所探索,且已出现部分相对成熟的应用类型。[②]

---

① 爱分析:《大数据尚处于早期发展阶段,如何判断大数据公司的变现能力?》,36氪,http://36kr.com/p/5066299.html? utm_ source = tuicool&utm_ medium = referral。
② 艾瑞咨询:《中国数据驱动型互联网企业大数据产品研究报告》,2016,第8、17页。

表3　数据企业架构层级

方案集成层	解决方案		价值扩展
	智慧城市、智慧金融、智慧工业、智慧传媒		
数据应用层	细分数据行业应用		应用探索
	数据可视化、数据交易、精准营销、精准投放、统计监测、数据新闻、企业管理……		
基础支撑层	关键硬件	软件算法	基础积淀
	云计算、MySQL、Oracle、Hadoop、ETL、AI、可视化工具……	分类、回归分析、聚类、关联规则、神经网络……	

资料来源：《中国数据驱动型互联网企业大数据产品研究报告》，艾瑞咨询，2016，第21页；《中国大数据产业生态地图》，中国大数据产业生态大会，2016，第6页。

根据《中国大数据企业排行榜》，数据行业在未来发展中表现出以下特点[1]：技术方面，开源应用加速发展，算法市场开始兴起，智能化被嵌入企业应用，功能不断臻善，同时机器学习成为未来战略趋势；数据方面的运用越来越多样化，数据服务渐成规模，可视化推动数据平民化；产业生态逐渐完善，互联网、金融、健康保持热度，智慧城市、企业数据化、产业互联网将成为新的增长点，产业链协作持续升温。

（三）数据企业产业链

《中国大数据产业生态地图》[2] 的报告显示，数据产业链条主要由三类组成：①数据服务产业，以数据为核心，以数据经营为主业的企业；②基础支撑产业，提供直接应用于数据处理相关的软硬件、解决方案及其他工具的企业；③融合应用产业，在业务应用中产生数据，并与行业资源相结合开展商业经营的企业。艾瑞咨询则从产品方面对产业链进行了梳理，分为数据源、数据管理、数据分析、数据应用四部分。[3]

---

[1] 鲁四海、刘冬冬主编《中国大数据企业排行榜》，首席数据官联盟，2016，第8~9页。

[2] 《软件和集成电路》杂志社、赛迪智库软件产业研究所、赛迪顾问股份有限公司：《中国大数据产业生态地图》，中国电子信息产业发展研究院，2016，第3页。

[3] 艾瑞咨询：《中国数据驱动型互联网企业大数据产品研究报告》，2016，第8页。

笔者通过梳理和整合，将数据产业链按照数据价值的实现流程分为三部分（见表4）：①上游企业（数据收集环节），指提供数据的各类生产商或供应商；②中游产业（数据管理环节），包括数据硬件支持、数据技术层、数据交易层在内的数据组织管理、分析和呈现等环节；③下游产业（数据应用环节），包括数据的应用衍生产业相关的所有活动。

表4　数据企业产业链

产业链	技术类别	实现项目	
上游产业	数据供应产业（数据收集）	数据交易	基于数据的信息服务
		数据采集	数据增值服务
中游产业	技术支撑产业（数据管理）	大数据存储管理	大数据硬件
		大数据处理软件	大数据计算
		大数据整体解决方案	安全产品
			可视化产品
下游产业	融合应用产业（数据应用）	政务大数据	零售大数据
		工业大数据	电信大数据
		农业大数据	教育大数据
		金融大数据	医疗大数据
		交通大数据	电力大数据
		民生大数据	互联网大数据

资料来源：《中国大数据产业生态地图》，中国电子信息产业发展研究院，2016，第9页。

（四）商业模式与营利模式

数据作为核心资产的价值正被逐步认可，越来越多的公司开始正视数据所带来的巨大变革，并转向数据企业发展。成熟企业用数据技术提升它们的业务和服务，在金融业、零售业和电信业的发展趋势中可见一斑；而初创企业则利用数据开发出许多创新产品和商业模式，将数据业务变为主营业务。[1]

---

[1] 《软件和集成电路》杂志社、赛迪智库软件产业研究所、赛迪顾问股份有限公司：《中国大数据产业生态地图》，中国电子信息产业发展研究院，2016，第29页。

针对目前的发展阶段，研究者从不同方面对数据企业的商业模式进行划分。美国根据数据资产交易方式分为三种模式[1]：数据平台 C2B 分销模式、数据平台 B2B 集中销售模式、数据平台 B2B2C 分销集销混合模式。从应用路径来讲[2]，可分为：数据生产模式（众包和外包）、数据自营模式、数据租赁模式、数据平台模式、数据仓库模式、数据交易模式、数据增值模式。从切入市场角度来讲[3]，可分为三类：技术变现，即产品标准化程度高，客单价低，客户数量对营收影响很大；数据变现，即输出自身积累的数据来服务客户，能否对接优质数据源是这类变现模式的最大影响因素；场景化解决方案，即定制化程度高。

（五）数据企业发展前景

根据中国信息通信研究所发布的《大数据白皮书》、中国电子信息产业发展研究院发布的《中国大数据产业生态地图》[4]，我们对数据企业的发展前景有以下判断和预测。

1. 以技术为核心的企业发展势头良好

具体表现在以下三点：①分布式存储和计算技术性能越来越高，但技术门槛越来越低，数据存储和计算的成本大幅降低，将逐渐满足企业建设数据平台的需求，并形成一套成熟的产品供应体系，为企业提供低成本解决方案；②数据展示和交互技术的开发，被应用到生产实践和企业运营当中，有利于提高信息获取速度，降低信息成本；③以3D数字

---

① 马志刚：《美国的数据交易产业是怎样发展的?》，36 大数据，2016 年 10 月 29 日，http：//www.36dsj.com/archives/66733。

② 西凤茹、王圣慧、李天柱、侯锡林：《基于大数据产业链的新型商业模式研究》，《商业时代》2014 年第 21 期，第 86 ~ 88 页。

③ 爱分析：《大数据尚处于早期发展阶段，如何判断大数据公司的变现能力?》，36 氪，2017 年 3 月 9 日，http：//36kr.com/p/5066299.html? utm_source = tuicool&utm_medium = referral。

④ 《大数据白皮书》，中国信息通信研究所，2016，第 9 页；《软件和集成电路》杂志社、赛迪智库软件产业研究所、赛迪顾问股份有限公司：《中国大数据产业生态地图》，中国电子信息产业发展研究院，2016，第 29 页。

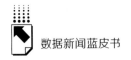
化渲染技术、AR、VR 为代表的数字技术和体感技术被广泛应用于多个行业领域，如数字城市、数字园区、模拟与仿真、设计制造等，模拟场景和企业活动①，实时获取信息，降低决策失误风险，具备很强的可操作性。

2. 以数据为核心的企业改变产业发展模式

具体有以下三个表现。①社交网络和物联网技术扩宽数据采集渠道，理论上数据资源越来越容易获取。企业可利用开放的应用编程接口（Application Programming Interface，API）或网络爬虫，采集到丰富的网络数据；借助可穿戴技术、车联网等多种数据采集终端，可定向采集更具有利用价值的数据资源。②帮助企业完成生产决策，满足客户需求，降低企业风险。通过相关性分析，体量数据将用户和产品有机串联，进行个性化定位，从而生产出用户驱动性产品，提供以用户为导向的服务。③深度神经网络等新兴技术受企业青睐，成为投资重点，深度学习成为研究重点，与此带动数据分析技术取得新的突破，产生新的细分领域。

3. 应用深度重塑行业格局

可以从以下三方面分析。①关于行业发展，产业结构进一步向服务化、平台化转变。在数据采集领域，互联网企业根据自身优势展开激烈竞争；在数据存储和交易领域，市场呈平台化发展趋势，大型企业占据优势；在数据分析和可视化领域，市场呈多样化、定制化发展趋势，中小企业成为市场主力。②与市场投资相关，数据领域成为资本关注的焦点和投资热点，融资活动极为频繁，创新创业企业不断涌现，随着市场竞争加剧，最后各细分领域出现行业领先者。③在政府政策方面，数据安全性和隐私性逐渐成为重要议题，受政策影响，逐步出台的相关法律法规，一方面有利于增强数据监管和安全保障能力，优化数据资源流通环境；另一方面也有可能限制数据企业的无序发展，最终使之趋于规范化和标准化。

---

① 赵勇：《架构大数据——大数据技术及算法解析》，电子工业出版社，2015，第18页。

（六）数据企业潜在风险

不同数据企业发展方向不同，也面临着不同的风险，主要分布在技术、数据和企业三个方面。

技术层面：使用国际开源平台，缺乏自身竞争力，产品同质化严重；芯片算法研制遭遇瓶颈，可能出现未知障碍，结果不及预期[1]；AI实验室的表现结果不等于实际应用场景的效果，其应用推广存在风险[2]；在不同领域的应用也存在差异，进度可能不达预期[3]。

数据层面：虚假规律的概率随着同源数据量不断扩大而增加，同时非同源数据混杂会加大应用风险；数据的使用权、归属权、隐私界限目前无明确界定，数据生命周期未形成统一标准。[4]

企业层面：目前数据基本来自公开数据或自有数据的挖掘，企业未必能承受高数据成本，数据企业与其他领域的企业多为交易关系，企业间合作意识薄弱，数据流通率低，尚未形成成熟的产业化数据池。

（七）人才培养

数据的开发和应用改变了当今信息生产、流动和创造价值的方式，同时带来了人才市场供需的改变。《2017中国大数据发展报告》显示，一方面，以数据分析、系统研发、数据采集为代表的技术类人才更为缺乏；另一方面，随着数据行业的迅猛发展，大量传统管理人才进入该领域，使得项目管理类工作出现供过于求的状况（见图1）。

---

[1] 甄峰：《互联网迎来AI时代，海外科技巨头争先布局》，长城证券，2016年10月15日，第30页。

[2] 郑平：《人工智能发布会集中召开，行业热度被点燃》，民生证券，2016年12月6日，第26页。

[3] 张颖：《人工智能"黑科技"系列报告一：计算机视觉领域前沿一览》，东方证券，2016年11月23日，第15页。

[4] 易观：《中国大数据市场年度综合报告》，2016，第47页。

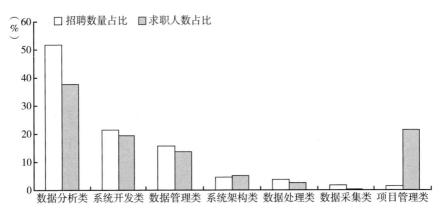

图1　数据岗位供需关系

资料来源：国家信息中心、南海大数据应用研究院《2017中国大数据发展报告》，2017，第32页。

同时，麦肯锡研究所报告显示[①]，截至2018年，仅美国将面临14万~19万数据分析专业技术人才和150万数据分析管理人才的缺口，这些人才主要指可以分析数据并根据数据发现进行决策研究的人才。《大数据人才报告》[②]显示，截至2016年，中国与数据相关的人才仅46万，未来3~5年内，数据人才缺口将高达150万。人才发展的速度无法适应高速发展的数据市场，数据行业面临全球性人才荒，无论是企业、政府还是国家，对掌握数据技术的人才，都保持着持续的热情和需求。

数据人才紧缺的现状，对相关人才的培养和储备而言是极大的挑战。数据专业教育仍处于起步阶段，亟待优化。目前很多高校陆续开设与数据相关的课程，并逐渐形成类似于"数据科学"这样的专业。数据科学需要复合型人才，这意味着他们不但应有信息科学、网络科学、机器学习、自然语言处理等相关计算机科学能力，同时也应具备社会科学、系统科学、数学和统计学、设计学等学科背景（见图2）。

[①] 冯黛梅：《全球数据科学人才缺口大》，中国社会科学网，http：//www.cssn.cn/hqxx/201512/t20151226_ 2801125. shtml。

[②] 数联寻英：《大数据人才报告》，搜狐网，http：//mt. sohu. com/20160720/n460150450. shtml。

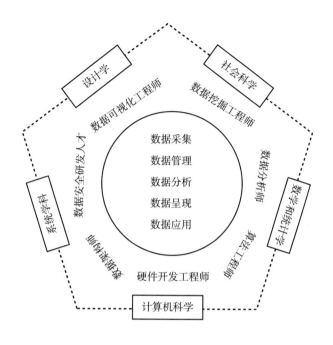

图2 数据人才及相关学科背景关系

资料来源：数联寻英：《大数据人才报告》，2016年7月15日，第2页。

与此相对应的是新的人才培养模式、理念和标准，综观当下社会环境，面临以下困境。①技术壁垒：计算机语言、数学和统计学在高校并非通识教育，很多学科的学生缺乏数据思维和逻辑，同时缺乏对基础计算机语言的学习。②数据壁垒：数据资源是数据人才培养过程中极为重要的教学资源，但目前我国还没有成型的开放数据试验场，政府、企业和高校之间的合作较少，应用型人才成长空间有限。③学科壁垒：数据的人才培养不是单一学科可以完成的，需要一套体现本学科特色的人才培养方案。由于数据科学在中国兴起时间较短，以数据新闻为例，该学科一般在新闻传播类学院中开设，这样的学院一般缺乏相匹配的计算机与设计等学科的教学资源。①

---

① 吴力波：《多"源"异"构"培养大数据创新型人才》，《大数据》2016年第5期，第88~94页。

（八）国外数据企业发展趋势

1. 非结构化数据将占据主导地位

2013 年，凯捷与经济学人智库进行的一项研究表明，58％的企业高管在做出商业决策时依赖于非结构化数据分析。[①] 2015 年，国际市场研究机构 IDC 的报告显示，当前非结构化数据的内容占据了数据海洋的 80％，并将在 2020 年之前以 44 倍的速度迅猛增长。[②] 但目前，数据分析大多针对结构化数据，告诉我们现在发生什么；而隐藏在聊天记录、视频、PPT、文档之后的非结构化数据，尽管可以告诉我们为什么，但由于不方便使用二维数据库逻辑展示，并且缺乏有效的分析工具，而被一部分使用者放弃。2015 年 IDG 的一项调查显示，只有 43％的被调查者会优先选择非结构化数据。

需求带来技术的变革，在美国，非结构化语义分析以及人机互动的图像可视化等技术正不断取得突破性进展，并被投入实际运用当中。国内相关互联网公司也在人机交互、自然语言处理、机器学习领域不断升级。随着深度学习以及数据可视化工具的发展，将带来非结构化数据的影响力不断扩大。

2. 嵌入式分析将快速发展

Gartner 2016 年商业智能和分析平台魔力象限报告中将嵌入式分析作为知识共享指标对供应商进行评估；并在 2016 年的嵌入式分析报告中提出，87％的应用提供商认为嵌入式分析对用户很重要。

嵌入式系统的普遍网络接入，将互联网变革到物联网，大量的数据群成为研究对象。在应用过程中，嵌入式分析通过智能化工具保证了数据中的大量信息被提取。Logi 公司的调查显示，超过 66％的被调查者表示正在使用嵌入式分析，30％的被调查者表示将会考虑使用这一工具；商务用户对嵌入

---

① Steve Jones：《非结构化数据的意义》，《首席财务官》2013 年第 4 期，第 83 页。
② 郑伟：《非结构化数据背后的价值》，《首席财务官》2016 年第 10 期，第 72～73 页。

式分析的使用率是传统商务智能工具的两倍。[①]

3. 数据科学家的角色和作用

数据科学家通过借助计算机技术、数据分析和商业知识，收集我们在访问网站或使用电子服务时所产生的数据，并进行清洗和分析，最终得出其背后的规律或进行预测。但随着深度学习、其他机器学习以及人工智能技术混用，有关数据的搜集、清洗和分析的技术难度被大大降低，在2015年的一项调查中，只有51%的数据分析决策者表示，他们可以独立搜集并且分析数据而不需要技术人员的支持，这一比例在2017年将会变成66%。[②]

但这并不意味着数据科学家的式微，相反，更具创新能力、更有前瞻性思维的人才将在数据行业享有一席之地。同时，由于数据科学家需要和客户打交道，人际交往过程同样有助于数据分析，这是短期内机器学习很难做到的地方。

4. 消费者行为分析的发展

早期心理学家通过心理学实验、调查问卷、个体访问、店面观察等了解消费者性格特点以及行为方式，在互联网时代，反映消费者行为特点的数据大量沉淀，通过收集和分析数据可以加深对消费者的认识。

陈思基于数据背景对消费者行为进行了研究，认为传统的消费者行为分析主要从宏观层面解读消费者数据，局限于了解消费者当下的消费行为。[③]但随着数据技术的发展，通过整合各个平台数据源，从各个层面对数据进行细分，不仅可以了解消费者当下和事后行为，更可以进行预测，即在消费者行动前深入理解消费者，从而制定营销策略。

5. 数据分析与广告进一步结合

根据调查公司 eMarketer 的最新预测，得益于谷歌在搜索广告上的强势，

---

① 《2017年数据分析行业发展趋势》，2017年1月3日，搜狐网，http：//mt.sohu.com/20170103/n477593323.shtml。

② 《2017年数据分析行业发展趋势》，2017年1月3日，搜狐网，http：//mt.sohu.com/20170103/n477593323.shtml。

③ 陈思：《大数据背景下基于网络整合数据的消费者行为分析》，《新闻传播》2013年第8期，第23~24页。

以及 Facebook 在展示和移动广告上的市场增长，美国 2017 年的数字广告市场将增长 16%，达到 830 亿美元。① 大批量数据群的产生对广告产生了深刻的影响。从洞察消费者、精准定位到营销策略制定，广告发挥了最大效力。日常人群的行为习惯、消费人群的购买行为、在公开网站的评价分享内容、网上社区的交流甚至是停留在产品的页面及花费的时间，都可以作为数据的资源，并进行结构化和非结构化的数据处理。

尽管 Gartner 的调查发现只有 10% 的企业目前在使用预测分析方法，但到 2020 年，预测分析的市场占有率将达到 35%。② 广告商通过借助预测分析，通过分析当前的数据集模式以及复合场景的结果，为管理人员提供决策上的数据支持，规范分析则基于一定前提为企业提供支持。再通过结合机器学习，聚合关键信息，并以可视化的形式输出展现结果，最后为企业提供决策，确定广告的定位和人群。

三　数据思维、内容生产与人才培养

数据和技术对各个行业的影响越来越深入，媒体和企业在信息时代也相应做出变化。本节对数据企业相关的 10 名资深从业者——这些在媒体和企业中较早面对信息技术并做出行为反馈和反思的实践者进行深度访谈，从某种程度上说影响了数据企业未来的发展。本节总结媒体业界内容生产者以及数据驱动型企业的实践者对数据分析、数据新闻、数据可视化、数据思维和人才培养等相关问题的认识。

（一）媒体：信息时代的知识和内容提供者

韦伯斯特认为，理论知识成为信息时代的决定因素。在现代化、城市

---

① 马越：《今年美国数字广告市场将增长 16% 谷歌和 Facebook 继续领跑》，界面新闻，2017 年 3 月 17 日，http://www.jiemian.com/article/1176660.html。
② 《2017 年数据分析行业发展趋势》，2017 年 1 月 3 日，搜狐网，http://mt.sohu.com/20170103/n477593323.shtml。

化和全球化的进程中，越来越多人面对紧张的工作、快速的节奏和变化的时代，在行为决策中，知识和信息比以往任何时代显得更重要，因此人们对知识和信息的诉求越来越大。在这样的时代背景下，媒体被勇于面对变化的从业者定义为"知识分享和知识服务"的提供者。媒体作为服务业的一种，提供"更多更简单、更有趣、更开阔视野的知识群……我们知道什么是好内容，什么是有价值的内容，也会很好去包装和传播这些内容"（W女士）。

数据的开发和应用改变了当今信息生产、流动和创造价值的方式，数据新闻是媒体行业在信息社会中生发出来相应的内容生产形式。数据新闻是新闻的一种，数据或资料成为内容的原材料，"这是数据驱动的内容生产……是一种素材、一种选择、一种表达方式、一种方法论"（W女士、C先生、H先生）。资深媒体从业者不约而同地指出：①从媒体表现形式方面，数据新闻"不是说要取代原有的媒体形式……是丰富、补充而不是要取代传统的内容生产形式"（W女士）；②数据新闻"无法解决媒体整体面临的问题"（W女士、H先生）；③但是对媒体内容的生产流程而言，数据新闻的确促使媒体行业发生了改变——传统的新闻生产是上下游、流水线的生产过程，记者、编辑、美工、技术之间机械分工；数据新闻从一开始就是团队合作的形式——"采编、设计和技术能够更加紧密地结合，而且呈现出来的效果是要远远比之前的方式更加丰富，包括结合交互手段等"（W女士）；"要求数据分析人员、编辑记者、设计师和程序员从一开始就必须在一起同步合作……这样的话生产流程就变了，大家是齐头并进，而不是上下游的关系"（H先生）。对于内容生产者而言，新媒体最关键的不仅是传媒形态的转型，而且是思路的转型、组织机构的转型。数据新闻作为采编、设计、分析和技术的有机融合，是一个非常好的切入点。在信息时代，数据新闻能够促进媒体行业和内容生产机构的组织结构和生产机制完善。数据新闻是用户接收信息、了解新闻的一种产品，"多一些沉淀下来的精品"（W女士）。

在上述媒体行业定位基础上，数据新闻的生产流程包括"确定主题、

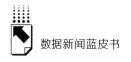

收集信息、资料分析、确定逻辑、整合呈现、信息可视化、讲好故事"（C先生、L先生），它本质上是一种信息传递形式。在信息时代，除了媒体之外，政府和企业对于准确、有趣、高效、优质的信息传递形式都有迫切需要。在这种意义上，数据新闻和信息可视化突破狭义的媒体范围，是一种广义的公共传播产品，也更加接近信息的本质；与此同时，我们对于数据新闻相关生产者的关注也不仅限于媒体，还包括在互联网企业中的实践者。数据新闻生产过程中的核心技术在于"从存储、清洗、记录，包括数据的维度设置，然后分析到最后输出……怎么样让数据在服务于我们的推荐之外，释放出最多的价值"（L先生）。这是互联网公司在数据分析的基础上，更大发挥数据的价值，做数据的应用——这套工作流程与数据新闻生产流程并没有本质差异。

不可避免地，在数据驱动的内容生产过程中也可能遇到问题，主要包括几个方面：数据维度单一，目前公共数据开放程度有限，相关法规不健全，拥有数据的企业出于安全和发展考虑，给出的数据量极其有限，或者给出的是初步分析结果；在这样的情况下，数据可靠性难以验证，抑或验证成本高，并且很难进一步深入分析。内容生产者往往会通过数据来源公司（如行业内排名第一）来侧面确认数据质量，并且尽量要求开放数据接口，或者要求脱敏后的原始数据，希望得到的数据量较大，而不是简单的数据分析结果，并且通过常识和调查去进一步验证数据的可靠性（W女士）。

关于数据新闻内容产品也存在两个误区："过度追求形式，使整个作品很难读懂，看上去很美，但不知道它在说什么；另外一类是，看上去能够读懂，但是好像没有告诉读者什么新的信息，还不如读一篇普通的报道的信息量大。"（L先生）在数据新闻和信息可视化发展的初始阶段，需要不断地尝试，同时内容生产者也需要不断提醒自己关于信息传递和公共传播的本质。"更重要的是数据新闻讲故事的能力。有的机构有很多的数据，有的新闻媒体有很强的做数据新闻的欲望，把这两点结合起来之后做出那些普通人能够更快更好地得到信息的内容产品。"（L先生）

（二）数据企业：数据思维与人才培养

除了利用数据生产内容，有更大量的企业在生产和交易过程中需要建立数据存储和计算，基于数据分析的结果，协助企业决策。目前业界认为，数据企业需要经历四个过程：基础设施（Infrastructure as a Service，Iaas），即用户可以通过因特网获得计算机基础设施获得服务（如存储和数据库）；平台服务（Platform as a Service，PaaS），提供了用户可以访问的完整或部分的应用程序；软件服务（Software as a Service，SaaS），提供了完整的可直接使用的应用程序，比如通过因特网管理企业资源；后端服务（Backend as a Service，BaaS），为应用开发提供后台的云服务，在当前的移动互联网 + 云计算热潮中，尤其为这两类应用提供了大量的技术支持，包括提供存储、托管环境，也包括提供推送等通行后端技术能力。后端服务作为应用开发的新模型，进一步实现专业分工，有助于应用的成本下降和市场的进一步繁荣。转型中的企业先看到数据，理解数据的重要性；进而进行数据化运营，通过算法风险控制，对具体生产和销售过程进行预测和预警；接着将数据分析的结果和判断大规模运用在基础场景中，如精准营销，提高效率；直到最后希望数据可以替代人做决策（见表5）。

表5　数据企业发展方向

	类型
数据	单一数据—专业数据—多源数据
服务	IaaS—PaaS—SaaS—BaaS
应用	数据重塑行业细分领域—数据融入生产系统—数据支持决策

在企业利用数据促进生产力的发展过程中，如何运用数据成为关键，可能在以下方面存在困难：①技术人员缺乏对企业的业务、应用场景和优化目标的了解；②系统的适用性以及"持续的维护、迭代和更新"的成本问题，"一百个人、一千个人、一万个人使用的工程是完全不一样的。高病发、健壮性、稳定性都考虑的时候，就变得非常复杂……从产品化角

度，希望能服务于成千上万的用户，但往往很难拿一个标准化的产品服务所有的人"（C先生）；③用于中小企业的数据服务更为复杂，非专业人士很难调整以适用于具体场景。"并不是说服务小企业可能变得更简单，反而可能变得更难。在某种程度上，专业人士看很多参数会自己调整，但是小白用户说你别告诉我这么多，给我一个最好的结果就行，这是更难的一件事情。"（C先生）

面对上述问题，那些可以聚焦于实际问题，建立数据技术与企业业务之间的沟通桥梁，进而解决问题的人才，对于未来的企业最为关键。也就是说，数据相关的人才既可以了解业务的应用场景和优化目标，找到数据技术和企业业务的结合点，又可以推动数据思维在企业内部发展的深化。理解数据是最为关键的，处理数据和解读数据的能力也很重要。

在信息时代，各行各业对于人才的要求越发国际化、综合化、跨学科化，数据思维也是很重要的一个特质。利用互联网的知识共享特征，建立终身学习的观念和学习能力，通过在线课程和学术文献，不断提高自身的数字素养（H先生、P先生）。此外，建立"面向目标的学习习惯"和"团队分享+学习"是提高数字素养的最好办法，找一些案例练手，尝试去做作品能够有效提升相关能力。"因为你做的时候，其实才知道自己差些什么，需要补充些什么知识或技能。先开始做是最重要的，再慢慢简化。"（P先生）

四 政策建议和发展预测

基于数据企业的发展现状梳理，以及数据技术与媒体和企业的关系分析，本文提出相关的政策建议如下。

（一）促进公共数据开放，建立公共数据库

随着数据体量和内容的不断丰富，"数据"作为"公共产品"的属性逐渐显现。数据除了具有数据资料、数据产品、数据资产、数据资本的经济属

性之外，更加重要的是，公共数据越来越成为城市规划、社会管理与文化建设的基础设施，科研机构和社会组织基于公共数据的分析能够促进公共产品的优化和社会认同的建构。因此，政府来源、商业来源和其他公开可用来源的数据形成优质安全的资源池，推进落实公共数据开放共享，有利于社会发展。

企业与企业、政府与企业可建立数据联盟，通过共享数据，企业盘活大量数据，政府的公共服务可得到创新；科研工作者通过注册登录申请方式得到公共数据，通过研究反哺政策制定和社会公共事务发展；针对数据开放程度，可对数据进行价值评估，优先开放高价值数据，再逐步完善开放空间。

（二）保护公民隐私，限制商业数据使用

与公共数据有关的政策和法规有待完善，设置数据共享底线。政府应与已有的相关企业和社会组织（如互联网协会、数据联盟等）合作，除了保护企业重视的商业机密和企业利益之外，深入了解企业和社会的运作逻辑，加强对用户个人隐私和社会公共利益的立法保护。增强数据监管和安全保障能力，完善数据资源流通环境，目前对数据的使用权、归属权、隐私界限尚无明确界定，需要有关人员从不同维度进行研究，以便提供法律规范。随着相关条例的完善，促进数据企业发展趋于规范化和标准化，新的运营标准和商业模式也应持续探索。

（三）推进数据分析人才培养

数据科学的理论发展、数据的创新应用以及产业链需要不断更新完善，金融、制造、医学、商业、能源、传媒、艺术等各学科将与数据深度融合，带来新的理论体系和应用架构。因此，培养有数据思维的人才，将数据分析置于各个行业的底层架构，打破技术壁垒、数据壁垒和学科壁垒，是未来的人才培养的方向。计算机语言、数学、统计学和社会研究方法应作为通识教育在高校中推广，注重培养学生的数据思维和逻辑能力。

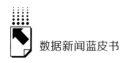
附录：访谈对象信息简介

序号	代号	性别	机构类别	从业年份及方向
1	A	男	互联网公司	2013,云计算大数据
2	C	男	高校、数据服务企业	2012,高校设计专业教师;2016,数据服务创业公司
3	D	女	媒体	2008,媒体
4	H	女	媒体	2007,网络媒体
5	H	男	媒体、数据服务企业	2011,网络媒体;2016,数据服务创业公司
6	L	女	媒体	2013,网络媒体
7	L	男	互联网公司	2015,资讯分发平台
8	P	男	媒体、高校	2015,网络媒体;2017,高校技术教师
9	W	女	媒体	2006,媒体;2015,网络媒体
10	W	男	媒体	2008,媒体

中国数据新闻从业者群体画像[*]

徐　笛　马文娟[**]

摘　要： 通过对北京、上海、广州三地的数据新闻从业者的首次问卷调查发现，数据新闻从业者以女性居多，年龄集中在30岁（含）以下，超过半数拥有研究生学历，同时有半数以上的从业者修读过新闻传播类专业，大多数从业者月均收入在8001~12000元。对新知识、新事物的渴望驱动他们走上了数据新闻岗位。从业者工作满意度较高，其中最满意的是与同事的合作关系。从业者普遍认同新闻价值判断居首位，但也强调编程等技能获取的重要性。在从业者看来，数据新闻在中国发展的首要掣肘因素是获取数据。

关键词： 数据新闻从业者　问卷调查　基本构成　价值认知

一　引言

如果将2012年视作中国数据新闻元年[①]的话，短短五年时间里，数据

---

* 本文获得复旦大学新闻学院2017年上海市高峰学科新媒体研究课题项目（SXH3353017/007/017）资助。

** 徐笛，博士，复旦大学新闻学院讲师，研究领域包括新闻社会学、新闻生产；马文娟，博士，密歇根州立大学统计培训与咨询中心统计学家，研究领域包括传播研究方法、传播效果、行为经济学。

① 2012年，四家门户网站和财新传媒或组建数据新闻团队，或设立数据新闻相关栏目，此后多家媒体纷纷效仿，数据新闻也开始了在中国的扩散。

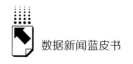

新闻在中国已基本完成从尝试性创新实验到常规型生产实践的转变。大量从业者进入这个崭新的领域，然而目前尚未有研究描画数据新闻从业者群体。他们是谁？他们为什么进入这个领域？他们对数据新闻有何认知？这些问题亟待研究者给出解答。

本文对中国数据新闻从业者进行了首次问卷调查，调查系统地了解了从业者的基本构成、工作内容、从业状况，以及职业认知等。作为数据新闻实践的具体行动者，从业者的构成与认知必将形塑并影响这项实践的当下样貌和未来发展，也可由他们的工作状态管窥数据新闻的发展态势。同时，调查从业者的工作内容也可为数据新闻教学提供参考和借鉴。因此本次调查具有较强的现实意义。通过调查，本文有如下重要发现：

● 数据新闻从业者呈现年轻化、高学历的特点，以女性居多。调查显示女性从业者占到了 2/3，11 个受调查栏目中，有 6 个栏目的负责人为女性。受访者平均年龄 27.96 岁，30 岁（含）以下的从业者占到了77.36%。超过半数受访者拥有研究生学历。修读过新闻传播专业的从业者有 56.60%，另有 15.09% 曾接受过计算机、信息类学科教育。从业者的月均收入普遍超过了 4000 元，大多数从业者月收入在 8001 ~ 12000 元。

● 数据新闻的生产仍然较为依赖机构消息源。从业者在实践中较多用到 R、Excel、Photoshop、Illustrator 以及 HTML5 等语言或工具，在安排教学实践时，可重点聚焦这五种工具。数据新闻的选题较多来自部门成员自报的选题或可预知的重大事件。数据则较多来自机构消息源，如大学、科研机构以及政府机构，来自企业和数据公司的数据也占有一定比重，而通过信息公开申请获取数据并不常见。

● 从业者工作满意度普遍较高。数据新闻从业者平均从业年限为 2 年，有 35.85% 的受访者有传统媒体工作经验。从业者更倾向于因为学习新知或喜欢新鲜事物而走上数据新闻岗位。同时，受访者普遍较为满意目前的工作状态，满意工作状态这一表述的得分均值为 7.09 分，高于中值。具体到工作中的不同方面，受访者最为满意的是与同事合作顺畅，其评分均值为8.17分，最低评分也有5分。

●从业者更看重新闻价值判断能力而非编程等技术能力。在价值认知方面，受访者认为制作数据新闻最重要的是新闻敏感和价值判断，其得分均值为8.74分，但受访者也认为最好能熟练运用一门编程语言，其得分均值为5.91分，高于中值。对于制作数据新闻所需的各项能力，得分最高的是良好的新闻判断，接下来是团队合作，编程能力排在末位。对于数据新闻的特点，从业者认为其更加依赖团队合作也更加耗费资源。同时，缺乏数据最制约数据新闻在中国的发展。

下文首先报告已有研究的情况以及本次调查的问卷设计与调查实施过程。

二 已有文献与研究方法

本文简要介绍对数据新闻从业者的研究。这些研究或采用问卷调查或采用访谈的方法，审视数据新闻从业者的职业认知与工作内容（Maeyer, Libert, Domingo, Heinderyckx & Cam, 2015; Fink & Anderson, 2015; Knight, 2015; Appelgren & Nygren, 2014; Karlsen & Stavelin, 2014; Parasie & Dagiral, 2012; 方洁，高璐, 2015）。研究显示出数据新闻发展中的一些共性，比如从业者对数据新闻定义模糊，这导致从业者工作内容不明确，一些从业者被分配去做诸如修电脑等低技术含量的工作；此外，数据新闻在不同社会环境下面临一些相同的掣肘，比如缺少时间、缺少人力、缺少资源投入等。不同社会情境也塑造了数据新闻的多样面貌，比如在挪威，众包的操作较为常见，数据也较为易得（Karlsen & Stavelin, 2014）。关于从业者的价值认知，研究发现从业者认为数据新闻能增强新闻的调查功能（Maeyer et al., 2015）。至于从业者对自身职业角色的认知，研究发现，虽然一些从业者是技术背景出身，并在新闻室内从事编程、开发等工作，但他们首先将自己视作记者，而非技术人员，这也说明新闻的范式超越技术的范式影响着从业者

的自我认知（Royal，2010）。

上述研究大致勾勒出数据新闻在一些国家、地区的发展样貌，但尚未有研究揭示数据新闻从业者群体的基本构成，而这正是本文的焦点之一。下文将报告本文的研究方法。

出于研究需要，本文将数据新闻定义为基于数据、通过数据挖掘和分析发现新闻点，以可视化的方式讲述新闻故事的报道样式。依据这个定义，数据新闻从业者包括数据采集、数据分析师、可视化工程师、设计人员以及新闻故事统合人员。

在问卷设计过程中，研究者参考了每十年一次的美国全国记者调查问卷（Willnat & Weaver，2014）以及我国研究者对网络新闻从业者的调查问卷（周葆华、查建琨，2017；陶建杰、张志安，2013）。在这些调查基础上结合数据新闻的发展特征，确定了本次调查的主要内容：基本构成、工作内容、从业状况，以及从业者的价值认知。

随后，研究者选择在北京、上海、广州三地展开调查，一是因为这三地的媒体一直是国内新闻业创新的领跑者，它们的实践会被当作范例来效仿；二是出于时间、费用等实际因素的考量。接着，研究者参考了《2015 中国数据新闻发展报告》（王琼，2016），列出了三地媒体机构中的数据新闻固定栏目，共 12 个（见表 1），将为这些栏目生产内容的从业者作为调查对象，他们既是国内数据新闻的先行者也是领跑者。值得注意的是，本研究调查的是隶属于数据新闻固定栏目的从业者，而不包括在报道中偶尔使用数据或进行可视化呈现的从业者。二者在工作流程、技能要求上有诸多不同，前者更契合本文研究目的。

调查实施时间为 2016 年 9 月 21 日~12 月 1 日，符合研究目的的从业者并不多，我们采用小总体大样本的策略，主要以面对面填答电子问卷的方式完成了调查，共回收有效问卷 53 份。虽然样本数量有限，但问卷填答质量较高，也具备一定的代表性。作为首次数据新闻从业者调查，本次调查的探索意义较强，亦可填补我们对于这个群体的认知缺失。下面逐项报告研究发现。

表1 调查样本构成

调查地点	调查栏目	实际成员人数	有效问卷数
上海	《第一财经周刊》新一线城市研究室	6	6
	澎湃新闻美术课	7	7
	DT财经	13	12
北京	财新传媒数据可视化实验室	10	6
	搜狐数字之道	3	3
	网易数读	2	2
	新浪图解新闻	未知	未填答
	腾讯新闻百科	2	1
	《新京报》图个明白	2	1
	人民日报新媒体技术公司数据新闻组	4	3
	新华网数据新闻	16	9
广州	《南方都市报》南都有数	3	3
总　计		68	53

三　研究发现

（一）基本构成

借鉴 Willnat 和 Weaver 为美国记者画像的方法，我们也依据本次调查，描画了数据新闻从业者的典型形象：一位不到30周岁的女性，大学毕业，接受过新闻传播学专业教育，在数据新闻领域工作了1年左右。下面详细分析各项数据。

1.性别

总体上，数据新闻从业者以女性居多，53位受访者中，女性有35人，占66.04%，男性为18人，占33.96%。在11个接受调查的栏目中，6个栏目的负责人为女性。

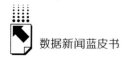

2. 年龄

从业者多为年轻人，受访者平均年龄 27.96 岁，年龄最大的 44 岁，最小的 20 岁，30 岁（含）以下的从业者占 77.36%。

3. 学历

从业者的受教育水平普遍较高。超过半数受访者（28 人，占 52.83%）拥有研究生学历，24 人最高学历为本科，占 45.28%，1 人为大专学历，占 1.89%。

4. 专业背景

目前教育背景多元化渐成主流。在调查专业背景时，受访者被要求勾选获得了学位证书的所有专业教育类别，意即如果受访者获得了双学位、第二学位或辅修学位证书，他/她便具有两个专业教育背景。据此，这里的百分比是指选择该选项的人次占全部受访者的比例。

调查显示，修读过新闻传播专业的从业者仍占多数，有 56.60%，另有 45.28% 曾接受过除新闻传播以外的人文社会学科教育，15.09% 曾接受过计算机、信息类学科教育，另有 13.21% 接受过除计算机、信息以外的理工学科教育，受访者中没有来自农林医学科背景的毕业生（见图 1）。

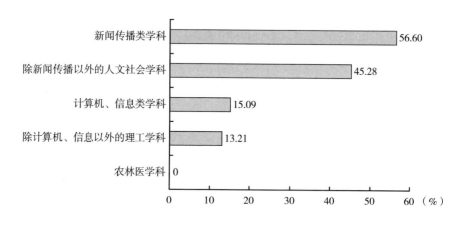

图 1 受访者专业背景

5. 收入情况

受访者每月税前总收入在 16001 元及以上的占 15.09%，多数受访者收

入在 8001 ~ 12000 元，占 30. 19%，另有 26. 42% 的受访者不愿透露个人收
入（见图 2）。

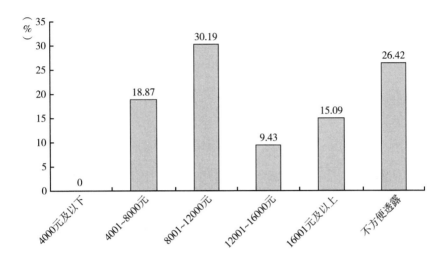

图 2　受访者收入情况

受访者的人口统计学特征详见表 2。

表 2　数据新闻从业者的基本构成

性别		年龄			
男	女	25 岁及以下	26 ~ 30 岁	31 ~ 35 岁	36 岁及以上
33. 96%	66. 04%	39. 62%	37. 74%	13. 21%	9. 43%
教育水平			专业背景（接受过某个专业教育的人数占总受访者的比例）		
大专	大学本科	研究生	新闻传播类	除新闻传播以外的人文社科类	计算机、信息类	除计算机、信息以外的理工类
1. 89%	45. 28%	52. 83%	56. 60%	45. 28%	15. 09%	13. 21%

　　为了进一步揭示数据新闻从业者群体的构成特点，我们将本次调查结
果与全国范围内的网络新闻从业者调查结果（周葆华、查建琨，2017）进

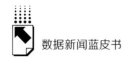
行了对比。首先需要说明的是，两个调查在受访对象、调查实施地域与抽样方法上均不相同，仅调查实施时间相近。目前数据新闻生产较为倚重网络或移动终端的呈现，在一定意义上，数据新闻从业者也可算作网络新闻从业者的一部分，通过比较可粗略获得数据新闻从业者在构成上的一些独特之处，比如受教育程度较高，接受过新闻传播专业教育的从业者也较多。

在性别上，无论是数据新闻从业者还是网络新闻从业者，女性都占多数，均超过了半数。在年龄上，普遍呈现年轻化的趋势，大部分从业者在27～28岁。在学历上，数据新闻从业者学历更高，52.83%的数据新闻从业者有研究生学历，而在网络新闻从业者中，这一比例为27.9%（周葆华、查建琨，2017：18）。这或许是因为制作数据新闻要求更高的知识层次，也可能与北上广三地就业市场的要求相关。在专业来源上，超过半数的数据新闻从业者曾修读过新闻传播学，在网络新闻从业者中，这一比例为43.9%（周葆华、查建琨，2017：18）。在收入方面，由于没有同时段同地域的网络新闻从业者收入调查来做比较，我们只能与三年前全国网络新闻从业者调查（周葆华等，2014）的收入数据进行比较。结果显示，数据新闻从业者的月薪显著高于（三年前的）网络新闻从业者的月薪。有54.71%的数据新闻从业者月收入超过8000元，而三年前，月薪8000元以上的网络新闻从业者仅有10.6%。同时，月薪在4000元以下的网络新闻从业者有40.3%，而受访的数据新闻从业者月薪普遍超过了4000元。至于收入差距的原因，不仅要考虑到近年来工资整体上涨的影响，还需注意，对数据新闻从业者的调查仅限于北上广三地，而三年前网络新闻从业者的调查是在全国范围内进行的，北上广的工资水平也明显高于全国水平。实地调研中，研究者也发现大多数数据新闻从业者对薪酬满意（下文详细报告）。下文将报告数据新闻从业者的工作内容。

（二）工作内容

下文将描绘数据新闻从业者的日常工作，包括从业者经常使用的工具、选题来源以及数据来源。

1. 常用工具

数据新闻生产依赖工具或编程技术，但工具、技术不断更新，学习哪些一直没有定论。本文调查了从业者使用的主要工具和技术，调查结果可为数据新闻教学设计与培训提供参考。《卫报》数据博客创始人西蒙·罗杰斯将数据新闻生产划分为四个环节：获取数据、清洗数据、分析数据、呈现数据。我们据此报告不同环节中的工具使用情况。

获取数据是数据新闻生产的起点，除了从数据库或公开发布的报告中获取数据之外，还有大量散落在网页中的数据需要通过编程语言或工具来抓取。调查显示，有47.17%的受访者的工作内容不涉及网络数据抓取，需要抓取网络数据的受访者中，较多使用R语言实施抓取（见图3）。

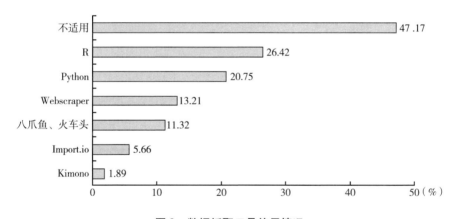

图3　数据抓取工具使用情况

数据清洗是指对数据进行格式化处理，清除无效值、统一度量等。在数据新闻教学以及各种培训项目中，清洗工具主要介绍 Refine，本次调查显示，超过80%的受访者会使用 Excel 完成数据清洗，仅有16.98%的受访者使用 Refine 清洗数据（见图4）。

在数据分析阶段，超过90%的受访者会使用 Excel 分析数据，另有11.32%的受访者会用到 SQL 分析数据，SQL 是一款大数据分析软件，这也说明从业者工作中会涉及大数据的分析处理（见图5）。

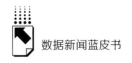

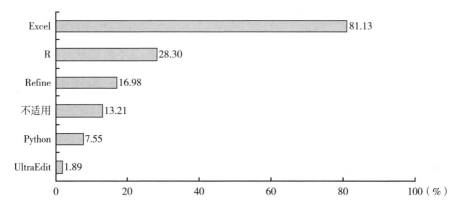

图4 数据清洗工具使用情况

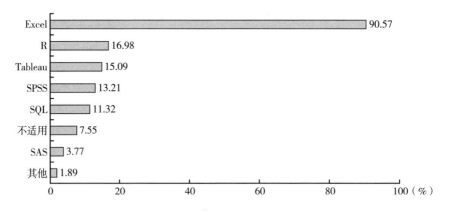

图5 数据分析工具使用情况

图5显示，受访者也会使用SPSS、SAS等统计分析软件。那么在数据新闻生产过程中，是否需要用到统计方法呢？调查显示，有47.17%的受访者称会偶尔用到统计学知识，另有16.98%的受访者极少用到或基本不会用到统计学知识（见图6）。

在可视化呈现阶段，调查显示从业者所使用的工具较为多样（见图7），其中修图软件Photoshop和制图软件Illustrator较受欢迎，有超过半数的受访者经常使用这两款工具。HTML5语言由于具备良好的跨平台适配效果，也被广泛使用。另有超过40%的受访者使用Echarts进行可视化。

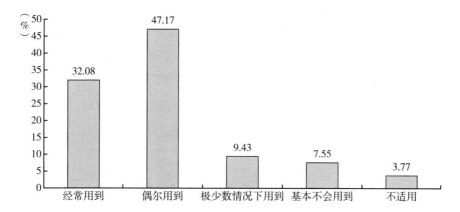

图6 统计学知识使用情况

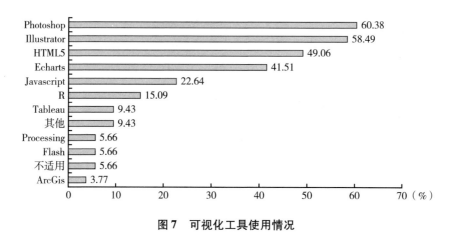

图7 可视化工具使用情况

上述调查结果显示，数据新闻生产中较为依赖 R 语言、Excel、Photoshop、Illustrator 以及 HTML5 等语言或工具，可将这五种作为数据新闻教学实践中的重点。

2. 选题来源

数据新闻的选题从哪里来？是否较为依赖数据公开发布？为回答这些问题，调查要求受访者为不同选题方式的出现频次打分，分值从 1 到 10，1 为从来没有，10 为非常频繁。结果显示（见表 3）从业者自报的选题得分最高，均值达到了 8.16 分。实地调研中，新华网数据新闻栏目负责人马轶群认为，从业者自报的选题视角较为独特，也通常出于个人兴趣，比如新华网的《音曲繁美》作品，对 120 年流行音乐流派变迁做了可视化呈现，是一位资深乐迷从业者自报的选题，作品传播量也不错。

紧随其后的是可预知的重大事件，数据公开发布列第 3 位。值得注意的是，由同机构内部其他部门提供的选题并不常见，其得分垫底。这也意味着媒体内部的选题资源并未得到有效开发和利用，机构设置区隔了不同部门的新闻生产。调研中，一位数据新闻部门负责人提出，跑口记者手中也会有大量数据资源，但通常双方无法互通有无。如有合作，多数情况下是基于个人关系，如此也限制了数据新闻的潜力。

表 3　选题来源

单位：分

选题来源	均值	方差	最小值	最大值
部门成员自报的选题(不包括重大和突发事件)	8.16	2.10	2	10
可预知的重大事件(如 G20、奥运会、"两会"等)	7.96	2.33	2	10
数据公开发布	6.84	2.26	2	10
突发新闻事件(如天津滨海新区爆炸事故等)	6.80	2.76	1	10
与其他媒体或机构合作	5.84	2.36	1	10
同机构内部其他部门提供	5.70	2.33	1	10
其他	1	0	1	1

3. 数据来源

表 3 显示部门成员自报的选题是数据新闻生产中最常见的选题来源方式，那么从业者又是如何寻找数据的呢？本次调查要求受访者勾选数据的主要来源，同样是按出现频次打分，1 分为从来没有，10 分为非常频繁。结果显示（见表 4），大学、科研机构发布的数据频次最高，平均分为 6.36 分。接下来是党政机关发布的数据，而通过信息公开申请获得数据排在末位，其得分也低于均值，表明这种数据来源方式比较少见。

值得注意的是，来自数据公司和其他企业的数据也占有一定比重，从业者对其评分分别为 6.0 分和 5.18 分。在大数据时代，数据正成为一种新的权力，握有数据的公司也可以以新的方式提升自己的媒介可见性，由此带来了媒介与新闻源之间权力关系的演变，值得研究者深入关注。通常，这些公司不会向媒体提供原始数据，提供的是经过了初次清洗或脱敏过后的数据。类似的数据供给可能对新闻生产带来两方面影响：首先，无法核实其真实性，这些公司不会让媒体进入其后台查阅原始数据；其次，这些经过编辑加工的数据或可潜移默化地设置议程，影响从业者对新闻点的选取。

表4　数据来源

单位：分

数据来源	均值	方差	最小值	最大值
大学、科研机构发布	6.36	2.07	2	10
党政机关发布	6.24	2.72	1	10
数据公司	6.00	2.19	2	10
综合其他新闻报道	5.98	2.50	1	10
除数据公司以外的企业	5.18	2.46	1	10
信息公开申请	3.86	2.90	1	10

（三）从业情况

在从业情况方面，研究者调查了从业者的工作年限、从业经历、择业因素以及满意度，下面逐项报告。

1. 从业年限

调查显示，数据新闻从业者多为这个领域内的"新人"，其平均从业年限为2年，有25%的受访者在数据新闻领域工作了2年左右，有32.69%的受访者超过了2年，另有42.31%的受访者从业年限小于2年。

2. 从业经历

在从业经历方面，有35.85%的受访者有传统媒体采编工作经验。另有9.43%曾就职于网络媒体采编岗位，7.55%曾在技术开发类岗位工作。值得注意的是，从学校直接走上数据新闻岗位的受访者也占了较大比重，共15人，占28.30%，他们当中接受过新闻传播学教育的有7人（见图8）。

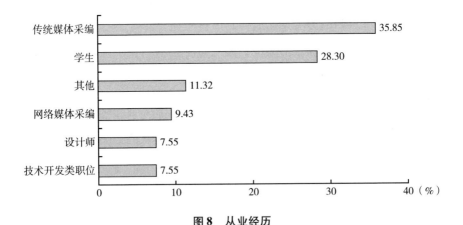

图8　从业经历

3. 择业因素

调查也关注了从业者的择业因素，受访者可在9个选项中多选。为了实现更有针对性的测量，在设计选项时，研究者特别关注了数据新闻与传统新闻相比的特殊之处，比如需要学习新知识，经常与新工具或新技术打交道等。而传统新闻和数据新闻兼具的一些特点，比如工作时间灵活等，并未放在选项中。结果显示，对从业者而言，数据新闻的较大魅力在于其所提供的学习新知识的机会，有近七成受访者勾选此项，另有58.49%的受访者因为喜欢新鲜事物而选择了数据新闻工作，有33.96%受访者进入数据新闻领域是为了施展技术才能（见图9）。

不同专业背景的从业者是否有不同的择业驱动力呢？将择业因素与专业背景做交叉分析（见表5）可以发现，数据新闻作为一个崭新的新闻类型所具有的新鲜特质及其所能提供的学习新知识的机会是吸引从业者进入该领域的两个重要因素，不同专业间择业驱动力差别不大。值得关注的是，在计算机、信息相关学科背景的从业者中，有75%的受访者因数据新闻所提供的学习新知识的机会而进入该领域，其教育背景所赋予的技术优势并不是主要的驱动力，仅有25%修读过计算机、信息相关学科的从业者为施展技术才能而选择数据新闻。

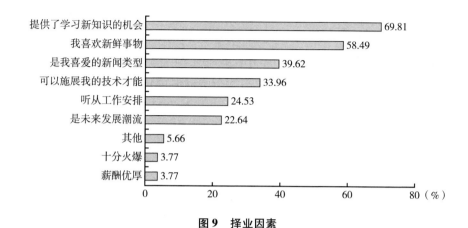

图 9　择业因素

表 5　择业因素与专业背景

单位：%

专业与择业 驱动力①	新闻传播学	除新闻传播学以外 的人文社会学科	计算机、 信息相关学科	除计算机信息 以外的理工学科
听从工作安排	16.67	25.00	37.50	0.00
我喜欢新鲜事物	63.33	54.17	37.50	85.71
数据新闻提供了学习新知识 的机会	73.33	66.67	75.00	71.43
可施展我的技术才能	33.33	29.17	25.00	71.43
数据新闻十分火爆	3.33	4.17	0.00	0.00
数据新闻是未来发展潮流	36.67	25.00	0.00	0.00
数据新闻是我喜爱的新闻类 型	50.00	33.33	50.00	28.57
薪酬优厚	3.33	8.33	0.00	0.00
其他	0.00	8.33	12.50	0.00

注：①表格中百分比是相对值，指示的是该选项的填答人数占同一专业全部填答人数的百分比。举例来说，即有16.67%的修读过新闻传播专业的从业者是因听从工作安排而进入数据新闻领域。

4. 工作满意度

在测量工作满意度时，我们使用了 10 级量表，1 分为非常反对，10 分为非常赞同。总体而言，受访者较为满意目前的工作状态，其得分均值为 7.09 分，高于中值。有 16.98% 的受访者为自己的工作状态打了满分，

64.15%的受访者打分在 7 分以上，对工作状态打分在 5 分以下的仅占 22.64%，体现了从业者对工作具有较高的满意度。

具体到工作中的不同方面，受访者最为满意的是与同事的合作关系，其评价得分均值为 8.17 分，最低分也有 5 分。同时受访者对工作中的自主性程度、学习新知识的机会、领导的能力以及工作发展前景都有较为正面的评价。此外，工作时长、考核方式、待遇等也都获得了较高得分，均值都超过了中值（见表6）。从业者对工作待遇的满意度得分最低，但其得分也超过了中值。整体而言，数据新闻的从业者具有较为积极的工作面貌。

表6　工作满意度

单位：分

工作满意度	均值	方差	最小值	最大值
我与同事合作顺畅	8.17	1.64	5	10
我在工作中自主程度较高	8.11	1.83	2	10
我在工作中经常有机会学习到新知识	7.72	2.34	1	10
我的主管领导工作有方	7.51	2.50	1	10
我满意目前工作的发展前景	7.15	2.28	1	10
我满意目前的工作状态	7.09	2.27	1	10
我在工作中获得了较高的成就感	7.02	1.98	1	10
我参与制作的数据新闻作品有较高的社会影响	6.74	2.16	2	10
我满意目前工作时间的弹性	6.64	2.62	1	10
我满意目前的工作时长	6.64	2.35	1	10
我满意目前的考核方式	6.59	2.48	1	10
我满意目前工作机构提供的职业培训机会	6.30	2.61	1	10
我满意目前的工作待遇	6.26	2.58	1	10

（四）价值认知

从业者作为具体行动者，其价值认知会影响数据新闻实践的展开。在调查价值认知时，研究者特别关注了传统新闻理念与技术驱动之间的张力。数据新闻兴盛于"技术驱动的新闻业创新"（白红义，2016）的背景下，其实践操作存在一定的技术门槛，也由此重新定义了新闻生产者的技能要求。那么，从业者如何评判传统新闻生产技能（如采写编评、新闻判断）与技术要求（比如编程）孰轻孰重？借由这项实践，越来越多的程序员开始进入新闻生产场域，他们的加入将如何影响记者的文化权威？一位资深数据新闻从业者曾撰文提到"程序员获新闻奖，你怎么看？"（黄志敏，2015），言外之意即如何迎接记者的文化权威所面临的挑战。本次调查通过制作要求与能力评级等问题来管窥这种张力。

1. 制作要求

问卷中列出了数据新闻的一些制作要求，并通过10级量表请受访者评分，1分为非常反对，10分为非常赞同。受访者认为制作数据新闻最重要的是新闻敏感和价值判断，其得分均值为8.74分，有近半数（26名）受访者为此条表述打了10分，其最低评分也有5分，可见受访者高度认同这一表述。与之相对应，受访者最不认同掌握编程技能比新闻判断更为重要（均值3.15分，低于中值）。在从业者认知中，技术能力没有超越新闻判断，传统的新闻理念仍被推崇。

即便如此，受访者也倾向于认为至少熟练运用一门编程语言（均值5.91分，高于中值）。同时最好做可视化呈现（均值7.6分，高于中值），可视化也对从业者的设计能力、编程能力有一定要求。此外，受访者基本认同制作数据新闻需要知晓有关新闻报道的法律法规、信息公开的法规政策以及宣传要求（见表7）。

表7　制作要求

单位：分

制作要求	均值	方差	最小值	最大值
最重要的是新闻敏感和价值判断	8.74	1.57	5	10
最好做可视化呈现	7.60	2.26	2	10
必须了解有关新闻报道的法规政策（比如著作权法等）	7.38	2.59	1	10
必须了解有关信息公开的法规政策	7.25	2.43	1	10
必须了解有关新闻报道的宣传要求	6.30	2.94	1	10
从业者应该至少熟练运用一门编程语言	5.91	2.82	1	10
文字部分越少越好	3.83	2.46	1	9
掌握编程技能比新闻判断更为重要	3.15	2.35	1	10

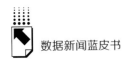

2.能力评级

受访者被要求为制作数据新闻所需的各项能力的重要程度打分,分值从1到10,1分为最不重要,10分为非常重要。结果显示(见图10),均值最高的是良好的新闻判断,接下来是团队合作,而最低的是编程能力,但其均值也超过了中值。统计分析和写作能力也是从业者认为较为重要的能力,但采访和编程能力相对评级较低。

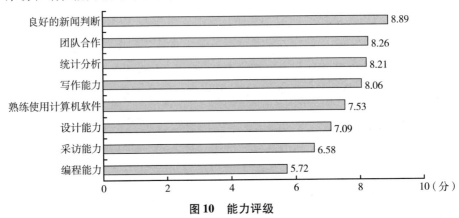

图10 能力评级

将专业教育背景与能力评级做交叉分析(见表8)可以发现,从业者普遍认为良好的新闻判断是最重要的能力,无论何种教育背景的从业者都对这一项给出了最高分,同时编程技能的得分都是最低的。此外,不同专业的从业者对能力等级的评价并不具有明显的差异性。

表8 不同专业教育背景对能力评级的评价

单位:分

均值	新闻传播学	除新闻传播学以外的人文社会学科	计算机、信息相关学科	除计算机、信息以外的理工学科
良好的新闻判断	9.03	9.04	8.50	8.71
采访能力	6.87	6.25	6.25	6.86
写作能力	8.33	8.04	7.50	7.71
熟练使用计算机软件	7.83	7.67	7.13	7.57
编程能力	5.90	6.00	5.75	5.71
设计能力	6.70	7.42	7.63	7.43
团队合作	8.20	8.33	7.75	8.29
统计分析	8.40	8.17	7.63	8.43

结合对数据新闻制作要求的调查结果,我们似乎得到了一幅混杂的图景。首先,在从业者的认知中,新闻价值判断占压倒性优势;其次,从业者并未放弃对技术类技能的强调,比如要至少熟用一门编程语言,虽然编程能力在评级上位列末尾,但其得分均值也超过了中值,说明从业者仍较为认可这项能力的重要性。

3. 数据新闻的特点

对比传统新闻,数据新闻具有哪些独特之处呢?调查仍采用 10 级量表考察从业者对数据新闻特点的认知,1 分为最不赞同,10 分为非常赞同。结果显示(见表 9),得分(均值)最高的是数据新闻更加依赖团队合作,这也可以解释在能力评级中,从业者认为团队合作的重要性仅位列新闻判断之后。从业者对数据新闻生产更加耗费资源也有较为一致的认知,耗时、耗费人力资源与费钱这几项的得分均值都超过了中值。

表 9 数据新闻的特点认知

单位:分

均值	均值	方差	最小值	最大值
数据新闻制作更加依赖团队合作	8.13	1.91	2	10
数据新闻制作更加耗时	8.02	1.99	2	10
数据新闻因可视化元素而更加吸引受众	7.96	1.84	1	10
数据新闻制作更加耗费人力资源	7.96	1.93	3	10
数据新闻制作更加费钱	6.79	2.73	1	10
数据新闻更加客观	6.66	2.54	1	10
数据新闻更少依赖官方消息源	5.11	2.52	1	10
数据新闻更少受到宣传要求的影响	4.72	2.67	1	10
数据新闻更少受到截稿压力的影响	4.26	2.90	1	10

4. 数据新闻在中国情境中的发展

数据新闻作为舶来品,进入中国后必然要经历本土化调适,问卷也调查了数据新闻在中国情境中所面临的掣肘因素。结果显示,难以获取数据会制约数据新闻发展是受访者最为认同的掣肘因素,其评分均值为 8.26 分,高居首位。同时受访者也倾向于认为数据新闻有利于促进政府和企业的信息公

开，并可以更好地实施监督。至于数据新闻可能会侵犯个人隐私，受访者对此认同度较低，其得分均值为 4.55 分，低于中值（见表 10）。

表 10 数据新闻在中国情境中的发展

单位：分

均值	均值	方差	最小值	最大值
难以获取数据制约数据新闻发展	8.26	1.95	4	10
数据新闻的发展有利于促进政府信息公开	7.00	2.81	1	10
数据新闻的发展有利于促进企业信息公开	6.96	2.68	1	10
数据新闻有利于媒体更好地监督权力机构	6.79	2.68	1	10
数据新闻有利于媒体更好地监督企业行为	6.72	2.48	1	10
数据新闻有利于促进媒体间合作	6.55	2.74	1	10
缺乏制作经费制约数据新闻发展	6.47	2.51	1	10
人才匮乏制约数据新闻发展	6.17	2.62	1	10
数据新闻代表着新闻业未来发展方向	5.64	2.71	1	10
数据新闻可能会侵犯个人隐私	4.55	2.58	1	10

四 发展建议及策略

本文通过对北京、上海、广州三地数据新闻从业者的问卷调查，系统地描述并分析了从业者的基本构成、工作状况、从业情况，以及价值认知。作为首次数据新闻从业者调查，本次调查具有较强的探索意义。下一步调查研究可以扩大样本量，增加田野场所，以求更为系统、全面地描摹这一群体。根据调查结果，我们提出两个具体发展策略，以提升数据新闻从业者的工作满意度与职业认同感。

1. 建立团队培训机制

调查显示，驱使从业者进入数据新闻领域的最重要因素是"提供了学习新知识的机会"，由此可见，如果能提供"工作中充电"的机会，这份工作会更具吸引力。实际上，数据新闻发展飞速，新的工具与技术也层出不穷，工作中充电也是一种必需。有关数据新闻的各种工作坊、在线课程不胜枚举，这些学习资源当然可以帮助从业者掌握前沿发展技术，更新知识储备。但囿于日常新闻工作，从业者可能难以抽身自我充电，而通过建立团队培训机制或可有效满足从业者自我提升的需求，也可以助力团队内部不同工种间的有机联结。

数据新闻团队通常由编辑、记者、设计和编程等不同工种人员组成，这种多元化的构成本身就提供了向不同知识背景人员学习的机会。在实地调研中，一位团队负责人分享了她的经验。她的团队会定期召开内部学习会，擅长技术的成员会教其他成员如何编程，设计人员会普及基本的制图常识，还有一位成员专门负责分享国外经典数据新闻案例。有时内部学习会也会借助"外脑"，比如邀请同机构内部术业有专攻的人前来分享，或向其他机构的数据新闻同行取经。集体学习拉升了团队成员整体技能水平，提升了团队工作效率。

2. 培育团队内部创新环境

数据新闻从业者总体上呈现出年轻化、高学历的特点，除了对新知识的渴望，他们对新事物的追求也是主要的择业驱动力之一。数据新闻本身是一个新生事物，它也诞生于新闻业创新的大背景之下。在这个领域内，培育内部创新环境，可以进一步增强从业者的职业认同感，并充分挖掘这个高素质群体的创新潜力。实地调研中，研究者发现，一些媒体机构已经开始实践内部创新机制。比如提供内部创业机会，由媒体机构出资，组建从业者个人的工作室，权力充分下放，从业者个人可以决定工作室的主要业务、人员安排以及经费支出，此举不仅可以充分调动从业者的工作积极性，还可以减少科层制对创新活动的阻碍。在数据新闻团队内部，也可以将权力下放到项目负责人、栏目负责人等，减少内部沟通层级，给从业者更多的自主权，以刺激他们的创新欲望。

参考文献

Appelgren, E. & Nygren, G. , "Data Journalism in Sweden," *Digital Journalism* 2 (2014) :

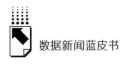

394 - 405.

Fink, K., & Anderson, C. W., "Data Journalism in the United States," *Journalism Studies* 16 (2015): 467 - 481.

Karlsen, J., & Stavelin, E., "Computational Journalism in Norwegian Newsrooms," *Journalism Practice* 8 (2014): 34 - 48.

Knight, M., "Data Journalism in the UK: A Preliminary Analysis of Form and Content," *Journal of Media Practice* 16 (2015): 55 - 72.

Maeyer, J. D., Libert, M., Domingo, D., Heinderyckx, F., & Cam, F. L., "Waiting for Data Journalism," *Digital Journalism* 3 (2015): 432 - 446.

Parasie, S., & Dagiral, E., "Data - Driven Journalism and the Public good: 'Computer-Assisted-Reporters' and 'Programmer-Journalists' in Chicago," *New Media & Society 15* (2012): 853 - 871.

Royal, C., "The Journalist as Programmer: A Case Study of the New York Times Interactive News Technology Department," Presented at the International Symposium in Online Journalism, The University of Texas at Austin (2010). Retrieved from https://www.researchgate.net/publication/228950352_The_Journalist_as_Programmer_A_Case_Study_of_The_New_York_Times_Interactive_News_Technology_Department.

Willnat, L., & Weaver, D. H., "The American Journalist in the Digital Age: Key Findings (Research report)," Bloomington, IN: Indiana University, (2014): 27. Retrieved from http://news.indiana.edu/releases/iu/2014/05/2013 - american - journalist - key - findings.pdf.

方洁、高璐：《数据新闻：一个亟待确立专业规范的领域——基于国内五个数据新闻栏目的定量研究》，《国际新闻界》2015 年第 12 期。

陶建杰、张志安：《网络新闻从业者的基本职业状况——上海地区调查报告之一》，《新闻记者》2013 年第 12 期。

周葆华、查建琨：《网络新闻从业者生存状况调查报告》，《新闻与写作》2017 年第 3 期。

周葆华、谢欣阳、寇志红：《网络新闻从业者的基本构成与工作状况——"中国网络新闻从业者生存状况调查报告"之一》，《新闻记者》2014 年第 1 期。

B.10
变化中的数据新闻受众研究

崔蕴芳　王海燕　董颖慧*

摘　要：　受众问题始终是不同路径学者关注和争论的议题。受众研究
　　　　　分为三大传统，分别为结构性、行为性和社会文化性受众研
　　　　　究。在大数据和数据新闻愈发兴盛的背景下，学者探索新的
　　　　　媒介内容形式给受众带来的改变与影响。为了更好地了解目
　　　　　前国内数据新闻受众的行为和需求，本次研究还进行了问卷
　　　　　调查和深度访谈，通过定量和定性的研究方法，试图更多地
　　　　　展现当前数据新闻受众的状态。

关键词：　受众研究　数据新闻　使用与满足　行为

受众研究是传播学领域的重要组成部分。受众不仅是大众传播效果的核心概念和考察效果的基点和立足点，而且是在由媒介、社会与人的复杂关系建构起来的传播理论中一切问题的交叉点。因此，受众问题始终是不同路径学者关注和争论的议题。

罗杰·迪金森等认为受众研究虽然包罗万象，但"所有那些把媒介过程当作分析重心的研究，都来自一种兴趣和关注，那就是媒介对社会、社群、公众、读者、听众、观众、消费者带来的后果。从本质上讲，各种

---

* 崔蕴芳，中国传媒大学副教授；王海燕，清华大学新闻与传播学院硕士研究生；董颖慧，中国传媒大学 2014 级传播学本科生。

研究方法的差异在于研究者选择的分析的广度和深度——即宏观的还是微观的"①。

Abercrombie 和 Longhurst 概括了受众研究的三种范式，如表1所示，分别是以效果研究和使用满足理论为代表的行为主义科学研究，以编码解码理论、英国伯明翰学派的电视研究为代表的收编—抵抗研究，以西尔弗斯通的《电视与日常生活》等为代表的景观、表演研究（李良荣等，2013）。

表1　受众研究的三种范式

	行为主义科学研究	收编—抵抗研究	景观、表演研究
受众定义	社会情境中的独立个体	处于社会结构中带有阶级、性别、种族等烙印的个体	被社会构建和不断再构建（尤其是被景观和自我陶醉）的个体
媒介	信息刺激	文本	媒介景观
社会后果	社会功能正常运作/功能失调，宣传，影响，使用，效果	意识形态的收编和抵抗	日常生活中身份认同的构造与再造
代表性研究和路径	媒介效果研究，使用与满足理论	编码解码理论，Morley（1980），Radway（1987），粉丝研究	Silverstone（1994），Hermes（1995），Gillespie（1995）

麦奎尔对迄今为止林林总总的受众研究进行了整合与归纳，将受众研究分为三大传统，分别为结构性、行为性和社会文化性受众研究（见表2）。

其中，结构性受众研究源于媒介工业的需要，目的是获得有关受众规模、媒介接触、到达率、流动情况等方面的量化信息，有助于区分受众类别，探讨社会背景、大众传媒系统与个人媒介使用之间的关系。

行为性受众研究的目的在于改进和强化媒介传播效果，即通过考察受众外在的而非内在的表现，比如受众的媒介选择、使用、意见和态度等来解释媒介的影响，预测受众的行为，为传播决策提供参考。

社会文化性受众研究内容广泛，广义上包括批判研究、文学批评、文化研究和接受分析，狭义上则主要指接受分析。与结构性与行为性研究不同，

---

① 〔英〕罗杰·迪金森等：《受众研究读本》，单波译，华夏出版社，2006，第23~28页。

它抛弃了传播效果的刺激—反应模式，也不再遵从媒介文本或媒介信息万能的观点，而认为受众具有自主的选择性，受众的媒介使用是特定社会文化环境的一种反映，也是赋予文化产品和文化经验以意义的过程，尤其强调受众对媒介文本进行"解码"过程中的能动作用。

表 2　受众研究的三种传统

	结构性研究传统	行为性研究传统	社会文化性研究传统
主要目的	描述受众构成，列举个案，阐释媒介与社会关系	解释并预测受众选择、反应和效果	理解受众从媒介接受内容的意义及在具体语境下意义的使用
主要数据	人口统计学数据，媒介使用和时间数据	动机、选择行为、反应	对于社会和文化语境的意义
主要方法	问卷调查和统计分析	问卷调查、实验	民族志、志华研究

麦奎尔认为，公众通过媒体参与社会活动，需要的是工业化、都市化的发展，民众教育水平的提高，信息传播技术的普及和社会的开放；作为公众的受众需要自由参与公共议题的讨论，利用媒体技术提出观点和意见，改变社会现状，推动社会的进步与发展。

一　数据新闻在国内外的发展历程

新闻作为人类社会性生产劳动实践的产物，必然受到整个社会及其各个子系统的影响。在大数据时代，伴随着技术的革新，一种新的新闻形式应运而生——数据新闻（Data Journalism）。数据新闻又称数据驱动新闻（Data-driven Journalism），它是"信息社会中一种新型新闻形态，立足于对新近发生的事件予以数据支持，或者从大量数据中提取出可供报道的事实性信息"[1]。数据新闻的报道理念与菲利普·梅耶（Philip Meyer）提出的"精确

---

[1]　沈浩、罗晨：《数据新闻：现代性视角下的历史图景》，《新闻大学》2016 年第 2 期，第 1～5 页。

新闻学"是一脉相承的，随着计算机信息处理能力的提升和人们对数据认识的不断深化，数据新闻可以被看作"计算机辅助报道"在大数据时代的发展。①

数据新闻的最早实践源自英国，《卫报》于 2009 年创办数据博客（Data Blog）和数据商店（Date Store）栏目，被媒界看作数据新闻发展的里程碑。《卫报》数据新闻的最大特点是开放，其所有在新闻中使用的数据都可供用户免费下载，并且通过众包等方式鼓励用户积极参与。2013 年《华盛顿邮报》创建了数据新闻栏目"Wonkblog"，2016 年《华盛顿邮报》凭借 11 篇有关警察枪杀的系列数据新闻报道获得了普利策新闻奖"国内新闻报道奖"。②《纽约时报》的数据新闻栏目"The Upshot"于 2014 年 4 月 22 日推出，它在 2013 年发布的数据新闻作品《雪从天降》（Snow Fall）直到今天仍被看作一个典范。2014 年 ESPN 推出了其数据新闻网站"Five Thirty Eight"，目前它在推特上拥有近 83 万粉丝，获得了 2016 年数据新闻奖（Data Journalism Awards）"年度最佳数据新闻网站奖"。数据新闻奖是第一个旨在表彰数据新闻工作者的国际性奖项，该奖项由全球编辑网络（Global Editors Network）于 2012 年设立，受到谷歌新闻实验室（Google News Lab）、John S. 和 James L. Knight 基金会的支持，包括"年度最佳数据新闻""年度最佳数据新闻 APP"等多个奖项，《纽约时报》《卫报》等都曾获得过 DJA。③ 2015 年，Quartz 发布的约 5000 张图表，已经被 1600 万读者在 Quartz 和嵌有图表的其他网站上查看。④ 此外，《泰晤士报》、BBC 等欧美主流媒体也都纷纷开设了自己的数据新闻栏目，整体来看，数据新闻在欧美国家发展

---

① 文卫华、李冰：《大数据时代的数据新闻报道——以英国〈卫报〉为例》，《现代传播》2013 年第 5 期，第 139～142 页。

② The Pulitzer Prizes, The 2016 Pulitzer Prize Winner in National Reporting, *The Pulitzer Prizes* (9 Apr. 2016). http：//www. pulitzer. org/winners/washington – post – staff.

③ The Global Editors Network Team, Discover the Data Journalism Awards 2017 Winners, *Globle Editors Network* (22 Jun. 2017). https：//www. globaleditorsnetwork. org/programmes/data – journalism – awards/.

④ Emily Passer, Data Journalism Website of the Year, *Globle Editors Network* (9 Apr. 2016) http：//community. globaleditorsnetwork. org/node/22113.

得较为成熟，例如数据新闻界的领头羊《卫报》的可视化团队在2016年用数字化的方式报道了里约奥运会，它以精确的数字和动态图片阐释了中国游泳运动员孙杨在200米男子自由泳中，如何在最后50米赶超对手而斩获金牌的精彩一幕。

在欧美的数据新闻渐成气候之时，中国的数据新闻网站自2013年起也崭露头角，且数量日益增多。"财新数据可视化实验室"成立于2013年10月8日，它是结合新闻编辑和数据研发的虚拟实验室，将数据应用于新闻采编及呈现，其创始人黄志敏被业界看作"中国数据新闻第一人"。"财新数据可视化实验室"的《青岛中石化管道爆炸事故系列报道》荣获亚洲出版业协会（SOPA）"2014年度卓越新闻奖"；《星空彩绘诺贝尔》入围英国"凯度信息之美大奖"（Information is Beautiful Awards），这是中国新闻史上首次有程序员获新闻奖。至今，"财新数据可视化实验室"是唯一一家获得过数据新闻奖的可视化团队，并且两次获奖。中国的三大门户网站搜狐、新浪和网易也分别开设了数据新闻栏目——《数字之道》《图解新闻》《数读》。2016年4月，《第一财经》与阿里巴巴合力打造的数据新媒体"DT财经"正式发布，它将利用阿里巴巴提供的数据，结合《第一财经》的新闻生产能力，提供更理性的数据财经新闻、更易懂的可视化新闻和更专业的大数据报告。

虽然中国的数据新闻绝大多数生发于新媒体平台，但是在传统媒体中也出现了数据新闻这一新的报道形式。自2014年以来，央视的《晚间新闻》利用百度地图LBS开放平台的大数据推出了一档特别节目《"据"说春运》，用数据绘制出了中国老百姓春节期间的迁徙图。2015年10月，央视通过挖掘1亿GB的数据，针对"一带一路"推出了一档大型数据新闻节目《数说命运共同体》。

数据新闻的优势在于既可以通过海量数据进行宏观的故事叙事，又可以通过挖掘数据背后的规律和联系，发现新的价值与意义，再诉诸可视化的方式将新闻呈现出来，让复杂的事件能更易被人们理解。目前，国内的数据新闻在形态上仍以静态信息图表为主，在内容上严肃选题较

少，大多以生活、娱乐等为主，难以使数据新闻的价值最大化，虽然有
"财新"等数据新闻媒体斩获国际大奖，但整体上仍与欧美等国存在较大
差距。

二 国内外数据新闻受众研究

伴随着数字化信息传播技术的发展，新媒体在世界范围内日益勃兴，媒
介生态发生了转变，并由此带动了传播研究的整体转型。同时，如前文所
述，在大数据和数据新闻愈发兴盛的背景下，学者都在找寻二者给传播研究
带来的改变与影响，探索新的研究方法和思路。

（一）国外数据新闻受众研究

具体到受众研究的领域，国外在现阶段的受众研究理论主要集中在以下
三个方面。

第一，受众不只是接受者，还可以通过媒介充当信息的传播者。相对于
传统媒介时代，新媒体时代受众对信息内容生产具有更多的控制。[1] 也就是
说，在新媒体时代，受众不再是单纯的信息接受者，其选择性日益增强，而
且在使用媒介获取信息的同时，也可以通过媒介传播新的信息，充当信息的
源头。受众扮演着传播者和接受者的双重角色，每一个个体都可以参与信息
传播活动，成为信息传播的中心。

第二，技术推动受众自主权提升和受众细分化，媒介受众向媒介用户
转变。近年来，随着技术的不断发展、新媒介形式的产生，受众对于各类
媒介的使用愈发分散，跨媒介、多平台的使用行为普遍。[2] 在传统媒介环
境下，受众被动接受报纸、电视和广播编排好的新闻，对信息的内容和形
式的选择余地有限。而在新媒体时代，在技术的推动下，受众对媒体的使

① Ike Picone, "Grasping the Digital News User," *Digital Journalism* 4 (2016): 125 – 141.

② Ike Picone, "Grasping the Digital News User," *Digital Journalism* 4 (2016): 125 – 141.

用方式正在发生变化。新闻用户可以自主选择新闻，并自主解读新闻。新的媒介形式满足了受众可以自主选择使用互联网、手机等不同媒介，新闻网站、新闻 APP 等不同平台，文章、图片、视频等不同形式，来获取个性化信息的需求。与此同时，受众也可以通过媒介平台进行点赞和评论，表达自己对某些现象和观点的个人解读。受众不再是媒介信息的被动接受者，而是主动选择信息，使用信息，参与生产信息，成为多重身份的媒介用户。

第三，社交媒体日益发挥作用，受众分享成为参与新闻的重要方式。随着数字化媒介的产生，受众参与新闻的途径正在改变，在社交媒体中分享信息成为其参与新闻的重要方式。受众通过社交媒体参与互动，分享故事，上传图片和视频，发表评论和观点。受众和媒体的专业人士成为新闻的共同创建者。这也使得权威媒体机构的刺激减弱，淡化了传媒单向施予受众的"心理无知"控制概念。

当前，数据新闻多以可视化图表、信息图的形式呈现，国外学者也以此为切入点，从一个侧面探究了数据新闻与受众或用户的相互关系。

视觉是强大的学习工具。首先，视觉帮助改善记忆和回忆。研究表明，人们能够回忆数百到数千张照片，即使看到图片只有几秒钟。[1] 从而，新闻信息越具有可视性，它就越有可能被认可和回忆。[2] 因此，视觉有潜力成为一个高效、精确和更清晰的沟通方式，而不是口头表达和文本。视觉也可以通过提供上下文或隐喻来辅助认知处理。当视觉被有效地利用，它们有助于人们理解抽象、复杂的信息，特别是当人们需要使用不熟悉的概念和没有预先存在的心理模型来帮助理解新的信息。

Duarte 描述了六个在向受众传达内容时有用的视觉类型：（a）流动（例如线性、圆形、发散/会聚、多向）；（b）结构（例如矩阵、树、层）；（c）簇（例如重叠、封闭、链接）；（d）辐射（例如点、中心）；（e）图画

---

[1]　Zull, James E. , "The Art of Changing the Brain," *Educational Leadership* 62. 1（2004）: 68 - 72.

[2]　Medina, J. , *Brain Rules*: *12 Principles for Surviving and Thriving at Work*, *Home*, *and School* (Seattle, WA: Pear Press, 2008）.

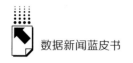

（例如过程、方向、位置）；（f）显示（例如比较、趋势、分布）。①

这些类型的视觉表示可以帮助高效、精确和清晰地传达抽象的想法和复杂、密集的内容，否则需要冗长的叙述。

Michael Burmester 等通过眼动实验、有声思维和问卷调查对 14 位被试者进行了试验，以探索用户对交互性信息图表的感知和体验。实验发现：信息图表包含的信息不同会导致用户对它的使用时间的长短差异；用户在使用信息图表的过程中表现出一些共有的特点，如用户更倾向于观看开始的指示动画而不是选择跳过等；信息图表的问题在于，信息分布的密度、语句的繁简程度、互动元素的设计都可能给用户造成理解和使用上的困难。

Yael de Haan 等通过眼动实验、焦点小组和网络调查的方式对可视化图表的功用进行了细致研究，旨在解答在新闻阅读的过程中，用户是否以及如何使用可视化图表、用户在何种程度上乐于使用可视化图表两个问题。

研究发现，首先，毫无疑问，人们会注意到新闻报道中的可视化图表，但目光停留的时间比文字内容要短，且尚未发现平台的不同（印刷报纸、电子报纸和平板电脑）会对人们的选择产生影响。其次，人们使用可视化图表的意愿与用户对选题的兴趣、选题的重要性和图表的视觉化设计有关。再次，人们对可视化图标的喜爱程度与图表的形式和功能都有密切的关系。最后，人们是否能够顺利地理解文章不仅与可视化图标有关，还与整个新闻报道的视觉设计以及图文的整合程度有关。②

（二）国内数据新闻受众研究

国内已有的研究则多聚焦在如下两个方面。

第一，与国外学者的研究成果相类似，受众在新媒体环境下表现出不同

① Duarte, N., Slideology, *The Art and Science of Creating Great Presentations* (Sebastopol, CA：O'Reilly, 2008).

② Yael de Haan, Sanne Kruikemeier, Sophie Lecheler, Gerard Smit & Renee van der Nat, "When Does an Infographic Say More Than a Thousand Words?" *Taylor & Francis Online* (10 Jan. 2017)：1 - 20. http：//www. tandfonline. com/doi/figure/10. 1080/1461670X. 2016. 1267592? scroll = top&needAccess = true.

于传统媒体时代的新的特点和变化，受众本体角色变迁，由单一的"受众"转变为多重的"用户"，主体和个人意识崛起，参与和分享意识凸显；受众的媒体接触行为变迁，从被动到主动，由接受媒体信息到生产媒体内容，对待媒体的态度也由敬畏走向怀疑和批判；受众的信息获取习惯变迁，从封闭固定到开放多元，更加移动化与随性化，也愈益碎片化与浅表化。

第二，在当前的新媒体环境中，受众研究较以往也有了新的进展。例如张志安等依据来自全国 31 个省份的问卷调查数据，通过对 37279 个样本的统计分析，发现我国受众的整体特征包括：媒体选择以电视为主，以网络、报纸、广播、杂志为辅；使用动机以信息娱乐为主，创造表达意愿不强；期待媒体维护正义、解决问题，信任传统媒体多于网络媒体。此外，我国受众媒体使用和认知存在较大的群体差异。[①]

在如上所述的大背景下，我国学者普遍认为，数据新闻生产者必须顺应时代，着眼于用户，更新其新闻生产理念。

张超、钟新就此指出，从数据新闻的成功实践经验看，数据新闻生产需要具备内容与用户的关联意识，要将"接近性"发挥到极致，强调内容与用户的关联；数据讲故事的叙事意识，叙事的方式不限于文本，可以更加多样化，让用户参与其中；数据可视化呈现的用户体验意识，数据可视化的最终目的是满足用户对数据新闻接受的多种要求，从可视化的形式和内容两个维度增强用户体验；数据使用的批判意识，从数据获取、处理到阐释，都需持批判态度，并将其放到特定的社会背景中进行考察；数据开发的增值意识，跳出传统新闻业"二次售卖"的营利思路，拓展增值链，开发新的营利模式，如付费模式、数据商店模式和数据服务模式。[②]

如果说精确新闻更多是从媒体的专业性角度出发，探寻的是利用数据增强报道的准确客观性，那么数据新闻则更多是从用户的角度出发，探寻数据

---

① 张志安、沈菲：《新传播形态下的中国受众：总体特征及群体差异》，《现代传播》2014 年第 3 期，第 27～31 页。
② 张超、钟新：《新闻业的数据新闻转向：语境、类型与理念》，《编辑之友》2016 年第 1 期，第 76～83 页。

对于用户有何意义，而用户也从新闻的被动接受转向主动获取、参与制作，他们在数据新闻生产中占据重要的地位。

例如《卫报》为了了解英国议员的消费情况，制作了"我的钱都去哪儿了网"，请受众以游戏的方式，参与核查政府公布的100多万份关于议员的花费单据。结果有2万多名受众参加，在短时间内把数据整理完毕。之后《卫报》数据可视化团队又将调查结果可视化，呈现给受众。政府在公布财政开支时，公众看到的只是看不懂的数据报表。而通过《卫报》调动用户参加的方式，将数据进行分析，并进行可视化的解读，使得原本枯燥难懂的内容变得易于被受众接受。所以数据新闻生产中，如何使受众参与其中成为优化新闻生产流程的一个关键因素。媒体可以向用户开放新闻报道项目，鼓励用户参与数据新闻的分析和制作；也可以在报道完成之后，鼓励用户从中发现问题、提供新的线索。此外，如何使数据新闻和受众的关系更加紧密，也成为数据新闻从业者关注的问题。如在数据新闻中，使用交互性设计，与常用的社交媒体相关联，将用户生产内容纳入专业新闻文本里。

在很多数据新闻报道中，受众被认为是能够与新闻信息进行互动的人，不再仅仅是单向的接受者。当受众的观点和内容以交互方式在新闻中进行收集和呈现的时候，受众同时成为信息的生产者。如果说在传统的新闻报道中，受众更多处于被动解读和消费的位置，那么数据新闻则在持续关注受众的故事，并致力于让受众参与报道。

新媒体和大数据背景下受众研究面临的挑战及对策也是研究的热点问题。

一方面，在技术和方法层面，三大传统媒体（电视、广播、报刊）经过多年的市场化发展，在受众测量方面积累了较丰富的经验，测量方法和技术也相对更为成熟，基本形成了一套业界认可的测量体系和运作机制。传统的受众研究在测量受众媒介使用行为时主要针对随机样本或固定样本进行，样本量有限，调查方式以入户面访、电话访问等人工测量为主。如今，随着移动互联网技术的迅猛发展，各类智能化手持电子设备逐渐推广普及，智能设备的电子访问记录成为受众研究测量数据的主要来源。从"小样本"到

"大数据"，受众研究由此面临新的挑战，如受众媒介使用行为的海量数据，给数据分析带来困难；受众媒介使用行为的高维数据，传统统计方法难以应对；且受众测量数据量非常大，而其中有价值的信息却很少。

有学者提出以下三点应对之策（曹刚，2013）。

其一，利用抽样技术有效压缩受众测量数据量。与传统受众调查不同的是，大数据背景下数据挖掘的抽样对象不是受众，而是海量数据集。当直接处理所有海量数据的费用太高、费时太多时，则可对庞大数据集合进行抽样。在合理选择抽样方案的基础上，使用抽样的算法可以有效压缩数据量。除了传统的抽样方法，面对大数据，研究者还可以采用渐进式抽样。

其二，利用维归约技术降低受众的数据维度。电子设备自动记录的受众数据集可能包含大量属性。数据预处理的一个重要方面就是减少维度，称为维归约。相比高维数据，经过维归约处理后的低维数据在后续分析中具有明显优势：第一，目前开发的数据挖掘算法通常对低维数据的计算结果更具实际意义；第二，基于低维数据建立的数据模型可视化效果更好，更易于非专业人士理解。

其三，充分利用受众研究的背景知识增强数据挖掘的预判性。在大数据时代，复杂的海量数据，需要有不同专长的人员密切配合来完成数据挖掘任务。首先，由对传播理论感兴趣或有深厚媒介运营背景的专门人才，尽可能清晰地定义出数据挖掘的问题。其次，由精通数据库技术和统计分析技术的数据分析人才，将受众研究目标转换成数据挖掘的具体任务，并为每步操作选择合适的技术。由此可见，在大数据预处理和数据挖掘算法尚存"门槛"之际，受众研究将是一个多学科专家交互协作的知识探索过程。

柯惠新与黄可则提出一种更为细化的"3D"受众测量方法（柯惠新、黄可，2011）。综析三大传统媒体的测量方法及指标可以看出，对传统媒体的受众测量基本处于一个二维空间中，可以称为"平面化2D"的测量模式，两个指标维度分别为传播的"广度"和"深度"。其中，"广度"指媒介在潜在受众群中的影响范围，即媒介覆盖受众量的多寡，典型的测量指标

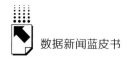

为到达率、发行量、阅读率等。"深度"指受众接触媒介的程度，即受众接触媒介时间的长短，典型的测量指标为收看时长、收听时长、阅读时长等。由 2D 模式到 3D 模式，最主要的是引入了一个新的测量维度——参与度。参与度主要用来衡量信息传播过程中受众的介入程度、与媒体的互动状况，以弥补研究媒体与受众关系时衡量信息双向传播程度的不足。

另一方面，在思辨和学理层面，尽管少有专门针对新媒体的受众研究范式出现，但是一些转型时期的理论范式对新媒体受众研究却具有前瞻性的理论指导意义，其中较具代表性的理论有景观（观展）表演范式和社会网络分析范式。

景观（观展）表演理论关注的重点在于受众如何通过媒介景观建构日常生活，并通过日常生活中的媒介消费进行认同建构与再建构。当下，社交媒体成为观展表演的舞台，网民成为新媒体环境下的扩散受众。该范式将传统经验学派倾向于对受众结构行为方式的群体研究转向对受众心理层面和个体层面的关注，更能展现出新媒体受众的心理动机和意识层面；该范式也将受众看作观展与表演互动交替的主题，契合了新媒体传受对等语境下受众的主体地位；另外，该范式还体现出受众在媒介景观中的自我建构过程。

该范式在解释新媒体受众上的局限之处则在于，其忽略了受众群体内部的权利结构、受众所处的政治经济环境等因素，从而造成该范式的微观视角和单一视角；同时也缺乏一定的现实参照和一套系统的可操作化的研究方法。

社会网络分析范式对于新媒体环境下的受众研究亦具有开拓性的意义。随着 SNS 网站蓬勃发展，以互联网为代表的新媒体的"关系传播"特质日益凸显，新媒体的传播路径越来越依赖人际关系网络，网络成员以兴趣、观点、利益等为连接点形成新的关系和传播模式。社会网络分析既是一种理论也是一种方法，它有一套可操作性的测量指标和分析视角，需要对样本和数据进行统计和挖掘。利用社会网络分析研究新媒体受众常用的测量指标和分析视角有：网络规模与密度分析、中心性分析、凝聚子群分析。

这一范式也具有局限性，如容易走向纯结构分析而忽视受众的心理因素以及受众所处的政治经济环境。该范式偏向于结构化视角，另外，其指标测量过于依赖数据的获取与搜集，对于一些较难获取数据的网络传播现象缺乏一定的分析力度与分析视角。

在此基础上，有两个动向非常值得关注。其一，以客观主义为基础的行为主义研究范式，从过去基于实验、观察和问卷调查的小规模数据分析，慢慢向"大数据"转向，特别是针对新媒体的研究。互联网用户的网上行为，时时刻刻被各种机构记录，在各种看似杂乱无序的数据背后，或许隐藏着可以通过大数据挖掘而发现的人与人、人与媒介、人与社会互动的规律。祝建华发现在 SCI 和 SSCI 上已经发表的 270 篇有关大数据的研究论文中社会科学占了 7%。其二，以主观主义为方法论基础的人文科学，也受到了新传播技术的冲击。一个新的研究领域——数码人文学（Digital Humanities）应运而生。数码人文学尝试整合传统人文学科领域如历史、哲学、语言学、文学、艺术和文化研究等与新媒体技术，尝试以"语言和文字"之外的工具——数据可视化技术、数据挖掘技术、文本挖掘技术等阐述人文意义。

也有学者专门来探究数据新闻对受众的影响，如从认知心理学的角度阐释数据新闻对认知的影响（朱述超、万洪珍，2015）。具体作用有增加新闻受众的知识储备，激活新闻受众的感觉通道，协助受众建构认知策略。但这类研究数量较少，研究成果仍处于较为初级的阶段。

三　国内数据新闻受众的概况分析

为了更好地了解目前国内数据新闻受众的行为和需求，本次研究还进行了问卷调查和深度访谈，通过定量和定性的研究方法，试图更多地展现当前数据新闻受众的状态。此次问卷调查的样本源于某专业调研机构提供的样本服务，以确保来源随机、样本真实。样本在性别分布、年龄分布、身份结构和地区分布四个维度上较为多样，以确保调研的真实性。本次关于"数据新闻受众对数据新闻的看法"的调查共回收有效问卷 323 份，其中在学历（高中及以下 12.38%，大学本科 77.09%，硕士及以上 10.53%）和年龄上

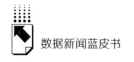

的分布（18 岁及以下 4.33%，19 ~ 30 岁 43.65%，31 ~ 45 岁 40.87%，46 岁及以上 11.15%）和样本库总体情况一致，问卷的结果对于了解国内数据新闻受众的概况具有参考意义，但在做整体推论时需要谨慎使用。此外，本次研究还对两位新闻行业的从业人员以及五名数据新闻的受众进行了深度访问，希望通过数据新闻从业者的经验和受众的实际感受来了解数据新闻受众的现状。下面就问卷调查和深访的结果进行分析。

（一）数据新闻的接触行为

在本次问卷调研的样本用户中，有 39.6% 的用户不知道数据新闻（见图 1），数据新闻在受众认知中的知晓度并没有很高。具体到不同年龄和学历层的用户，在学历分层上，可以看到较为明显的相关性，学历越高，对数据新闻的认知程度越高（见图 2）。但是在年龄分层上，并没有表现出很强的相关性，总体上 31 ~ 45 岁的用户对数据新闻的了解程度较高（见图 3），可能在年龄段上，受到了不同年龄段的用户对新闻的接触行为这个因素的影响。现在的年轻群体更多进行的是和社交媒体有关的碎片化阅读。总的来说，数据新闻在国内也已经有了一段时间的发展，在用户的知晓度上还存在上升的空间，可能是用户看过数据新闻但并不知道这个专业描述，也可能是用户在信息流中看过数据新闻但没有留下印象。

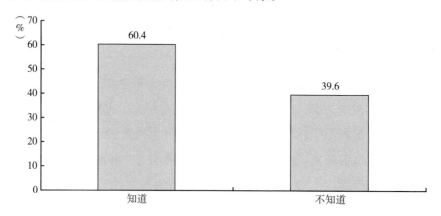

图 1　样本中全部用户对数据新闻的了解

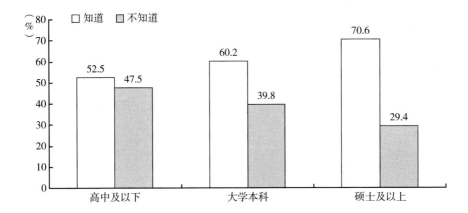

图2 不同学历的用户对数据新闻的了解

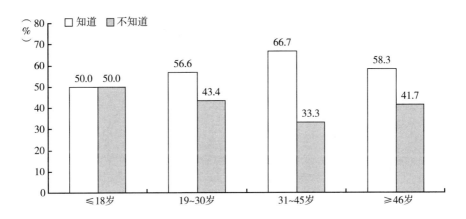

图3 不同年龄层的用户对数据新闻的了解

根据数据新闻从业者的描述，数据新闻的受众主要依赖于各自所在的新闻APP的受众，例如网易新闻的《数读》栏目的受众以男性为主（66%，根据微信公众号关注用户的信息推测，因为新闻客户端中的每一期内容不同，受众变化也较大）。从新闻客户端的角度来看，并不能推出数据新闻的受众规模的变化趋势，主要是和每一期的主题有关。

根据《中国数据新闻工作坊培训手册》，在数据新闻的实际报道中，从业者将数据新闻分为以下几类。

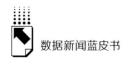

（1）信息图：最简单的可视化是一个静态图片。此类可视化的一个优势是可以用在印刷品上。

（2）既有数据又有文字的图片：有的可视化是为了伴随文字报道，但"信息图"的设计目的是用一张既有数据又有文字的图片来呈现一个完整的故事。信息图通常包括更多的平面设计元素，以更悦目或有趣的形式呈现信息。

（3）视频：数据可视化也可以是视频形式，用于网上或电视。动画形式的数据呈现，可以既有旁白叙述又有复杂设计。

（4）互动图：有些报道需要互动性的数据可视化，即用户能够选择数据中的不同部分来看。这类互动图仍然有一个总体的报道或叙述，但用户通常可以只看具体和他们有关的数据。

在被访的样本用户中，既有数据又有文字来呈现一个完整的故事是他们接触最多的数据新闻表现形式（见图4）。相反，最简单的静态图片作为最常出现的形式，用户却并不认为他们在阅读数据新闻，一个可能的原因是用户对数据新闻的判断标准是高于单纯一张包含数据的图片这种形式的。

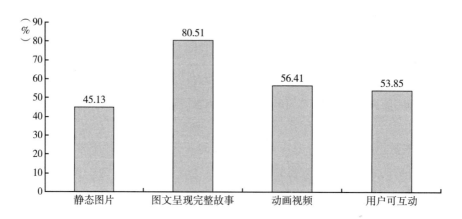

图4 用户对不同形式的数据新闻的接触情况

在接触数据新闻的频次上，可以看到一周4次及以上的占比过半（见图5）。这个行为数据和两方面有关，一是用户本身阅读新闻的频次，二是数据新闻在目前各种新闻形式中较频繁出现。用户接触数据新闻的渠道方面，主要是新闻 APP 和微博微信等社交媒体（见图 6）。

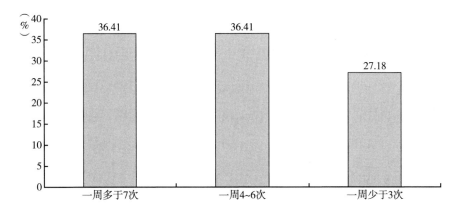

图 5　用户接触数据新闻的频次

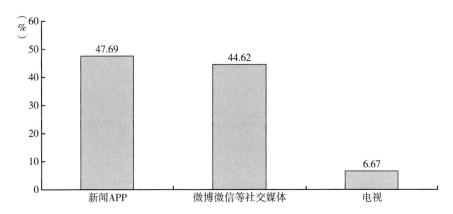

图 6　用户接触数据新闻的渠道

（二）数据新闻的使用与满足情况

提及阅读数据新闻的原因，近半数的用户选择了在数据新闻中蕴含的信息量大这一点（见图 7）。视觉相较于文本而言，或许是一种更高效、精确和清晰的沟通方式。通过数据进行叙事，挖掘数据背后的规律和联系，再以可视化的方式呈现出来，复杂的事件也会更容易被理解，有助于人们去理解一些抽象复杂的信息。所以说，用户认为数据新闻能够有效地传递一些密集的内容，无须冗长地叙述，也可以将问题分析清楚。这也成为用户选择数据新闻最主要的原因（见图8）。所以习惯看数据新闻的用户对它的偏好程度也更高，和更密集的信息点的传递有关。在对数据新闻受众的深访过程中发现，数据新闻的受众认为这是一种更加理性、客观地呈现信息的方式，他们更有机会接近事实。

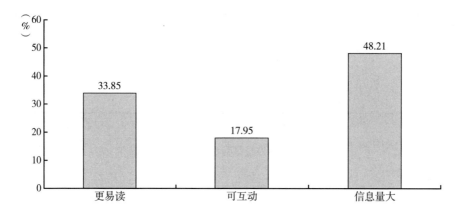

图7　用户接触数据新闻的原因

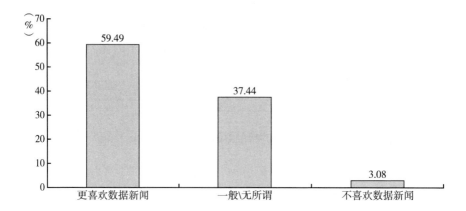

图8　用户对数据新闻的偏好

在谈论到影响一则数据新闻的重要因素时，受众认为最重要的是能否使用正确的方式将数据视觉化地呈现出来（见图9）。受众偏好数据新闻的原因是数据新闻能够承载的信息量大，但是在谈到影响因素时，信息量并不是受众主要关注因素的原因是数据新闻信息量已经普遍比其他新闻大了，更重要的是怎么用更合理的方式把数据展示出来。信息图表可能存在的问题是，信息分布的密度、语句的繁简程度、互动元素的设计都可能给用户造成理解和使用上的困难。所以用户会更关注呈现方式。深访中将数据新闻受众选择数据新闻的标准进行排序，首先是新闻固有的标准如重要性、接近性，其次是趣味性、互动性。

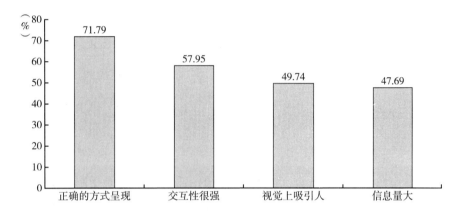

图9 受众认为对于数据新闻而言重要的因素

当讨论数据新闻带给了受众何种满足时，近70%的用户认为通过数据新闻他们获取了数据背后的信息，帮助他们节约了阅读时间（见图10）。总的来说，从侧面反映出数据新闻对受众而言，是一种更高效、更清晰的传递信息的方式。数据新闻被有效地利用，有助于人们理解抽象、复杂的信息，所以这种高效的信息传递形式受到了很多有这种信息获取需求的受众的青睐。

根据数据新闻从业者的描述，对于数据新闻偏好的受众中，一类是新闻专业的学生或相关从业者，因为专业相关性会对数据新闻感兴趣。另一类是严肃新闻的受众，偏好数据相关的内容，他们会认为相比于一篇2000字的文章，可视化的图表能更好地呈现信息。关于数据新闻的分享，和数据新闻

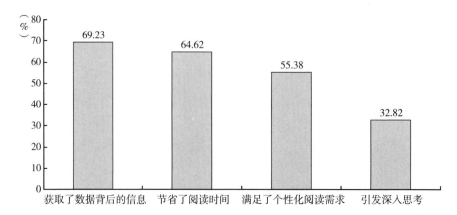

图10 受众认为数据新闻满足的需求

的主题比较有关，如果是和民生等受众比较关心的话题有关的数据新闻，点赞、转发会比较多，或者是和热门话题有关的内容。例如与环境移民、高速公路收费、房价、核电生电过剩等有关的话题，这类数据新闻的传播会更加广泛。

从这个角度来看，数据新闻作为新闻的一种形式，还是受制于新闻传播的一些规律。所以数据新闻的从业者在选题时也会优先考虑受众会感兴趣的话题，此外是话题和受众的关联度，过于抽象或者过于行业化的内容用户不会太关注。另外，趣味性的话题会更受喜欢。除了本身选题的重要性之外，数据可视化呈现的形式也非常重要，通过合适的可视化方式会把枯燥的数据背后的故事更好地展现出来。在实际的数据新闻工作中，受限于人力、资源，从业者不会专门去进行受众调研。更多的一种和用户互动的方式是通过作品收到的用户反馈来评估用户的喜好。一些时候编辑人员认为的热点并不会得到受众的反响，为了规避这种选题上的失误，数据新闻的从业者会在选题阶段进行更多讨论。

几名受众在深访中都表示，目前国内大多数所谓的数据新闻还停留在比较基础的水平，和国外较为成熟的数据新闻相比，整体的互动性较差。受制于这个因素，目前数据新闻的发展受阻，所以，未来数据新闻的发展方向会更加偏向于技术。目前数据新闻的操作成本在可视化技术、数据挖掘这些方面较高，国外数据新闻发展较快的一个原因是一些懂得计算机语言的从业者投入其中。

参考文献

曹刚：《大数据背景下受众研究面临的挑战及对策》，《传媒》2013 年第 9 期。

宫承波、田园：《新媒体时代受众生态的变迁》，《青年记者》2014 年第 3 期。

聂磊：《新媒体环境下大数据驱动的受众分析与传播策略》，《新闻大学》2014 年第 2 期。

幸小利：《新媒体环境下的受众研究范式转换与创新》，《国际新闻界》2014 年第 9 期。

朱述超、万洪珍：《数据新闻对受众认知结构的积极影响》，《传媒》2015 年第 16 期。

B.11
数据新闻教育的全球实践：
特点、掣肘与趋势

方　洁　胡文嘉*

摘　要：　本文旨在对全球数据新闻教育的发展状况进行全面的考察。通过梳理六大洲有代表性的国家的数据新闻教育资源和已有的数据新闻教育研究成果，本文试图总结全球数据新闻教育在教育主体、教育内容、教育方式上的特点，分析其发展的制约因素，并对数据新闻教育未来的走向进行预判。

关键词：　数据新闻　教育　数据文化

一　引言

　　数据新闻在全球的快速发展使各方对数据新闻专业人才的需求量不断增加，催生了不同形式的数据新闻教育。数据新闻教育以培养从事数据新闻报道的专业人才为目标，近年来，各国从事数据新闻研究的机构与人员越来越多，数据新闻相关的内容被许多新闻教育者纳入课程体系。这表明数据新闻教育已在全球范围内逐步被学界所接纳。为了解数据新闻教育在全球的发展现状及其未来趋势，本文考察了全球六大洲（除南极洲）的数据新闻教育开展状况，并有如下主要发现：

＊　方洁，博士，中国人民大学新闻学院讲师，中国人民大学新闻与社会发展研究中心研究员，研究方向：数据新闻、新闻业务；胡文嘉，中国人民大学新闻学院2016级硕士研究生。

• 数据新闻教育已在全球范围内普遍推广与开展起来。在全球六个大洲（除南极洲）的数据新闻实践程度存在差异的不同国家和地区，数据新闻教育都已起步。

• 目前全球从事数据新闻教育的主体主要有四大类，分别是新闻行业组织和媒体机构、综合性学术机构、高等职业教育机构、其他公民个体或组织。这些主体在数据新闻教育中起着相互补充的作用。不同国家或地区的数据新闻教育建制受其既有的新闻教育格局的影响。

• 伴随着全球数据新闻实践的深入和教育者不断的探索，数据新闻教育的内容结构逐步明确和成型。数据新闻课程结构主要围绕收集数据、分析数据和呈现数据三个部分展开，而在美国、英国等数据新闻教育起步较早的国家，数据新闻教育正在以不同的形式融入新闻传播院校对学生的培养体系中。尽管如此，由于教学内容涉及交叉学科，数据新闻教育的推进仍然面临不少阻力。

• 相比以往的新闻教育方式，数据新闻教育更显灵活，涵盖了短期与长期教育、线下与线上教育的多种方式。已有的数据新闻教育多强调实务教学导向，使理论教学和人文培养成为短板。

• 全球数据新闻教育尚存在地域发展不平衡的现象，教育资源主要由美、英等国向其他国家和地区流动，使美、英以"实践"导向为主的数据新闻教育模式向全球输出，成为一种主导数据新闻教育的潮流。而制约数据新闻教育发展的六个因素包括政治因素、技术因素、媒体因素、经济因素、教育历史因素和人才因素。

• 数据新闻教育未来可能呈现五个发展趋势：教育发展不平衡的态势仍将延续，各国教育内容的本土化程度将提高；多个教育主体将长期并存，主体之间互动更为频繁；教育内容将更加系统化和前沿化，专业教育将逐步兴起；教育方式和师资团队的创新性需求或将冲击一些国家和地区的传统新闻教育体制；相关的新闻研究机构将逐步兴起，促进此领域的产学研共同发展。

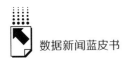

二 文献综述及研究方法

数据新闻教育领域正在成为新闻传播学研究的新焦点。已有的研究按照其主题可以大致划分为三种类型。

其一是采用实证研究的路径总结和分析数据新闻教育的具体模式，这种研究多从具体的数据新闻教育案例的调研入手，如 Treadwell 等人（2016）对新西兰理工大学和坎特伯雷大学通过合作推行的项目教学方式的研究，Feigebaum 等人（2016）对英国伯恩茅斯大学跨学科数据实验室项目（the Bournemouth University Datalabs Project）采用行动研究法（Active Research Approach）教学的研究皆属于此类。

其二是以一国或多国的数据新闻教育状况作为研究对象，通过深度访谈和调研等方式来展开的研究。这其中具代表性的有 Berret 和 Phillips（2016）对美国数据新闻教育的研究，Davies 和 Cullen（2016）对澳大利亚数据新闻教育的研究，Splendore 等人（2016）对欧洲六国（英国、德国、荷兰、瑞士、波兰和意大利）数据新闻教育的比较研究等。

其三是学者结合基于自身对数据新闻教育的观察和研究，对该领域的现存问题和前景所做的分析，如 Hewett（2016）通过对伦敦城市大学交互媒体硕士专业的调研来分析影响数据新闻教育评价的因素，并就数据新闻教育的前景提出了四个值得教育者思考的问题。

总体上看，这些已有的研究成果为本文提供了丰富可贵的经验资料，在此基础上，本文将首次针对全球范围内的数据新闻教育实践进行考察。

本研究采用在线调研法，选取在线调研而非实地调研方法主要有两个原因：一是因为报告涉及的研究对象范围太广，实地调研因时间和成本的限制而缺乏可操作性；二是因为数据新闻实践是受互联网"开放共享"的理念而推动与发展的，各国数据新闻教育资源（包括教学大纲、课程介绍、招生要求等）在线上的充分开放为研究者提供了便利的条件。

本研究采用分层抽样的方法进行调研，首先，根据前期的文献梳理确定研究的主要国家和地区，选取六大洲中数据新闻教育发展较具代表性的国家（包括美国、加拿大、英国、荷兰、德国、瑞士、法国、波兰、澳大利亚、新西兰、阿根廷、巴西、南非、埃及、日本、印度、新加坡、巴基斯坦、中国等）；其次，选取这些国家中知名的新闻教育机构（以高校为主）；再次，登录这些机构的官网，对其开设的数据新闻类课程、专业、工作坊等教育项目的教学大纲、培养方案进行调研分析。

三　研究发现

就全球范围看，参与全球数据新闻教育的主体主要包括四种类型，分别是新闻行业组织和媒体机构、学术机构（综合性大学）、高等职业教育机构、其他公民个体或组织。数据新闻教育首先是由新闻行业组织和媒体机构所代表的业界驱动促成的，随后学术机构、高等职业教育机构以及其他公民个体和组织逐步跟进，并形成了全社会参与和相互补充的格局。

就一个国家或地区的角度看，数据新闻教育的主体及其所处的地位与其已有的新闻教育格局息息相关。在新闻传播教育以学术机构为主的国家，学术机构正在逐步成为四种教育主体中最重要的角色，而在以高职新闻教育为主的一些国家，高等职业教育机构在数据新闻教育主体中仍占据重要的位置。

（一）谁在教——由业界驱动迈向多主体参与的数据新闻教育

本文参考了 Splendore 等人（2016）对数据新闻教育主体的分类[①]，发

[①] Splendore 等人在对欧洲六国数据新闻教育的研究中发现，开展数据新闻教育的主体构成多元，由四类主体构成，分别为综合性学术机构（Academic）、高等职业教育机构（Vocational）、新闻专业机构（Professional）和公民组织（Civic）。本文认为该观点具有一定的借鉴意义，但其对后三种分类的界定并不是很清晰。本文在此基础上对四种教育主体做出了新的划分。

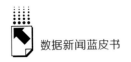

现在全球范围内参与数据新闻教育的主体主要有四类，分别是新闻行业组织和媒体机构、综合性学术机构（综合性大学）、高等职业教育机构、其他公民个体或组织（见图1）。

图1　参与数据新闻教育的四个主体

1. 由业界驱动产生的数据新闻教育

新闻行业组织和媒体机构是率先推动数据新闻教育起步的主体，它们在其他教育主体还未及时参与数据新闻教育之前，就已在新闻教育领域掀起了一股"业界驱动"的风潮。如今，这些机构和组织仍然是数据新闻教育中不容忽视的力量。

新闻行业组织和媒体机构参与数据新闻教育与媒体在互联网技术日益发展的当下所倡导的"透明""开放"理念相关。这些组织和机构在数据新闻发展之初即开始有意识地进行实践经验和规律的总结与分享。成立于2010年的欧洲新闻学中心（European Journalism Centre）是其中最具代表性的组织。该中心的编辑成员主要来自《卫报》、《纽约时报》、美国国家公共电台NPR和德国之声（Deutsche Welle），成立的目标是让全球媒体在新闻报道中更好地使用数据。中心成立后陆续推出第一个专业探讨数据新闻实践的网站——数据驱动新闻网站（DataDrivenJournalism. net）和第一个聚集数据新闻专业人士的社区组织。2010年8月，欧洲新闻学中心与荷兰阿姆斯特丹大学合作，召开了为期一天的"数据驱动新闻"圆桌论坛，来自全球的数据新闻领域的媒体从业者聚集在一起，对当时新兴的数据新闻实践进行研讨。会后，该中心发布了名为《数据驱动新闻：学习什么?》的论坛总结资料。① 这是目前有据可查的最早的由业界发起的有关数据新闻教育的研讨。

在欧洲新闻学中心（European Journalism Centre）和开放知识基金会的倡导下，全球第一本专门探讨数据新闻操作规律的《数据新闻手册》在2011年伦敦 Mozilla 大会上初步成型。之后由包括 BBC、《卫报》在内的多家媒体的数据新闻倡导者以网络协作的方式编写而成。② 这是第一本系统研究数据新闻实践经验和规律的从业者指导手册。

在全球许多国家和地区的数据新闻教育起步阶段，新闻行业组织都在发挥主导作用。除了欧洲新闻学中心，各种调查性新闻或报道组织是其中坚力量。

美国的 IRE（Investigative Reporters & Editors）是此领域的突出代表。其旗下的 NICAR（The National Institute for Computer – Assisted Reporting）项目为媒体人提供大量联邦数据集，且开展许多数据新闻培训。IRE 同时还助推其他国家开展数据新闻教育，如举办加拿大多伦多记者工作坊（Toronto Watchdog Workshop）等。而 NICAR 每年召开的计算机辅助新闻报道大会则设立了数据新闻"新手训练营"，由此领域的从业专家开展授课。

创办于 2003 年的英国的调查性新闻中心（Centre for Investigative Journalism），不定期地推出数据新闻课程，包括"数据驱动调查""记者如何使用 R""记者如何操作 SQL""网络调查"等。该中心还陆续与英国不同地区的院校展开合作，推出针对当地媒体从业者的为期两天的工作坊，并将数据新闻设置为工作坊的重要议题。③ 巴西调查新闻协会（ABRAJI）是助推当地数据新闻教育的重要力量。该协会邀请了数名美国知名的数据记者

---

① European Journalism Centre 的官网介绍，http：//ejc. net/projects/news/article/ejc – to – host – expert – roundtable – on – data – driven – journalism。

② Gray，J.，Bounegru，L. & Chambers，L.，*The Data Journalism Handbook*，California：O'Reilly Media，2012.

③ 英国调查性新闻中心官网。

到巴西多个大学进行演讲和组织新闻研讨会；并推出了多个涉及数据新闻议题的线下线上课程，对巴西从业者进行培训。① 新西兰调查新闻中心（NZCIJ）近年来的年会将越来越多的议题聚焦于数据新闻领域，着重于对该国从业者的数据新闻培训。②

除了上述行业组织，一些媒体机构也秉承"开放共享"的理念，将自己探索数据新闻实践的经验发布在互联网上，为数据新闻教育实践带来丰富的第一手资源。

英国《卫报》是媒体机构推广数据新闻的先行者。2009 年，《卫报》网站开设"数据商店"（Data Store）板块，将"数据"作为该报重点开发的资源。随后，该报推出了大量数据新闻报道精品，而在由时任主编西蒙·罗杰斯（Simon Rogers）运营的子栏目《数据博客》中刊发了不少研讨数据新闻从业经验的文章。2013 年，由罗杰斯著述的系统总结《卫报》操作数据新闻实践的《事实是神圣的》一书出版，成为研究媒体数据新闻实践的最具代表性的著作之一。

在中国，财新传媒属于较早进行数据新闻实践的媒体。2013 年 10 月，财新成立了财新数据可视化实验室（原财新数据新闻与可视化实验室），并陆续推出了包括《青岛中石化管道爆炸事故》等代表性作品。在中国数据新闻教育的起步阶段，该实验室人员在全国多所院校展开了关于数据新闻的讲座，系统介绍财新的数据新闻实践经验，使其成为助推国内数据新闻教育发展的重要业界力量。

由于数据新闻的发展离不开互联网技术的支持，越来越多的互联网公司因为掌握大数据和数据分析技术，开始涉足内容产业，并成为一种新型的媒体机构。这类公司中最具代表性的当属谷歌集团。该集团不但通过先进的技术研发推出了类似 Google Sheets、Google Fusion Tables、Google Refine（Open Refine 的前身）等被广泛应用于数据新闻生产的数据处理工具，还推出了谷

---

① 巴西调查新闻协会（ABRAJI）官网。
② 新西兰调查新闻中心（NZCIJ）官网。

歌新闻实验室项目，帮助媒体的新闻编辑室利用谷歌的数据库和多款应用，更好地追踪新闻和进行报道。此外，谷歌与全球编辑网络（Global Editors Network，一个拥有超过 1000 名编辑的跨平台组织）合作推出了"全球数据新闻奖"，这是面向数据新闻领域的第一个专业奖项，通过奖项的评比和报道逐步推动全球新闻界对"数据新闻"的认可与接纳。

2. 形成多主体参与的数据新闻教育格局

随着数据新闻实践的展开，数据新闻教育正在逐步被纳入各国的新闻教育体系中，除了新闻行业组织和媒体机构，综合性学术机构、高等职业教育机构和其他公民个体或组织等不同的主体开始参与数据新闻教育，丰富了教育主体的构成。

值得关注的是，不同主体在某个国家或地区数据新闻教育中所处的地位往往与该地的新闻教育传统密切相关，在以综合性学术机构教育为主的美、英等国，学术机构提供的新闻教育越来越占据主导地位，而在以高等职业教育为特色的部分国家，高等职业教育机构在数据新闻教育领域较具前沿性。此外，其他公民个体和组织正作为一种重要的教育补充力量而广泛存在。

本文中所说的综合性学术机构主要指综合性大学（University）。美国是新闻教育综合性学术机构发展最为成熟的国家，并已领先于其他国家开始数据新闻专业学位的培养探索。哥伦比亚大学与奈特基金会 2016 年合作出版的报告《数据和计算新闻学的教学》（Berret & Phillips，2016）显示，超过一半的美国新闻院校已经开设了数据新闻课程。而哥伦比亚大学、斯坦福大学、西北大学、迈阿密大学、密苏里大学等新闻教育实力较强的高校已开始探索数据新闻专业培养方案，开设面向本科或研究生阶段的数据新闻方向或专业培养项目。这些专业项目的侧重点有所不同，有的偏重数据新闻领域的综合培养，有的偏向某一类专业新闻领域的数据新闻操作，还有的则倾向于数据可视化设计。

除了美国，也有一些国家和地区的数据新闻教育已经向专业教育展开，如英国的卡迪夫大学可以授予"计算与数据新闻"硕士学位，推出"Python

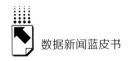

信息处理""网络应用开发""在线调查"等较为全面系统的课程。① 阿根廷布宜诺斯艾利斯大学设立了"数据挖掘与信息发现"硕士学位,"数据挖掘""数据智能分析"等课程作为必修课被列入其培养方案。② 加拿大国王大学学院设立了一年制的新闻学硕士"数据和调查方向"项目。该项目旨在培养学生通过获取公共数据和利用数据分析工具来提高调查报道的能力,课程包含了"数据新闻""公共记录研究""调查报道方法"等。③ 日本早稻田大学在政治科学研究学院开设有新闻传播硕士课程,并早在 2008 年就成立了日本首个设有新闻硕士专业和博士专业项目的新闻学院。在该院2018 年的招生简章中标明硕士专业设置了"数据新闻"方向的认证项目(Certification Program),该项目要求学生必须修的课程中包括"统计分析进阶""数据新闻基础""记者编程基础"等,学生如修满学分完成要求,将在获颁硕士学位的基础上得到项目认证证书。④

尽管如此,目前全球开展专门的数据新闻专业教育的综合性学术机构尚属少数,更多国家和地区的综合性大学新闻院系选择开设数据新闻基础课程或是将数据新闻教育融入已有的课程体系中。

除了综合性学术机构对新闻人才的培养,一些新闻职业教育较为发达的国家,还存在另一种高等教育机构——高等职业教育机构。与综合性学术机构不同,它们是专门培养新闻传播专业人才的高等院校。这种专业性很强的高等职业教育机构遍布全球几大洲,如欧洲有德国的莱比锡传媒学院(Leipzig School of Media)、法国的里尔高等新闻学院(École supérieure de journalisme)、瑞士的瑞士新闻学院(MAZ – Die Schweizer Journalistenschule)、

① 英国卡迪夫大学"计算与数据新闻"硕士项目介绍,http：//www. cardiff. ac. uk/study/postgraduate/taught/courses/course/computational – and – data – journalism – msc。
② 阿根廷布宜诺斯艾利斯大学硕士培养方案介绍,http：//www. uba. ar/posgrados/archivos/CE%20EXPLOTACIONDATOSYDESCON. pdf。
③ 加拿大国王大学学院"数据与调查新闻"硕士项目介绍,https：//ukings. ca/area – of – study/master – of – journalism – data – investigative/。
④ 日本早稻田大学新闻学院 2018 年招生简章,https：//www. waseda. jp/fpse/gsps/assets/uploads/2017/04/brochure_ J_ 2018. pdf。

丹麦的传媒与新闻学院（Danmarks Medie-og Journalisthøjskole）、荷兰的方提斯新闻学院（Fontys Hogeschool Journalistiek）、瑞典的波皮乌斯新闻学院（Poppius journalistskola）等，南美洲有墨西哥的卡洛斯·瑟普提恩·加西亚新闻学院（Escuela de Periodismo Carlos Septién García）、巴西的卡斯帕·里贝罗大学（Faculdade Cásper Líbero）等，亚洲有菲律宾的亚洲新闻与传媒学院（Asian Institute of Journalism and Communication）、印度的亚洲新闻学院（Asian College of Journalism）等。

　　高等职业教育机构的数据新闻教育以短期、集中式的授课为特点，注重培养学生的实操技能。如莱比锡传媒学院开设了"数据新闻的短期集中研讨班"课程（Intensiv seminar Daten journalismus），强调要以"实操和交互的方式"帮助学生学习如何制作数据新闻。① 瑞士新闻学院在其开设的新闻学继续教育课程中也设计了"数据新闻"课程，课程由两部分组成，分别是为期一天的"数据新闻：研究与准备"和为期两天的"交互性的融媒体报道：如何协调生产具有吸引力的作品"，且分不同时段推出，以便于兼职学生调整和安排自己的上课时间。②

　　除了这种专业从事教育的机构，一些公民个体或组织也加入数据新闻教育领域，形成一股不容小觑的力量。这些来自新闻业或 IT 业的数据新闻爱好者及他们创立的 NGO 组织将数据新闻视为推进政府开放数据，推动媒体更好地使用数据，从而促进社会民主进程的重要工具。这类主体的加入使数据新闻教育不仅限于课堂和校园，而且存在于各种形式的沟通和交流中。在一些数据新闻教育刚刚起步的国家和地区，这类教育主体的出现很好地弥补了学院教育的不足。

　　一些公民个体开通了自己的博客、网站，或在 Github（源代码托管平台）上设立主页，公开教学资源，其中较为知名的有美国统计学家邱南森

---

① 莱比锡传媒学院的课程介绍，https：//www.leipzigschoolofmedia.de/kurse－und－seminare/datenjournalismus.html。

② 瑞士新闻学院的课程介绍，http：//www.maz.ch/journalismus－kurse/bereich/94/thema/datenjournalismus/alle－kurse/。

（Nathan Yau）及其设立的 Flowing Data 网站，加拿大广播公司（CBC）的知名记者戴维·麦基（David McKie）及其个人网站 davidmckie. com，英国记者保罗·布拉德肖（Paul Bradshow）与其个人博客 Online Journalism Blog，英国独立数据记者和信息设计师戴维·麦坎德利斯（David McCandless）与其创办的信息之美网站（informationisbeautiful. net）等。

在非洲，当地最大的促进数字民主机构"非洲代码"（Code for Africa）及其在南非的分支机构"南非代码"（Code for South Africa）是推动数据新闻教育的重要力量。前者设立了专项基金 Impact AFRICA，资助加纳、肯尼亚、尼日利亚、南非、坦桑尼亚、赞比亚六国发展数据新闻报道。[①] 后者则开办了非洲第一家数据新闻学校（Data Journalism Academy），经常举办数据新闻类短期课程培训。[②] 在亚洲，印度的数据新闻爱好者和专业人士组建了一个名为"遇见数据"（DataMeet）的谷歌小组，这个号称"数据科学与开放数据爱好者社区"的公民组织陆续举办了多次"开放的数据训练营"活动，旨在继续推进印度人使用开放数据。[③]

总体上看，正因为四种主体的积极参与，相互频繁地互动，才使数据新闻教育得以短时间内在全球迅速开展起来。

（二）教什么——从数据新闻的基础教育转向成体系的专业教育

数据新闻的基础教育是指培养对象具有基本的数据报道能力。目前，全球的数据新闻教育多以推行数据新闻基础教育为主，在以美国为代表的少数数据新闻实践领先的国家，数据新闻教育正从基础教育开始迈向成体系的专业教育。

1. 以培养基本的数据素养和报道技能为核心的数据新闻基础教育

越来越多的新闻教育机构意识到数据新闻教育将成为大数据时代新闻院校学生所具有的一项重要的基础教育。信息技术的更新和瞬息万变的媒体格局对已有的新闻教育内容提出了诸多挑战，新闻报道的理念和方法都在经历

---

① Impact AFRICA 官网，http：//impactafrica. fund/about。
② Data Journalism Academy 官网，http：//academy. code4sa. org/about – the – academy。
③ 印度班加罗尔"遇见数据"工作坊官网，http：//datameet. org/about/。

一场重要的变革。如何培养适应当下甚至未来媒体的新闻从业者？这成为当下新闻教育亟待解决的问题。在这种呼唤新闻教育变革的大背景下，引入数据新闻基础教育被不少机构视为改革现有教育内容体系的重要步骤。

开展数据新闻基础教育具有两种形式，其一是开设一门数据新闻课程，集中培养学生的数据素养和报道技能。目前，很多新闻教育机构设置了课程名称中涉及"数据新闻""数据报道""数据"的概论性课程。其二是利用现有的教育内容体系，将数据新闻课程的相关议题拆解，融入多个课程中。Hewett（2016）针对伦敦城市大学交互媒体硕士专业教育的研究发现，延续性和完整性（Coherence and Integrity）是学生们评价该专业及数据新闻课程模块的五个指标之一。这说明数据新闻教育不能仅限于一个课堂，应该融入整个高校新闻传播专业的培养计划中（Howard，2014）。

如今，许多教育机构意识到这一点，将数据新闻基础教育逐步融入新闻传播专业的整体培养计划中。如日本早稻田大学新闻学院认为构成当下记者所必备的基础能力有五个方面：批判性思考的能力、专业知识储备、对新闻和媒体角色的深度洞察力、收集和表达信息的实践能力、基于现场的思考能力。就此，该学院推出了面向全院学生的五种能力配套课程包，而数据新闻的相关课程是培养"收集和表达信息的实践能力"的课程体系中的一部分。[①]

无论采用哪种形式，大多数学者还是赞同数据新闻的生产过程主要由三部分构成，这对应了数据新闻从业者的三种技能体系——获取能够与公众利益相关的数据，运用合适的软件工具分析数据，把通过分析发现的有价值的内容制作成数据报道（Treadwell 等，2016）。[②] Splendore 等人（2016）对欧洲六国数据新闻教育的比较研究证实这些国家的数据新闻课程结构基本一致，主要围绕收集数据（研究和建构数据库）、分析数据（统计分析）和呈现数据（可视化）三个部分展开（见图 2）。从全球的发展现状看，数据新

---

① 日本早稻田大学新闻学院 2018 年招生简章，https：//www.waseda.jp/fpse/gsps/assets/uploads/2017/04/brochure_J_2018.pdf。

② 虽然也有部分学者或媒体从业者提及清洗数据的重要性，但更多学者认为清洗数据是分析数据前的重要准备步骤，可以将之归入分析数据的技能，故本文不将之单列为一种技能。

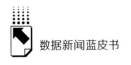

闻基础教育的内容体系逐步成型，既以讲授收集数据、分析数据和呈现数据作为重点，也培养学生具有基本数据素养和报道技能。

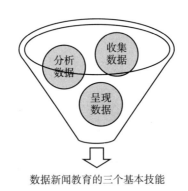

数据新闻教育的三个基本技能

图2　数据新闻基础教育的内容体系构成

2. 以培养数据新闻专业人才为目标的专业化教育正在逐步兴起

在一些综合性学术机构和高等职业教育机构的培养方案中，数据新闻专业化教育正在逐步兴起。这种专业化教育和基础教育存在一定的差异，除了包含基础教育的基本内容，专业化的数据新闻人才教育还需要在基础教育之上设置数据新闻的"进阶教育"。

从面向对象看，基础教育面向一般的新闻专业学生和数据新闻爱好者，而专业教育则面向数据新闻专业学位或认证项目培养的学生和具有一定经验的数据新闻从业者。

从培养目标看，基础教育重在培养学生的基础数据素养和初级的数据新闻操作技能；专业教育则旨在培养专业的从事数据新闻报道的人才。

从教育内容看，基础教育着重教授收集数据、分析数据和呈现数据的初级内容；而专业教育除了这三方面基本内容外还需要进行理论和技能的"进阶教育"，在数据新闻议题的深度和广度上进行延展，并形成更完善和体系化的教育培养方案。目前看来，数据新闻专业教育的内容主要从以下三个方面进行延展：

- 收集数据、分析数据和呈现数据的技能进阶。如英国伦敦城市大学开设的"高级数据及编程"课程，美国迈阿密大学开设的"3D设计和图形""空间数据分析"课程等，都是对数据新闻操作的三个核心技能中的某一个技能进行更深层面的教学拓展。

●专业领域的数据新闻操作。如美国斯坦福大学开设的"公共事务数据新闻"课程将数据新闻与公共事务联系，探讨如何更好地在公共议题报道中使用数据。

●数据新闻的前沿话题和新技术工具的运用，如美国西北大学梅迪尔学院奈特实验室的"运用传感器报道环境新闻""在VR中探索数据可视化"等课程都是对当下数据新闻前沿话题展开的研讨。

美国是全球数据新闻专业化教育最领先的国家。在数据新闻教育发展尚存在地区不平衡的当下，美国的专业化教育模式对其他国家和地区具有很强的示范效应。虽然美国各高校在培养数据新闻专业人才上存在不同的侧重点，但是从综合实力和专业的完整性角度看，哥伦比亚大学新闻学院当属其中的佼佼者。

哥伦比亚大学新闻学院已将数据新闻的相关内容细分后组成一个名为"数据"（Data）的课程包。2017年，该课程包共由11门课程组成，分别是"报道竞选金融新闻""数据Ⅰ""数据Ⅱ""数据专业工作坊""数据可视化""全球化新闻编辑室：如何报道军队和间谍新闻""记者计算学""新闻文学硕士学位必备""证据与推论""报道的策略技能""运用数据进行跨国界调查"。[①] 这些数据新闻课程不仅包含了收集数据、分析数据和呈现数据这三个数据新闻的重点内容，也结合美国新闻实践和发展前沿对数据新闻议题进行了不同角度的拓展。

总体上看，哥伦比亚大学的数据新闻教育已形成了一个从基础到进阶、从理论到工具、从数据新闻核心内容到延展议题，甚至从新闻学到计算科学的面向多种人群的多层次教学体系（见表1）。

---

① 哥伦比亚大学新闻学院官网，https：//journalism. columbia. edu/classes？subject＝46。

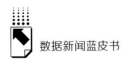

表1　哥伦比亚大学新闻学院数据新闻专业化教育体系

	主修的数据新闻相关课程	备注
新闻文学硕士学位（M. A.）项目	"证据与推论" "新闻文学硕士学位必备"	旨在让学生掌握基本的数据新闻理念和学会如何用统计学来写作
新闻理学硕士学位（M. S.）项目，下设数据专业方向	"报道"：数据基础课 "书面语"：学习用数据写作的方式和技巧 "数据工作坊"：让学生体验整个数据产制过程 "数据硕士学位项目"：要求学生完成一个数据新闻作品	系统培养数据新闻报道能力
新闻与计算科学双硕士学位项目	学习新闻学院的数据课程 学习工程与应用科学学院提供的内容涵盖数据挖掘、数据库系统设计、软件工程进阶、用户交互界面设计、计算机图形学等课程 参与"计算新闻学前沿"研讨班	由新闻学院与工程与应用科学学院合作推出，偏向大数据新闻和计算新闻学领域
莱德项目（the Lede Program）	提供两种学制选择 选择一学期的学生学习基本的数据分析和数据呈现技能，选择两学期的项目则能学习更多进阶技巧	由新闻学院与计算机科学系合作推出，招收已获得学士学位的数据新闻爱好者，项目结束后将授予学生硕士认证（post-bac certification）

　　然而，由于新闻教育发展水平的差异和数据新闻实践进展程度的区别，类似哥大这样有着很强的数据新闻教育实力的机构毕竟是少数，在许多国家和地区，专业化的数据新闻教育尚未出现或只是刚刚起步。究其原因，主要在于数据新闻教育内容中涉及大量的交叉学科内容，这在一定程度上限制了数据新闻专业化教育的推进。

　　在数据新闻教育中，类似统计学、信息与计算科学这样的学科是授课内容的核心，而在主流新闻教育中，这些学科的内容很少成为主角（Hewett，2016）。除了统计学、信息与计算科学，数据新闻教育还涉及艺术学、政治学、社会学、数学、心理学等（见图3）。伴随着数字技术的发展，新的数据新闻形式仍在探索中，未来与之相关的议题还可能涉及更多新的学科领域。

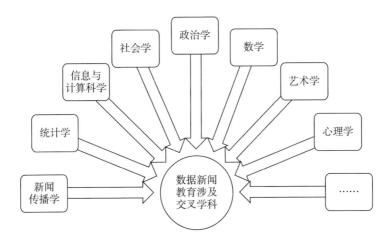

图3　数据新闻教育涉及交叉学科构成

数据新闻学科这种内容特征在客观上限制了数据新闻专业化教育的发展，它对师资力量和学生素养都提出了更高的要求。一方面，如果无法形成跨学科的教学团队，就难以构建整个教学内容体系。另一方面，很多国家和地区新闻教育的传统限制了对"编程"这样偏重前沿技术的课程的开设。一项针对澳大利亚25所高校数据新闻教学情况的调研中，研究人员发现，开设编程相关课程的学校仅有3所，另外未以任何方式教授编程的学校则有13所之多（Davies & Cullen，2016）。

为了解决这种困境，一些高校通过校内的院系合作来实现资源的优势互补，完成共同培养。如前面所述的哥伦比亚大学新闻学院与该校工程与应用科学学院联合推出的"新闻与计算科学双硕士学位"项目，台湾政治大学传播学院与理学院（资料科学系）联合授课的"数位内容硕士"项目都属于此类。①

（三）如何教——"实务"教学导向的多种教育方式并存

数据新闻领域具有很强的前沿性，且参与的教育主体多元，教育内容属

---

① 台湾政治大学传播学院课程介绍，http：//www. jschool. nccu. edu. tw/uploads/asset/data/57a0082a1d41c811e400290d/%E5%82%B3%E6%92%AD%E5%AD%B8%E9%99%A2%E8%AA%B2%E7%A8%8B%E6%89%8B%E5%86%8A10507%E7%89%88. pdf。

于交叉学科，这些因素使这个领域的教学活力被空前的激发和释放，形成了在新闻教育领域中前所未有的多种灵活的教育方式并存的格局。一方面，线上教育与线下教育同步开展，短期教育和长期教育相辅相成，满足了不同教育背景人群的需求；另一方面，目前所有的教育方式几乎都崇尚"从做中学"（learning by doing）的"实践"导向。

1. 教育方式空前丰富与多样

相比其他新闻教育领域，数据新闻教育的方式可谓空前的丰富与多样。从教育时长和教育开展的环境两个维度对已有的数据新闻教育的方式进行分类，可得出表2中列出的诸多类型。

表2　数据新闻教育的多种方式

	短期（持续两月以内）	长期（持续两月以上）
线上（MOOC）	聚会（meetup）① 讲座（lecture） 短期课程（short courses）	课程（course） 学历或认证教育（Diploma/certificate program）
线下	讲座（lecture） 聚会（meetup） 黑客松（hackathon）② 短期课程（short courses） 研讨会（seminar） 工作坊（workshop）③ 新手训练营（boot camp）④ 竞赛（contest） 暑期学校（summer school） 学历或认证教育（Diploma/certificate program）	课程（course） 项目（project）⑤ 学历或认证教育（Diploma/certificate program）⑥ 学位教育（degree program）

注：①指在新闻从业者同行内进行的短期会面，属于经验分享型的同行学习方式。
②也被称为"编程马拉松"或"黑客马拉松"，是一种新兴的以活动展开的教育培训方式。在活动中，程序员及其他软件开发相关人员（如图形设计师、界面设计师、项目经理）一起，以协作方式完成某项软件专案设计工作。
③一种常见于数据新闻教育的教学方式。在提供课程条件尚不成熟的机构，设立短期工作坊开展数据新闻教育可以使数据新闻教育快速起步。短期工作坊的授课对象更开放，接收人群不仅有高校学生，也有媒体从业者和高校教师。教学老师多为业内专家，内容侧重实践，作业需要学员组队完成。

④类似工作坊，是一种以培训零基础数据新闻爱好者为目标的教育方式，一般会在短期内高密度安排大量课程和研讨，在一些国家推广数据新闻教育的起步阶段颇为常见。

⑤项目制教学是指围绕完成某个具体的数据新闻报道任务展开的，由教学者指导参与者通过实践逐步完成任务的一种教学方式。如芬兰坦佩雷大学社会科学学院在新闻、媒体和传播研究中心内设置了"移动传媒背景下的数据新闻"项目（Data Journalism in Mobile Media Landscape - Research and Development Project），对于目前的业界和数据新闻教育面临的挑战给予关注。而英国伯恩茅斯大学则推出跨学科的数据实验室项目（the Bournemouth University Datalabs Project）。该项目通过调动多种学科资源和业界资源来进行数据新闻的实践教学（Feigebaum, 2016）。

⑥一种数据新闻专业教育方式，学员通过这种方式，最后可以获得教学机构或当地教育主管部门的认可，获得完成数据新闻专业教育的学历或证书。

在数据新闻教育领域，传统的线下教育方式正在逐步推进，而新兴的MOOC教育已经快速发展。2014年春季，欧洲新闻学中心推出的在线数据新闻课程，曾获得来自170多个国家的2万多人注册参与（Howard, 2014）。尽管MOOC教育也引发了人们对其教育效果的质疑，但在印度、阿根廷等国，基于网络的远程教育方式的确已经为更多数据新闻爱好者带来福音。如2014年5~6月，印度的塔克西拉学院（Takshashila，音译）推出的数据新闻证书（Certificate in Data Journalism）项目，使许多当地数据新闻爱好者得以通过线上教育学习该领域的专业知识和技能。[①]

由于开展教育的主体构成多元，短期的数据新闻教育融入了更多类似黑客松、工作坊、新手训练营这样相对新颖且灵活的教育方式，这在一定程度上使数据新闻教育能在数据新闻业务尚未得到发展的部分国家和地区被迅速接纳，且反哺了这些国家和地区的数据新闻业务的发展。

2. 偏向"实务"导向教学使理论教育成短板

在新闻教育圈一直有一个存在争议的话题，即新闻教育到底是应该用更多比重提升学生的实践技能，还是更多地采用偏学术理论教育的方式去增加学生的理论认知和批判性思考能力（Hewett, 2016）。在数据新闻教育领域，实务教学导向非常清晰。因为业界对数据新闻人才的需求是推动数据新闻教

---

① 《印度塔克西拉数据新闻证书课程介绍》，http://takshashila.org.in/education/certificate - in - data - journalism。

育发展的动因，这使此领域的教学更重视提升实践技能，而非理论素养，以期能以"短平快"的方式迅速弥补市场的人才需求缺口。

这种导向体现在数据新闻教育的方方面面，如在数据新闻的各种教学项目介绍中，"实操"（hands-on）和"从做中学"（learning by doing）是两个频繁出现的字眼；又如，由于数据新闻教育的内容围绕收集、分析和呈现数据展开，这使教授工具和技术方法占据了课堂的大部分时间；再如，工作坊、黑客松、项目教学这些要求以实践操作方式开展的教育方式在数据新闻教育中占据重要比重。

过于偏重"实务"教学，使数据新闻教育中很少涉及理论层面的话题，但是随着数据新闻的发展，类似"数据新闻操作中存在怎样的伦理边界"等理论话题正在引发人们的关注，而这种过于实务的教学偏向也令一些教育者开始反思教学的技术导向或会让人忽视新闻教育中应该包含的深层的人文关怀。有人就提出"我们应该不仅教授下一代记者们会讲数据新闻故事，而且教授他们责任感"。推进数据新闻教育的核心是让记者们学会平衡这两点，既要会采用新方法面对新受众讲故事，也要保持新闻的真实、准确和透明（Feigebaum et al.，2016）。可见，数据新闻教育的理论教学已成短板，亟待跟进。

四　发展掣肘与未来趋势

数据新闻教育在全球的探索已取得了显著的进展，但目前看来，不同国家和地区的发展水平仍存在明显的差异。美国、英国无疑是数据新闻教育水平最高的国家，且已经形成了较完善的教学体系（尤以美国为甚），而在南美洲、亚洲、非洲的一些国家和地区，数据新闻教育只是刚刚起步。这种地域之间的发展不平衡就使教育资源出现了由美、英等国向其他国家和地区流动的现象，使美、英以"实务"导向为主的数据新闻教育模式向全球输出成为一种数据新闻教育的潮流。要推动数据新闻教育朝着地域发展更加平衡、教育模式更为多元的方向发展，就需要了解制约数据新闻教育的主要因素。

（一）六个因素掣肘数据新闻教育的发展

综合数据新闻在全球的发展现状，本文认为影响和制约数据新闻教育发展的主要因素有六个方面（见图4）。

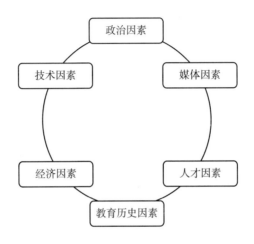

图4 制约数据新闻教育发展的六个因素

1. 政治因素：政府的信息公开程度和开放数据程度

政府的信息公开程度和开放数据程度将影响该国/地区的数据新闻发展水平，从而间接地影响对数据新闻人才的需求。总体上看，政府开放数据程度较高的国家，其数据新闻教育的发展水平也与之形成相应的同步。如美国自2009年就签署了《开放透明政府备忘录》，并推出了数据门户网站（Data. gov），这推动了美国数据新闻业的发展，数据新闻教育也与之相伴而生。反之，如果政府对核心数据集的开放持谨慎态度，倾向更为"保密"的政治文化，则会在一定程度上制约数据新闻教育的发展。

2. 技术因素：互联网技术的成熟度和互联网环境的开放程度

互联网技术的成熟度和互联网环境的开放程度也会对数据新闻教育产生很大的影响。在如今的数据新闻教育方式中，MOOC教育已经非常普遍，各种互联网工具和技术资源非常丰富，甚至不少数据新闻教育者也是通过线上资源自学来提升自身的认识和技能。互联网技术的成熟将为数据新闻教育的

推进带来更多资源，而互联网环境的开放程度越高，则越能促进资源共享和同行学习。互联网技术的推进也为数据新闻生产提供了更多能够简单入门的工具，降低了数据新闻教育的技术门槛。互联网技术的发展还能引领数据新闻朝着新的方向发展，形成人工智能写作等新的话题，为数据新闻教育的内容体系注入更多新鲜的内容。

3. 媒体因素：媒体的报道环境和数据新闻实践水平

媒体的报道环境和数据新闻实践水平影响媒体市场的人才走向，从而影响数据新闻教育的发展。一个国家和地区的数据新闻教育水平往往和这个国家或地区的媒体的数据新闻实践水平相关。从目前全球的数据新闻发展态势来看，数据新闻在很大程度上被视为新环境下的调查性新闻，媒体依靠此类新闻来促进社会民主和政府信息公开。因此，此类新闻的开展就不可避免地受到不同国家或地区的新闻传统和体制的影响。如果媒体面临的是较为宽松的媒介文化环境，数据新闻业务水平发展迅速，则对此类人才的需求增加，且能通过更多学界、业界的沟通和交流来促进这个领域教育的发展；反之，则容易让媒体人对此抱以观望态度，谨慎投入。

4. 经济因素：教育资金的投入程度

教育资金的投入程度是影响数据新闻教育的重要因素。对于数据新闻教育而言，要跨学科开展且保持前沿水平就意味着在某种程度上重新架构新闻教育体系，纳入新的内容，这需要大量资金投入软件和硬件建设。目前，许多领先的数据新闻教育机构背后都有相应的基金会赞助。如 2012 年 5 月，奈特基金会曾给哥伦比亚大学 200 万美元，用于支持该校从事数据科学研究。

5. 教育历史因素：新闻教育的历史传统和现行教育体制

新闻教育的历史传统和现行教育体制对数据新闻教育的影响是潜在且不容忽视的。如美国的数据新闻教育发展迅速，在很大程度上得益于该国新闻教育自 20 世纪七八十年代就引入计算机辅助新闻、精确新闻等课程，并采纳数学、统计学、社会研究方法作为新闻教育内容中的重要组成部分。与美国相比，我国的新闻教育传统偏向"文史哲"，数学、统计学和社会研究方法课程在许多新闻院校里只是零散分布在不同专业的培养计划中，这在一定程度上限制了数据新闻教育的开展。再者，一些高校对人才培养教育机制控制得较为严格，这虽然是出自对教学质量严格把关的要求，但也带来了负面影响，使数据新闻教育领域一些灵活的教育方式难以得到有效的开展，在某种程度上也阻碍了数据新闻教育的发展。

6. 人才因素：教育人才储备程度

教育人才储备程度对数据新闻教育的影响不容小觑。从目前的发展状况看，数据新闻教育的人才储备还很匮乏。除了美国、英国等数据新闻业务发展较为成熟的国家有大量专业人士投入数据新闻教育领域，在其他国家和地区，数据新闻教育人才的集中化程度也较为明显。某些机构或个人的名字频繁地出现在不同国家和地区的教学项目上，这说明这些机构和个人在数据新闻教育领域处于较为领先的地位，但也暴露出这个领域的教育人才储备相对匮乏。一个成熟的数据新闻教育人才需要具备跨学科知识，需要既有理论素养，又掌握方法和工具。然而当下的新闻界技术可谓日新月异，教育者还要对自身的知识储备进行及时更新。这些都意味着培养数据新闻教育人才是一项高投入的工作。同时，专业化的数据新闻教育已不仅仅是某一个教育者能完成的工作，需要组建教育团队做支持，而这又牵涉教育体制和跨学科人才储备的问题。

（二）数据新闻教育发展的未来趋势

从全球范围看，数据新闻教育尚处于起步阶段，其未来可能呈现以下五个趋势。

1. 教育发展不平衡的态势仍将延续，各国教育的本土化程度将增强

短时间内数据新闻教育发展的掣肘因素不会发生根本性的变化，因此全球数据新闻教育发展不平衡的态势也将延续。因为数据新闻业务的发展在不同的国家和地区的确存在较大的差异，所以与之相呼应的数据新闻教育也不可能在短期内成为所有机构新闻教育领域中不可或缺的一部分，只可能是具有实力和定位创新的教育机构对此投入更多资源，而其他机构则可能仍处于

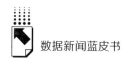

观望状态，保持有限投入。虽然数据新闻教育不会在短期内得到全球新闻教育机构的高度接纳，但各国教育的本土化程度正在提高，美、英数据新闻教育模式仍然会被全球其他国家和地区所模仿，而且更多国家和地区会结合自身的政治、历史、文化环境发展出适应本国/地区的数据新闻教育，以培养适合本土化数据新闻生产的人才。

2. 多个教育主体将长期并存，学界业界、学界之间、业界之间的互动将更为频繁

现代教育不再是高校教育一枝独秀的时代，多种教育主体在数据新闻教育领域将长期并存，共同为完善数据新闻教育的全球版图而贡献自己的力量。当然这并不意味着这个领域没有竞争，一些具有良好口碑的教育机构或个人已经使教育资源呈现集中化的趋势。所以虽然教育主体并存，但教育主体的竞争加剧，必然会使数据新闻教育逐步走向相对的精品化和集中化。同时，多个主体的介入，学界和业界、学界之间、业界之间都将互动得更为频繁，以确保教育资源的优势互补，从而适应教育市场的需求。

3. 教育内容将更加系统化和前沿化，数据新闻专业教育将逐步发展

数据新闻教育内容涉及多个交叉学科，单一课程受限于课程容量和师资，难以做到面面俱到。未来随着数据新闻教育的深入，数据新闻教育的内容将更加系统化和前沿化。首先，课程设置上将尝试覆盖数据新闻相关的多个领域，增强教学的系统性和连贯性；其次，数据新闻教育将被更多新闻教育机构有机地整合入人才培养的整体计划中，有条件的教育机构将设立专门的数据新闻专业，制订更为完整系统的人才培养计划；再次，数据新闻技术发展的前沿话题将越来越多地进入课堂，成为数据新闻教育内容中的重要议题。

4. 教育方式和师资团队的创新性需求或将冲击一些国家和地区的传统新闻教育体制

开展多元化的教育方式和构建跨专业师资团队是数据新闻教育发展的创新性内在需求。这种需求一旦被激活，可能冲击一些国家和地区延续多年的传统新闻教育体制。一方面，教育机构需要为更多不同需求的人群定制数据新闻教育内容，实现各种方式互补的灵活教育模式；另一方面，需打破专业壁垒，实现新闻领域的合作办学。这些需求使数据新闻推进的过程必然充满与传统新闻教育体制的摩擦与冲突。

5. 数据新闻相关的新闻研究机构将逐步兴起，促进此领域的产学研共同发展

数据新闻不仅是一种业界实践，也是新闻传播领域一个新的研究方向。综合性学术机构可以考虑设置相关的研究中心，从机构建设上推动数据新闻的发展。美国斯坦福大学的计算新闻实验室、香港城市大学的互联网挖掘实验室、南京大学的计算传播学实验中心、武汉大学"镝次元"都是与数据新闻相关的研究中心。研究机构可以促进数据新闻日常教学和科研的发展，形成对数据新闻行业的长期关注，并对更多由数据新闻实践引发的社会问题做出深层次的思考和探究，使数据新闻的教育从过于偏重"实务"导向转向兼顾"理论与实践""技术与人文"。

（特别感谢吴蒙雨、陈钟昊、刘建坤、蒋政旭、张浩源、潘海怡、黄圣淳、黄晓琪、陆颖、沈哲凡、夏泽雄、万宁宁、王珮雯、王俏、王亦茗、吴雨蔚、张心怡等同学在报告写作中提供的支持）

参考文献

Berret, C. & Phillips, C., *Teaching Data and Computational Journalism* (New York: Rosemont Press, 2016).

Bremmen, N., Impact AFRICA: $500k African Data Journalism Fund Launches, *Memeburn*, (2016) http://memeburn.com/2016/01/impactafrica-500k-african-data-journalism-fund-launches/.

Davies, K. & Cullen, T., "Data Journalism Classes in Australian Universities: Educators Describe Progress to Date," *Asia Pacific Media Educator* 26 (2016): 132-147.

Feigebaum, A., Thorsen, E., Weissmann, D. & Demirkol, O., "Visualising Data Stories Together: Reflections on Data Journalism Education from the Bournemouth University

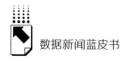

Datalabs Project," *Journalism Education*, 5 (2016): 59 - 74.

Gray, J., Bounegru, L. & Chambers, L., *The Data Journalism Handbook* (California: O'Reilly Media, 2012).

Hewett, J., "Learning to Teach Data Journalism: Innovation, Influence and Constraints," *Journalism: Theory, Practice Criticism* 17 (2016): 129 - 137.

Howard, A. B., "The Art and Science of Data-driven Journalism", *Tow Center for Digital Journalism* (May 30, 2014), http://towcenter.org/the - art - and - science - of - data - driven - journalism/.

Paz, M., "Paving the Way for Data Journalism in a Divided Venezuela," *International Journalists' Network* (Dec. 6, 2013), http://ijnet.org/blog/paving - way - data - journalism - divided - venezuela.

Splendore, S., Di Salvo, P., Eberwein, T., Groenhart, H., Kus, M. & Porlezza, C., "Educational Strategies in Data Journalism: A Comparative Study of Six European Countries," *Journalism: Theory, Practice Criticism*, 17 (2016): 138 - 153.

Treadwell, G., Ross, T., Lee, A. & Lowenstein, J. K., "A Numbers Game: Two Case Studies in Teaching Data Journalism," *Journalism Mass Communication Educator* 71 (2016): 297 - 308.

林照真:《资料新闻学兴起:后印刷时代应用电脑软件说故事的新闻挑战》,《传播研究与实践》(台北)2014年第4卷第2期。

刘昶、甘露主编《欧洲传媒概览:产业·规制·教育》,中国传媒大学出版社,2015。

《中国传媒大学2017年自主招生专业介绍》,微信公众号"中国传媒大学招生办",2017年3月18日。

B.12
中国高校数据新闻教师调查
——基本构成、课程设计与价值认知

卞 清　戴管悦榕*

摘　要：　数据新闻教育正在全球迅速蔓延，同时中国高等教育也正在快速引入。本文通过开展首次全国性调查问卷以摸清当前中国高校中数据新闻师资的构成情况，期望以新闻教育者的视角，来理解当下中国数据新闻是如何被新闻教育体系所吸纳并正当化的。调查发现当前中国数据新闻教育呈现出快速发展的景象，师资数量较大、覆盖全国，教师群体教学与学术研究素质较高，教学受到欧美主流媒体以及主流数据新闻培训体系的影响较大。他们对数据新闻教学的主动性、认同感与动力较高，相对来说，压力与实际存在的教学困难也较多。他们是实际推动数据新闻进入中国高等院校新闻教育课程体系的行动者，这一群体将在未来几年不断扩大。

关键词：　新闻教育　数据新闻　新闻教育者

一　引言

伴随数据新闻在新闻业界的迅速正名、生长与红火，数据新闻教育

---

* 卞清，同济大学艺术与传媒学院副教授、硕士生导师，新媒体与社会发展研究中心研究员；戴管悦榕，同济大学艺术与传媒学院2015级硕士研究生。

也在全球范围内被迅速引入、开展和蔓延。本书中《数据新闻教育的全球实践：特点、掣肘与趋势》一文全面系统地考察了全球数据新闻教育的主体、内容与模式，也提到欧美尤其是美国的数据新闻教育对全球的影响。在中国，有关数据新闻的知识导入、早期教育和培训开拓也受到欧美数据新闻理念的深刻影响。2013 年，中文版的《数据新闻手册》在网上面世①，而后，国内数据新闻教育最初以业界主导学界的模式展开②，2013～2017 年初，各类面向新闻从业人员以及新闻教育者的数据新闻工作坊、网络慕课等不断推出。此外，数据新闻课程以及独立的专业建制也很快在中国高校中引入，比如 2013 年河北大学新闻传播学院开设数据新闻课程，2014 年秋季中国传媒大学率先开设数据新闻报道实验班，2015 年宣布招收第一届数据新闻本科学生、2014 年复旦大学新闻学院开始在新媒体专业硕士项目中引入数据新闻课程等。截至 2016 年，越来越多高校的数据新闻教学活动受到了学界和业界的注意，比如上海大学、南京大学、中山大学、西北师范大学、浙江传媒学院等。③ 不过，除去这些起步较早、相对知名的高校院系，目前中国数据新闻教育的总体覆盖情况和师资队伍情况仍然缺乏较为全面的统计和调研。本文希望以数据新闻教师为主体进行初步的全国性调查，了解当前中国高校中从事一线数据新闻教学的教师构成情况，并以此对当前中国高校数据新闻教育的总体面貌与趋势进行探索。

二　已有文献及研究方法

在中国，从 2013 年起，有关数字新闻教育改革的话题开始与"数据"

---

① 〔英〕乔纳森·格雷、露西·钱伯、莉莲·博纳格鲁等编《数据新闻手册》，蔡立、陈镜玉等译，2013，http://xiaoyongzi.github.io/web/index.html。
② 金梅珍、丁迈：《我国数据新闻教育的困境与对策》，《现代传播》2016 年第 3 期，第 157 页。
③ 陈积银、杨廉：《哥大新闻学院数据新闻教学的解读与借鉴》，《新闻大学》2016 年第 5 期，第 130 页。

"大数据"这几个时髦词语紧密勾连。这和当时"大数据"这一新兴概念的火热有关，也暗含着新闻业与新闻院系在内外危机想象下的一种直接回应。比较有代表性的是香港城市大学祝建华教授在《新闻大学》上发表的《大数据时代的新闻与传播学教育：专业设置、学生技能、师资来源》一文。他谈道："大家似乎已经形成了一个共识：新闻传播学教育所依附的新闻传播事业，即便不是四面楚歌，也已经是危机四伏。"① 而在他的观察之中，以"数据化"作为突破点来应对危机是当时美国新闻业界和学界的共同选择，从业界来看，"全球传统媒体正在发生根本性的转型，即从'数字化'进一步走向'数据化'，并涌现出'数据新闻'这一新型职位"②；从新闻教育来看，"反应灵敏的部分美国大学传播院系，及时作出相应的转型。对策之一，是数据化"③。具体来说，这种新闻教育的数据化体现在专业设置、学生技能、师资来源所做的一系列调整和变动：一些新的课程如"数据驱动新闻""新闻可视化"等已经在美国高校开设；哥伦比亚大学 Tower Center 提出了后工业化时代记者 9 项技能；全美大学教师招聘中新闻传播学教师招聘最多的类别开始转向 digital media（新媒体、互联网、社会媒体研究等）（24%）。④ 祝建华老师也指出，中国国情不同，不能完全照搬，只是"检视美国传媒业及教育业的发达程度与创新传统，我们对其经验也是不能忽视的"⑤。

很快，从 2014 年起，呼吁将中国新闻教育进行"数据化"改造以及向欧美特别是美国主流新闻院系借鉴学习的声音成了主流。有研究者如史安斌

① 祝建华：《大数据时代的新闻与传播学教育：专业设置、学生技能、师资来源》，《新闻大学》2013 年第 4 期，第 129 页。
② 祝建华：《大数据时代的新闻与传播学教育：专业设置、学生技能、师资来源》，《新闻大学》2013 年第 4 期，第 129 页。
③ 祝建华：《大数据时代的新闻与传播学教育：专业设置、学生技能、师资来源》，《新闻大学》2013 年第 4 期，第 129 页。
④ 祝建华：《大数据时代的新闻与传播学教育：专业设置、学生技能、师资来源》，《新闻大学》2013 年第 4 期，第 129、130 页。
⑤ 祝建华：《大数据时代的新闻与传播学教育：专业设置、学生技能、师资来源》，《新闻大学》2013 年第 4 期，第 130 页。

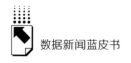

甚至明确指出要建立一门新的学问"数据新闻学"。① 另一些研究则致力于对国外著名高校数据新闻人才培养、课程建设、教学模式等进行案例分析和引介，而这些引介范例主要取自美国的几家主流新闻院系。比如许向东对密苏里新闻学院数据新闻教学的考察研究②，陈积银、杨廉对哥伦比亚大学新闻学院数据新闻教学的分析研究等③，仅有极少数文献提及美国以外国家和地区数据新闻教育开展的情况，比如英国④、日本⑤等。最后一类讨论数据新闻教育的研究则主要关注中国的落地问题，比如以中西方比较的视角来思考中国数据新闻教育的现状，如许向东对中美数据新闻人才培养模式的比较⑥，以及一些更为具体的操作性问题，比如课堂上如何展开教学、地方院系如何进行数据新闻教学等。

这些研究者、教育者是中国数据新闻教育与研究的早期先行者，他们的工作为我们思考、理解中国的数据新闻教育问题提供了丰富的材料，具有非常重要的现实价值。不过，从总体上看，相对于越来越受到学界关注的数据新闻研究而言，有关数据新闻教育的学术产品仍然在数量和质量上相对落后。此外，我们看到两点可能可以进一步思考的问题。第一，在有关美国主流新闻院系数据化改革的引介中，很少有研究者去追问这种新兴的课程是如何进入原有新闻教育课程体系中的，数据新闻教育在高校院系中的建制化过程大多被想象为一种必然的趋势。事实上，新闻教育的变动与创新从来不是件容易的事情。美国主流院校的数据化教学改革是在新闻

---

① 史安斌、廖鲽尔：《"数据新闻学"的发展路径与前景》，《新闻与写作》2014 年第 2 期，第 17 页。

② 许向东：《对密苏里新闻学院数据新闻教学的考察》，《新闻爱好者》2014 年第 11 期，第 65 页。

③ 陈积银、杨廉：《哥大新闻学院数据新闻教学的解读与借鉴》，《新闻大学》2016 年第 5 期，第 126 页。

④ 陆佳怡、董颖慧：《探索与创新：美英知名新闻学院的数据新闻教育》，《新闻战线》2017 年第 1 期，第 144 页。

⑤ 方翟、陈卓：《大数据背景下日本新闻教育的三个转向》，《青年记者》2015 年第 33 期，第 106 页。

⑥ 许向东：《对中美数据新闻人才培养模式的比较与思考》，《国际新闻界》2016 年第 10 期，第 100 页。

界与新闻院系内外部危机的压力之下被推出的产物，同时，在这种应对压力开辟变动的过程中，院长、任课教师这些教育者的行动是非常重要的力量，甚至很可能是决定性的影响因素。比如邓建国在考察哥伦比亚大学新闻学院改革的时候就指出，拥有 38 年新闻从业经验的学术院长 Bill Grueskin 在这之中做出了最大贡献，是"他推动了哥大新闻学院这座沉重缓慢的马车，对新闻近百年来无甚变化的课程进行了重要的改革"①，"是他推出了当时根本不存在的数字新闻课程，如《平板电脑新闻写作》和《格式、协议和算法：新闻计算学入门》等"②。而借助哥伦比亚大学新闻学院的威名，这一关键人物的决策不仅影响了哥大，还进一步影响了全美甚至全世界的数据新闻教育，成了重要的参照系与标准范例。此外，从一些经验研究也可以看到，除去院系领导的力量，一线教师作为重要的行动者对于这类课程进入教学体系也起到了至关重要的作用。有研究者从教育者变化的角度指出，数据新闻对全球新闻教育产生了两个重要影响：一是出现了一批专门的研究者，他们研究新闻业、数据、计算机科学相交叉的问题③；二是这些教师开始主动开设数据新闻课程，或是将相关内容引入原有的课程中④。事实上，一个研究领域的生成往往是因为有一批学者开始专注于讨论和研究这一领域的问题，而新的课程的引入与迅速蔓延也往往与教育者个人的兴趣与推动有直接关系。一些研究表明，在数据新闻实践和培训相对缺乏的国家与地区，比如意大利与波兰，数据新闻课程在高校的引入主要是因为教师个人的兴趣。⑤ 第二，数据新闻课程与教育目前仍

---

① 邓建国：《传统与变革：数字时代老牌新闻学院的变与不变——以哥大新闻学院的课程改革为例》，《新闻大学》2014 年第 6 期，第 111 页。

② 邓建国：《传统与变革：数字时代老牌新闻学院的变与不变——以哥大新闻学院的课程改革为例》，《新闻大学》2014 年第 6 期，第 111 页。

③ Fink K. and Anderson C. W., "Data Journalism in the United States. Beyond the 'Usual Suspects'," *Journalism Studies* 4 (2014): 467 – 481.

④ Hewett J., "Learning to Teach Data Journalism: Innovation, Influence and Constraints," *Journalism* 1 (2016): 119 – 137.

⑤ Splendore Sergio, et al., "Educational Strategies in Data Journalism: A Comparative Study of Six European Countries," *Journalism: Theory, Practice & Criticism* 1 (2016): 138 – 152.

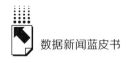

然处于体系不明确的状况，在这种情况下教师个人作为关键的行动者主体对课程的实际展开发挥了重要的影响。比如已有不少研究提出，教师本身的学缘背景、培训经历不同影响了课程的侧重点。"任课教师的学科背景和从业经历直接影响了数据新闻课程的内容结构"①，这一点在欧洲也同样如此②。此外，一些研究也谈到了中国与美国在师资来源上的不同。中国的数据新闻教育者主体为高校院系中的全职在岗在编人员③，而并非像美国那样主要由实践性教师、一线记者和业界精英来承担教学④，因此，大多数高校教师最初接触数据新闻的渠道主要是接受培训机构的培训成被教育者，然后再进行改造、调整、本土化成为相关课程的组织者与实施者⑤。这种路径使得高校数据新闻教师对数据新闻业界有着天然的亲近与认同，但也有可能使得大多数的数据新闻课程内容趋向同质化等。这些情况尽管已在很多研究中零星提及，但目前中国还没有专门就数字新闻教育者展开广泛调研和讨论。

本文认为，以新闻教育者为中心来了解全国数据新闻教育的总体状况，并以实际从事课堂教学的教师为中介来理解新的技术逻辑与传统新闻教育的互动关系或者说是数据新闻教育的中国模式，可能是一种相对有效的路径。以一线数据新闻教学的教育者为中心，是理解当下中国数据新闻是如何被高等教育体系所吸纳、正当化的一个视角。这些教师因为开始从事数据新闻教育而成为新兴的专业教育者，他们伴随数据新闻的兴起、发展而不断涌现，是实际推动数据新闻进入中国高等院校新闻

① 许向东：《对中美数据新闻人才培养模式的比较与思考》，《国际新闻界》2016年第10期，第103页。
② Splendore Sergio, et al. , "Educational Strategies in Data Journalism: A Comparative Study of Six European Countries," *Journalism: Theory, Practice & Criticism* 1 (2016): 138 - 152.
③ 许向东：《对中美数据新闻人才培养模式的比较与思考》，《国际新闻界》2016年第10期，第109页。
④ 陈积银、杨廉：《哥大新闻学院数据新闻教学的解读与借鉴》，《新闻大学》2016年第5期，第129页。
⑤ 许向东：《对中美数据新闻人才培养模式的比较与思考》，《国际新闻界》2016年第10期，第109页。

教育课程体系的行动者，与目前正在发生的这场以技术逻辑为主要目标的中国新闻教育改革之间有着紧密的联系。他们是谁？他们如何展开教学？他们如何理解这种新兴课程？他们在实际教学中所面临的问题与困难又有哪些呢？我们希望通过开展全国性的调查，大致摸清当前中国数据新闻教育的一般开展情况、教学人员构成以及他们在教学中所面对的问题和困难。同时，至今还未看到有研究者针对这批新兴教育者群体进行专门的主体意识研究。本文的数据主要源于我们在 2016 年 12 月进行的一场全国数据新闻教师问卷调查，同时，我们以各种形式对部分问卷受访者进行了访谈。寻找调查者样本主要是对全国主要新闻传播类院系进行一一询问、专业教师之间的滚雪球引介，以及业界数据新闻圈内的搜索与推荐。最终，我们收取了来自中国 29 所高校正在从事数据新闻相关教学工作的教师问卷。根据现有文献、教师群体访谈，以及目前掌握的情况，我们可以认定此次调查基本涵盖了目前国内已经从事数据新闻教学与研究的教师群体。

三　研究发现

（一）中国数据新闻教师的基本构成

我们通过问卷看到，截至 2016 年底，中国开设数据新闻相关课程以及从事数据新闻一线教学工作的教师数量远远超过了既有文献中所介绍的情况。从所属单位来看，这 29 所高校中既有复旦大学、中国人民大学、武汉大学等"985"重点院校，也有地方院校、西部院校，等等。它们有的属于传统新闻教育名校，有的属于新兴的新闻传播院系，还有的归属于设计、计算机类院系甚至是人文学科。其地域覆盖全国各个地区。通过问卷数据我们可以看到，国内数据新闻课程的引入目前呈现出一种迅速蔓延的状况。从受访者的基本构成情况来看，总体上其年龄结构非常年轻，男女比例基本适中，很多老师具有比较丰富的新闻教学经验，不过由于数据新闻大多属于新开课程，所以新进教师也成为主要的数据新闻教育者。此外，这是一批拥有高学历背景的教师，他们中的很多人也选择了与数据新闻紧密相关的科学研究方向。因此他们不仅是此类新兴课程的教学开拓者，也是这一新兴研究领域的学术生产者。最后，一部分教师具有传媒界的从业实践经验，但是大多数教师并没有直接的数据新闻从业经验，他们从事数据新闻教学工作的时间也非常短暂。

1. 性别、年龄与所属单位

如表1所示，问卷中的受访者男女比例相对平均，男性教师15人（51.72%），女性教师14人（48.28%）。同时，其年龄构成非常年轻，其中有一半以上的教师出生于20世纪80年代以后（51.72%），仅有一位教师出生于1970年以前（3.45%）。

表1　数据新闻教师性别与出生年代情况

出生年代	小计(人)	比例(%)	男性(人)	女性(人)
1960 年之前	0	0	0	0
1960～1969 年	1	3.45	0	1
1970～1979 年	13	44.83	7	6
1980～1989 年	15	51.72	8	7
1990 年以后	0	0	0	0
总　计	29	100	15	14

如表2所示，受访的29位教师均是在本单位已经开始从事数据新闻教学的老师，他们来自全国各个区域，总体上看并无明显的地域偏向，覆盖一线城市（北京、上海、广州、深圳）（37.93%）、西南地区（20.69%）、华北地区（13.79%）、华东地区（10.34%）、华中地区（10.34%）、西北地区（3.45%），以及东北地区（3.45%）。可见，尽管数据新闻的专业教学相对前沿、对教学的软硬件和师资要求较高，但数据新闻课程已经在全国范围内得以引入并受到了普遍重视。

表2　受访者所属地理区域情况

地理区域	小计(人)	比例(%)
北京、上海、广州、深圳	11	37.93
华北地区(天津、河北、山西、内蒙古)	4	13.79
华东地区(江苏、浙江、安徽、福建、江西、山东)	3	10.34
华中地区(湖北、湖南、河南)	3	10.34
华南地区(广东[除广州、深圳]、广西、海南)	0	0
西南地区(四川、贵州、云南、重庆、西藏)	6	20.69
西北地区(陕西、甘肃、青海、宁夏、新疆)	1	3.45
东北地区(黑龙江、吉林、辽宁)	1	3.45
总　计	29	100

从他们所就职的院系单位来看，如表3所示，其学科建制绝大多数为新闻传播院系（86.21%），其余来自设计与艺术院系（1人）、计算机及软件工程院系（1人）、其他人文社科类院系（2人）。从院系单位自身的特点来看，其学科排名、办学规模和特色也有较大的差异。除了中国人民大学、复旦大学、武汉大学、中国传媒大学、南京大学、同济大学、上海财经大学、上海外国语大学、北京师范大学、华东师范大学等"985""211"重点院系之外，我们通过问卷看到，一些西部（西南地区与西北地区）院校如西北师范大学、重庆大学、四川外国语大学、西藏大学、内蒙古大学也已陆续开设了数据新闻相关课程。此外，一些理工科类大学如华北科技学院、湖南工业大学也已开设了数据新闻课程。

表3　被访教师所属院系情况

就职院系	小计(人)	比例(%)
新闻传播院系	25	86.21
设计与艺术院系	1	3.45
计算机及软件工程院系	1	3.45
其他人文社科类院系	2	6.90
总　计	29	100

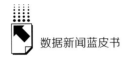

2. **学历与教育背景**

受访教师的学历层次较高。所有教师都拥有硕士及以上学位，其中有75.86%的受访教师拥有博士学位（见图1），有24.14%的受访者曾经在海外留学并取得学位（见图2）。可以说，他们也具有较高的科学研究水平和能力。

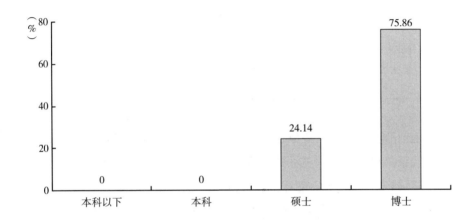

图1　受访教师的最高学历情况

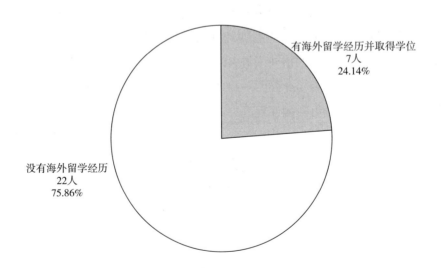

图2　受访教师海外留学经历情况

从教育背景上来看，如图3以及表4综合所示，绝大多数（93.1%）教师都曾获得过新闻传播学相关专业的学位，其中有近一半的教师（14位）曾经获得过两个以上不同学科的学位，即拥有多学科的教育背景。在这之中，"新闻传播学相关+理工类学科（包括计算机学科和其他理工科）"是最主要的学科构成（42.86%）。

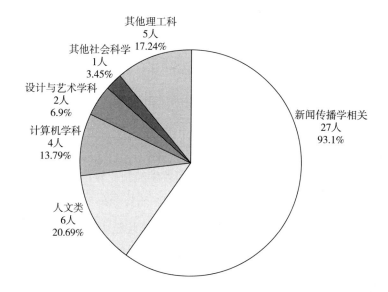

图3　受访教师所受学历教育的学科情况

表4　拥有交叉学位的受访教师的教育背景情况

学科背景	小计(人)	比例(%)
新闻传播学相关+设计与艺术学科	1	7.14
新闻传播学相关+其他社会科学(包含人文类)	5	35.71
新闻传播学相关+理工类学科(包含计算机学科和其他理工科)	6	42.86
新闻传播学相关+其他社会科学(包含人文类)+理工科(包含计算机学科和其他理工科)	1	7.14
设计与艺术学科+其他社会科学(包含人文类)+理工科(包含计算机学科和其他理工科)	1	7.14
总　　计	14	100

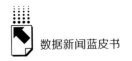

3. 教学与业界实践经历

目前数据新闻教师们实践经验相对丰富，如表5所示，有超过一半的人（55.17%）曾经有传媒界的一线从业经验。不过，由于数据新闻刚刚兴起，因此教师以往的实践经历大多和数据新闻无关，仅有两位（6.9%）老师有过数据新闻相关行业从业经验。

表5　受访教师一线传媒行业从业经历情况

从事一线传媒行业的相关经历情况	小计（人）	比例（%）
没有相关从业经历	11	37.93
有与数据新闻相关行业从业经验	2	6.90
有传媒从业经验，但与数据新闻无关	16	55.17
总　　计	29	100

如图4所示，总体上看受访者的新闻教学经验比较丰富，有超过一半的老师（58.62%）具有从事高等教育5年以上的教学经验。不过，教龄不满3年的新进教师（27.59%）也是目前国内高等院校中数据新闻师资的重要来源，这和新进教师往往需要承担新开课程的教学任务有关。从科学研究工作来看，如图5所示，大多数受访者表示其科学研究工作与数据新闻"有一定关联"（62.07%），或者说是"紧密相关"（24.14%），只有4位（13.79%）教师表明自己的研究与数据新闻"完全无关"。

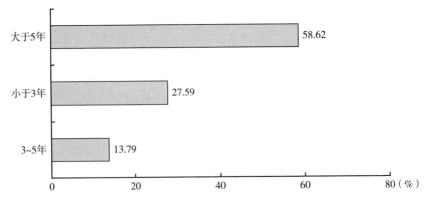

图4　受访教师从事高等教育教学工作的时间长度情况

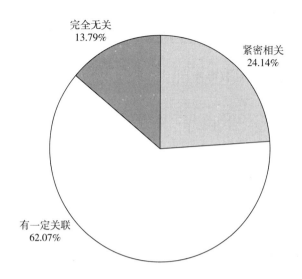

图5 受访教师的科学研究工作与数据新闻相关程度情况

此外，由于数据新闻课程已逐步进入中国高校新闻教育课程体系，大多数受访教师从事数据新闻教学的时间不长（见图6）。超过一半的被访者（51.72%）刚刚开始从事数据新闻教学（时间长度为1年及以下），仅有两位（6.9%）教师所在单位开设数据新闻课程较早，拥有3年及以上的数据新闻教学经验。总之，他们是中国第一批从事数据新闻教学工作的专业教育者，这一队伍正在全国范围内不断扩大。

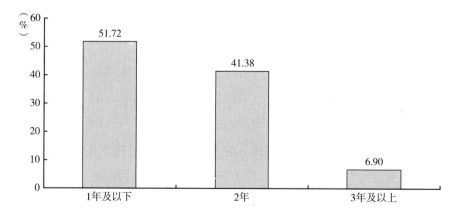

图6 受访教师从事数据新闻教学的时间长度情况

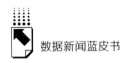

（二）数据新闻教学活动的展开

1. 主动成为数据新闻教育者

他们是如何成为数据新闻教育者的？从问卷的反馈来看，如表6所示，基于"个人兴趣、主动要求"而开始参与数据新闻教学的教师比例很高（75.00%和88.24%）。事实上，在很多院系考虑是否要引入数据新闻课程的问题上，教师们个人的推动与先行往往是一股非常强大的力量。他们个人对于数据新闻的认知、兴趣、认同与推动，对数据新闻课程在其教学单位的迅速引入往往起决定性作用。当然我们也看到，很多新进教师（62.50%）是基于"领导任务分配或院系课程改革安排"而开始成为数据新闻教育者。这实际上也表明，当前数据新闻已经成了很多院系课程改革与更新中希望开辟的热门课程之一。

表6　教龄与从事数据新闻教学的动因情况

教龄	个人兴趣、主动要求（%）	领导任务分配或院系课程改革安排（%）	其他（%）	小计（人）
新进教师，教龄<3年	25.00	62.50	12.50	8
3~5年	75.00	25.00	0.00	4
5年以上	88.24	11.76	0.00	17

2. 课程开设情况

目前，数据新闻教学呈现出一种应用型课程的特点。如图7所示，此类课程主要面对全日制本科生（75.86%）和专业性硕士（44.83%）开设，仅有一家院系在博士教育层面开设了数据新闻课程。

如图8所示，仅将数据新闻融入现有课程特别是新闻业务类课程仍然是目前一种重要的教学展开形式（31.03%）。这种做法大多出于教师的主动与自觉行为，并不是院系或是课程大纲的要求。我们通过访谈了解到，教师大多会在传统的新闻实务类课程中融入这些内容，比如融合媒体报道、网络

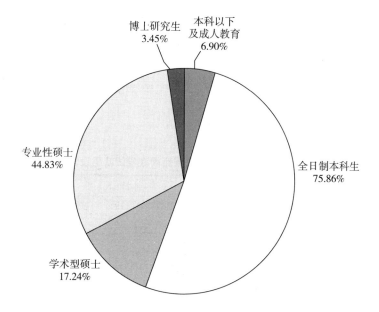

图7　受访教师所在院系数据新闻课程针对的学生层次

新闻业务、新闻采访与写作等课程。不过，目前数据新闻作为一门独立课程进入中国高校课程体系的态势相对乐观，从问卷的情况来看，已有48.28%的受访者在其院系开设了独立的数据新闻课程。

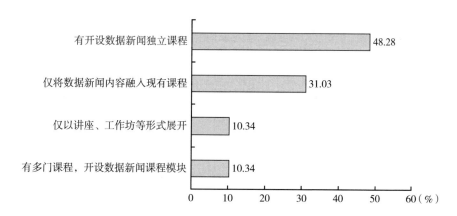

图8　受访教师所在院系将数据新闻引入课程体系的方式调查

不过，和西方特别是美国主流新闻院系相比，目前的中国高校中数据新闻师资队伍建设和教学团队设置仍然处于比较初级的状态，如表7所示，"仅有我一名教师开展此类课程"是当前数据新闻教学工作主要的方式（65.52%），有34.48%的院系开始尝试"有多名教师参与，共同教学"。

表7　受访教师所在院系数据新闻教学团队建设情况

选项	小计(人)	比例(%)
仅有我一名教师开展此类课程	19	65.52
有多名教师参与,共同教学	10	34.48
总　计	29	100

此外，数据新闻课程能够如此迅速地纳入高校培养计划中的一个原因可能在于，通过近年来传统新闻教育数字化的改革运动，多数院系的培养计划中已经设置了不少前修课程，如表8所示，这里面较为常见的前修课程有"网页设计、多媒体技术等"（51.72%）、"研究方法相关"（44.83%）、"编程课程"（31.03%），这为数据新闻课程的开展提供了一定的技术基础类的支撑。不过，也有4名教师所在院系没有开设相应的前修课程。

表8　受访教师所在院系数据新闻相关前修课程开展情况

前修课程开展情况	小计(人)	比例(%)
以下课程都没有	4	13.79
有编程课程	9	31.03
有设计与可视化前修课程	6	20.69
有研究方法相关前修课程	13	44.83
有网页设计、多媒体技术等前修课程	15	51.72
有其他前修课程	3	10.34
总　计	29	100

3. 课程设计与教学的总体思路

已有研究者指出，与数据新闻行业实践相呼应，这个领域的教学也同样需要并正在经历着本土化创新的过程。"这一方面是由于数据新闻教学培训以美国为主要阵地，尤其是 IRE 旗下美国计算机辅助报道协会（下文简称 NICAR）对全球数据新闻记者的理论和实践培训；另一方面，中国数据新闻生产环境存在内部制约，与北美数据新闻教学所依托的数据环境等存在差异，在教学中需要根据实际情况予以调整。"① 因此，教师从何处获取教学资源，接受怎样的教育培训，如何理解、选择和调整数据新闻课程中的重点和难点进而完成本土化创新，是研究数据新闻教育在中国落地的重要问题。

从数据新闻教学资源的获取来看，目前中国数据新闻教育者们获取数据新闻动态和教学资源的渠道较多，各类资源的公开度较高。如表9所示，教师平时主要通过"媒体的数据新闻作品"（82.76%）、"数据新闻专业网站、网络慕课学习"（72.41%）、"参加公开的数据新闻训练营"（72.41%）、"和学界同行的交往"（68.97%）、"查看订阅来自专业院系的网站、公众号等资源"（68.97%）、"学界的专业会议、学术论文等"（62.07%）等多个渠道来获取数据新闻的动态与教学资源。只有极少数的老师认为"找不到足够的资源"（13.79%）或是"感觉备课困难"（17.24%）。但是，相对来说通过"参与业界一线实践"（24.14%）来获得相关信息的机会较少。此外，由于目前已经出版的数据新闻教材数量较少，而数据新闻的知识更新很快，所以这也使得"利用现有教材"（34.48%）并不是最主要的备课资源。这种状况比较符合数据新闻教育在全球的普遍情况。在数据新闻这一领域中，知识的传递往往由业界主导，即那些来自主流媒体的作品、技术和理念、业界的实践性培训等往往成了具有权威性的规范性知识，它影响了专业教育者的专业技能与认知框架建构，也直接影响了专业新闻教育。

---

① 吴小坤、童峥：《数据新闻教学的本土化实践与探索》，《教育传媒研究》2016 年第 5 期，第 28 页。

表9　受访教师了解数据新闻动态与教学资源的渠道

了解渠道	小计(人)	比例(%)
学界的专业会议、学术论文等	18	62.07
利用现有教材	10	34.48
查看订阅来自专业院系的网站、公众号等资源	20	68.97
和学界同行的交往:如线下讨论、集体备课、社交媒体等	20	68.97
参与业界一线实践	7	24.14
参加公开的数据新闻训练营	21	72.41
数据新闻专业网站、网络慕课学习	21	72.41
媒体的数据新闻作品	24	82.76
与业界人员的交往:社交网络与线上线下讨论等	13	44.83
找不到足够的资源	4	13.79
目前暂未开展系统备课	3	10.34
感觉备课困难	5	17.24
总　　计	29	100

　　与此有关的是，在全球目前数据新闻教学总体都呈现出了趋同化与受业界主导的特征，本书《数据新闻教育的全球实践：特点、掣肘与趋势》一文也有阐述。我们在此次调查中也看到了类似的情况。

　　首先，教师在课堂中所使用的媒体案例和课程练习材料等呈现出受几大主流媒体影响的趋同化样态。如图9所示，相对来说，在国外媒体中，来自"《卫报》"（82.76%）、"《纽约时报》"（62.07%）的作品是教师们不约而同最重点介绍的外国数据新闻作品，这与欧洲数据新闻课堂中的情况完全一致；"财新"（79.31%）、"澎湃新闻"（72.41%）是在课堂中主要被介绍的国内数据新闻媒体。这意味着，来自这些媒体的作品成了中国数据新闻教育者相对认同的作品，并已抢先在中国的数据新闻课堂教学中成为经典的文本和范例。同时，如表10所示，在课堂上所使用的练习文件中，中文的数据文件和英文的数据文件是最主要的文件语言，仅有两位教师曾在他们的课堂中引入其他语言的练习文件。"来自国内政府与权威机构发布的中文数据文件"是最常见的课堂练习文件（75.86%），此外，大多数老师还会"直接使用数据新闻公开课、训练营、慕课等提供的练习文件"（65.52%），以及

"国外政府与权威机构提供的公开英文数据"（65.52%）。有少数教师曾经"自己编写数据作为练习文件"（20.69%）。可见，英文数据来源在当前中国的数据新闻教育中也成为主流，教育者的教学也深深受到欧美主流数据新闻培训体系的影响，这和当前全球数据新闻教育的总体状况基本一致。

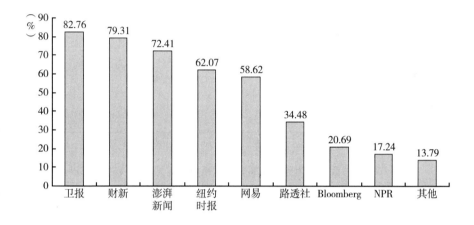

图9　课堂中重点介绍的媒体案例情况

表10　受访教师课堂上使用的练习文件来源途径情况

来源途径	小计（人）	比例（%）
直接使用数据新闻公开课、训练营、慕课等提供的练习文件	19	65.52
国外政府与权威机构提供的公开英文数据	19	65.52
来自国内政府与权威机构发布的中文数据文件	22	75.86
其他语言的数据练习文件	2	6.90
自己编写数据作为练习文件	6	20.69
其他同行、业界朋友提供的数据文件	9	31.03
总　　计	29	100

其次，课程的侧重点也体现出和欧洲数据新闻教育趋同的状况。我们让受访教师选择了他们认为在数据新闻教学体系中最重要的一项教学内容，如图10所示，其中排名前三位的内容分别是"可视化"（27.59%）、"数据阐释"（17.24%）、"获取数据"（13.79%），其中没有一位老师选择"至少一门编程语言"（0%）。可见，数据收集、分析、阐释环节的重要性也在中

国的数据新闻教师中普遍得到认同，同时可视化成为教育者心中数据新闻最重要的环节，而学生是否掌握编程语言则不大重要。

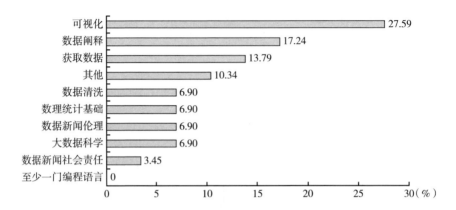

图10　受访教师认为数据新闻教学体系中最重要的一项内容情况

相应的，问卷也询问了他们在教学中不太涉及的内容，如图11所示，我们发现超过2/3的教师在课程体系的设计中不大涉及"至少一门编程语言"（65.52%），其次是"数理统计基础"（55.17%）和"大数据科学"（55.17%）。除此之外，超过1/3的教师们在课程设计中也不大涉及"数据新闻社会责任"（31.03%）。

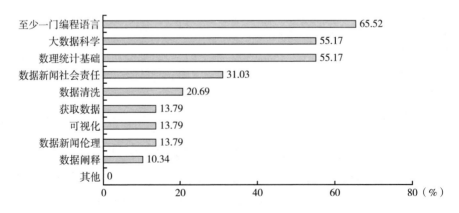

图11　受访教师在教学中不大涉及的数据新闻教学内容情况

（三）教育者的主观认知、教学现状与难点

此次调查还考察了数据新闻教育者对数据新闻的基本态度、教学动力与成就感、教学能力的主观认知，以及教学中所感受到的问题与困难等。由于目前教师样本数量有限，此部分问卷以五级量表的样式设计，但其目的并非构建学术性测量量表，而只是一般性地了解数据新闻教育者的基本状况，做描述性统计之用。问卷题项均由被访者从 1~5 分进行主观打分，1 分为非常不同意，5 分为非常同意。主要结果如下所示。

1. 对于数据新闻的认知与态度

调查结果表明，在目前从事数据新闻教学的教师群体中，绝大多数教学人员非常认同于数据新闻在当下新闻业以及新闻教育中的重要性，也认同数据新闻这一新闻样态。如表 11 所示，绝大多数人认为"数据新闻很吸引我，我平时很喜欢看"（平均分 4.14 分），以及"当前很有必要开设和重视数据新闻教学"（平均分 4.41 分），他们认为"学生迫切需要学习相关内容以适应新闻业发展和寻找职业机会"（平均分 4.34 分），所以他们并不同意"数据新闻引入教学体系为时过早"（平均分 1.62 分）。对于数据新闻与新闻业关系的态度上，他们大多认同"数据新闻是新闻业发展的必然趋势"（平均分 4.21 分），以及"数据新闻的专业性很强，有利于建构专业权威性"（平均分 4.17 分）。

表 11　受访教师对数据新闻在新闻业和新闻教育中的发展看法

看法	平均分（分）
数据新闻是新闻业发展的必然趋势	4.21
数据新闻很吸引我,我平时很喜欢看	4.14
数据新闻的专业性很强,有利于建构专业权威性	4.17
数据新闻只是当下新新闻形态中的一种,没有必要在新闻教育中特别强调	2.10
作为受众,我平时不太关注和喜欢数据新闻作品	2.00
当前很有必要开设和重视数据新闻教学	4.41
学生迫切需要学习相关内容以适应新闻业发展和寻找职业机会	4.34
数据新闻引入教学体系为时过早	1.62

注：1→5 表示非常不同意→同意。

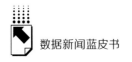

2. 教学动力与成就感

从教师的工作动力与成就感的主观感知层面来看，目前从事数据新闻教学的老师们投入数据新闻教学的主动性、动力与成就感都比较高。但相对来说，数据新闻教学的压力感知也较大。这些教师从事数据新闻教育的动力源于对数据新闻重要性的认同，源于对数据新闻前景的看好，也源于认为此类教学研究工作对个人来说是有利的职业机会的认识。如表12所示，他们大多"觉得从事数据新闻教学是一种新的职业机会和优势"（平均分4.24分）、"自己非常愿意学习和教授数据新闻的新技术和理念"（平均分4.48分）、"有热情并喜欢从事数据新闻的教学工作"（平均分4.28分），并"愿意长期从事数据新闻教学"（平均分4.07分）。不过，他们也普遍地感觉到"从事数据新闻教学压力很大"（平均分3.79分）。这种压力感知和大多数教师是作为新加入到数据新闻教学的工作中有关，通过交叉分析我们可以看到，相对来说，已经从事数据新闻教学3年及以上的教师压力感知最低（平均分2.5分）。同时，如果教师的研究方向与数据新闻完全无关，那他们的压力感知相对较大（平均分4.5分）（见表13）。此外，相对"由领导任务分配或服从教学安排"被动地参与数据新闻教学的教师压力感知较大（平均分4.13分）（见表14）。

表12 教学动力与数据新闻教学经验交叉分析

单位：分

选项	从事数据新闻教学1年及以下	从事数据新闻教学2年	从事数据新闻教学3年及以上
我觉得自己有热情并喜欢从事数据新闻的教学工作	4.13	4.32	4.5
我觉得从事数据新闻教学是一种新的职业机会和优势	3.93	4.4	4.5
自己非常愿意学习和教授数据新闻的新技术和理念	4.27	4.6	4.5
了解一些数据新闻基本情况完成教学就可以，并不愿意投入更多时间	2.27	2.04	1.5
我觉得从事数据新闻教学压力很大	3.8	3.88	2.5
我愿意长期从事数据新闻教学	3.87	4.12	4

注：1→5表示非常不同意→同意。

表 13   教学动力与研究方向相关度交叉分析

单位：分

选项	紧密相关	有一定关联	完全无关
我觉得自己有热情并喜欢从事数据新闻的教学工作	4.57	4.22	4
我觉得从事数据新闻教学是一种新的职业机会和优势	4.71	4.28	3.25
自己非常愿意学习和教授数据新闻的新技术和理念	4.71	4.44	4.25
了解一些数据新闻基本情况完成教学就可以，并不愿意投入更多时间	2.43	2.11	2.5
我觉得从事数据新闻教学压力很大	3.29	3.83	4.5
我愿意长期从事数据新闻教学	4.43	4.06	3.5

注：1→5 表示非常不同意→同意。

表 14   教学动力与从事数据新闻教学原因交叉分析

单位：分

选项	个人兴趣，主动要求	领导任务分配或院系课程改革安排	其他
我觉得自己有热情并喜欢从事数据新闻的教学工作	4.3	4.25	4
我觉得从事数据新闻教学是一种新的职业机会和优势	4.25	4.38	3
自己非常愿意学习和教授数据新闻的新技术和理念	4.5	4.5	4
了解一些数据新闻基本情况完成教学就可以，并不愿意投入更多时间	2.35	2.13	1
我觉得从事数据新闻教学压力很大	3.75	4.13	2
我愿意长期从事数据新闻教学	4.1	4	4

注：1→5 表示非常不同意→同意。

3. 教学能力的自我评定

大多数老师在评定自我教学能力时，是相对认可自己的数据新闻教学能力的，但是由于数据新闻技术发展较快以及此类课程会涉及较多跨学科内容，所以绝大多数的老师认为自身目前基本能够完成教学任务，但还未能达到较高的业务水平。如表15所示，绝大多数的老师认同在数据新闻的教学中"往往需要一边教学一边自学"（平均分4.28分），绝大多数是因为数据新闻相关的业务水平与技术手段都处在不断地更新之中，这种特点也影响了对本身教学能力的判断与认知。他们基本同意自己"已经掌握了数据新闻的各种基本业务"（平均分3.31分），"觉得自己的教学效果达到预期"（平均分3.34分），"觉得自己很明确地知道该如何设定数据新闻的课程体系"（平均分3.76分）。但是他们也感觉到数据新闻这一领域需要学习的内容太多，完全掌握这一领域所需要的知识与技术是有困难的，比如基本同意"自己学习编程、可视化等技术时有困难"（平均分3.48分），在"自己可以独立指导学生完成大型数据新闻作品或参加数据新闻大赛"的自我评定中也相对保守（平均分3.03分），他们认识到自己还不足以"开设面向业界的高阶课程或对业界提供咨询和指导"（平均分2.86分）。但是对于"学习新的数据新闻业务"，他们认为自己还是有足够能力的（平均分3.86分）。

表15　受访教师有关教学能力的自我评定情况

单位：分

自我评价	平均分
我觉得自己已经掌握了数据新闻的各种基本业务	3.31
我觉得自己有能力去学习新的数据新闻业务	3.86
我觉得自己学习编程、可视化等技术时有困难	3.48
我觉得并不比学生更了解前沿	2.34
我觉得技术发展太快，而我并没有能力紧跟前沿	2.83
我觉得自己很明确地知道该如何设定数据新闻的课程体系	3.76
我觉得自己的教学效果达到预期	3.34
我往往需要一边教学一边自学	4.28
自己可以独立指导学生完成大型数据新闻作品或参加数据新闻大赛	3.03
我觉得从事数据新闻教学的困难很大	3.34
我觉得从事数据新闻教学的压力很大	3.59
我觉得自己可以开设面向业界的高阶课程或对业界提供咨询和指导	2.86

注：1→5表示非常不同意→同意。

4. 数据新闻教学主要的问题和困难

在问起数据新闻教学中主要的问题和困难时，如表16所示，绝大多数的老师选择了"缺乏跨学科教学团队，很难提高教学质量"（89.66%），此外，"学生缺乏设计基础知识"（79.31%）是普遍认同的第二大困难。同时，尽管很多院系开设了前修课程，但仍有很多教师认为"没有前修课程的基础，教学很难进行"（75.86）是一个很大的困难。除此之外，"数据新闻业务更新太快"（72.41%）、"学生缺乏编程能力"（72.41%）、"找不到充足的中国数据"（65.52%）也是普遍认同的问题。事实上，调查表明数据新闻教学中还有很多困难，除去上述所说，"我觉得教学中所涉及的内容和知识点太多"（55.17%）、"学生缺乏数据素养"（55.17%）也是普遍存在的问题。只有两位老师认为"教学中问题和困难不大"（6.9%）。

表16　受访教师进行数据新闻教学时面临的主要问题和困难

问题和困难	小计(人)	比例(%)
我觉得教学中所涉及的内容和知识点太多	16	55.17
数据新闻业务更新太快	21	72.41
我觉得课时量太少	10	34.48
没有前修课程的基础,教学很难进行	22	75.86
缺乏跨学科教学团队,很难提高教学质量	26	89.66
技术瓶颈导致不能完成教学目标	18	62.07
找不到充足的中国数据	19	65.52
学生缺乏编程能力	21	72.41
学生缺乏设计基础知识	23	79.31
学生缺乏数据素养	16	55.17
自己与业界脱离,无法进行深入教学	11	37.93
没有硬件设备和软件支持	13	44.83
我觉得教学中问题和困难不大	2	6.9
学生没有表现出特别的学习欲望	6	20.69
其他	0	0
总　计	29	100

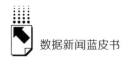

最后要说明的是，本次调查具有几点不足。第一，此次问卷调查对象只基本覆盖了中国高校数据新闻教学的全职教师，而并未涉及参与高校数据新闻教学的兼职教师、讲座教师、业界培训师、一线从业者等。实际上他们的参与和嵌入以及他们与全职教员的配合互动也同样影响着数据新闻教学，他们也是当前数据新闻教育中的重要行动者。第二，即便是仅对全职教师开展调查，我们的调查在实际操作中仍然难以覆盖全国所有院系，样本选取主要依赖熟人关系、滚雪球、主要院系一一询问等。这使得受访教师多半来自新闻传播类院系，难以说明数据新闻课程在其他跨学科院系与专业教育中的扩展情况。第三，问卷的设计主要面对已经开展数据新闻教学的教师，而实际在调研中我们发现有一部分教师正在准备开设此类课程，他们也未能被纳入此次调查之中。

四　建议与对策

我们从教师课堂设计与教学理念的分析中看到，当前中国数据新闻课程体现出一种重数据、重数理、重工具化的倾向。它更多需要在课堂中引入跨学科的技能以体现其专业性，如可视化、数理统计、设计等知识，这些内容占据了课堂教学的大部分时间，也是教师们较为重视的教学内容。这一方面和数据新闻本身的技术性特征有关，另一方面与当前新闻教育技术化转向的现实契合。但是，我们需要反思的是，新闻职业精神与数据责任等有关公共性的命题，无论在何时都应是新闻教育的核心问题。针对研究中发现的一些短板，我们也提出三点建议。

1. 充分吸纳学习欧美经验，扩展教师队伍

从数据新闻教育最初引入中国起，新闻教育研究者们就呼吁中国要尽快培养、建立一支高素质的教师队伍，以保证数据新闻课程和研究在中国的发展。已有不少研究者通过引介和考察欧美主流新闻院系的教学模式、师资队伍建设等提出了若干非常有价值的建议和对策，比如，与业界全面合作，教师向业界取经、与业界合作教学、搭建实践平台、请业界人士来讲座讲学；

向世界先进的新闻院系学习，鼓励教师去主流的院系进行培训；打破学科壁垒，和跨学科的院系合作，共建教师团队；建议跨区域联合，比如通过网络与国外著名院校进行师资联合教学和进修研讨；也有建议依据国外著名新闻院系的模式，提升从事数据新闻教学的教师人数与比例。①②③④⑤ 相对来说，这些想法的总体思路为"学习"与"吸纳"。从我们此次调查和访谈的结果来看，调动各种资源充分"学习""吸纳"以提升教学水平的想法已经成为数据新闻教育者的集体性共识，也仍然是他们共同呼吁的方面。在问及目前中国数据新闻实践与教育总体水平时，大多数的教师认为国内的数据新闻教育仍处于"初级阶段"，"尽管大家比较积极，但格局较为混乱"，"水平参差不齐，缺乏统一标准和规范"……因此，从现状与未来关系的角度考虑，学习和吸纳全球数据新闻教育的先进经验与教学模式、与业界共同合作、学习业界前沿技术等仍然是非常重要的提升教学水平与加强师资建设的手段，也是目前来看需要进一步提升的方面。尽管越来越多的学校开始开设数据新闻课程，但是大多数老师还停留在单打独斗的阶段，还没有机会和业界进行紧密合作与沟通，处于艰难的学习基础技能过程之中。业界与学界相同认同与贯通之体系，还远未形成。

2. 本土化的创新之路

但是，另外一个需要考虑的问题是，我们如何能够在学习与吸纳欧美经验的时候保留走本土化创新道路的自省性。已经有研究者指出了这个问题，即目前有关数据新闻教育的研究大多"侧重强调数据新闻人才培养的全球化趋势，却很少谈及本土化和适应性问题"⑥。实际上，不同国家与地区的

---

① 李灿：《媒介融合时代数据新闻可视化教学探索》，《今传媒》2016年第9期，第137页。
② 陈积银、杨廉：《哥大新闻学院数据新闻教学的解读与借鉴》，《新闻大学》2016年第5期，第131、132页。
③ 金梅珍、丁迈：《我国数据新闻教育的困境与对策》，《现代传播》2016年第3期，第158页。
④ 许向东：《对密苏里新闻学院数据新闻教学的考察》，《新闻爱好者》2014年第11期，第67页。
⑤ 代玲玲、倪万：《MOOC方式下的数据新闻教学》，《青年记者》2016年第2期，第116、117页。
⑥ 吴小坤、童峥：《数据新闻教学的本土化实践与探索》，《教育传媒研究》2016年第5期，第29页。

传媒业生态区别较大，新闻教育的水平和目标也相去甚远，其自身的条件与需要解决的问题不尽相同，按照同一个模式来进行数据新闻教学本身就是不现实的。因此，从教师的队伍建设与发展来说，每个高校、院系首先应根据自身的地域特色与院系资源来进行教师培养与整合，根据自身的人才培养目标来进行差异化的教学团队建设与课程培养。从教师个人来说，如何打造符合本单位教学特色与目标的数据新闻课程，做中国数据新闻领域实际问题的科学研究，是一个需要放在首要位置考虑的问题。从院系来说，则需要进行资源整合，调整师资构成，培养、打造一支符合自身教学条件与特色的教师队伍，走自己的路。

3. 完善数据新闻课程体系

数据新闻需要的是跨学科的复合型人才，它对新闻传播人才提出了更高更新的要求，不仅要具备传统的新闻采写编评能力，还要具备数据思维，数据挖掘、数据分析和数据处理以及将数据可视化的能力。

因此，高校新闻传播院系必须与时俱进，调整培养战略，创新培养模式，将数据思维融入传统的新闻教育中，才能培养出适应当前时代需求的数据新闻人才。数据新闻作为一种跨学科的新闻生产方式，秉承了精确新闻学准确客观的精神，同时更加依赖计算机来进行辅助报道，这要求高校新闻传播院系革新课程体系，整合资源建设跨学科的教学团队，打造文理学科交叉建设平台。高校新闻传播学院可以与设计学院、电子与信息工程学院等院系进行合作，共同开设新闻与计算机科学、新闻与设计、新闻与可视化等相关课程，在培养复合型人才的同时，还能进一步促进不同学科的融合发展。

同时，除了新闻传播的专职教师，还可以引入诸如记者、专栏作家、程序员、数据新闻专家等行业精英作为兼职教师为学生授课，通过加强与行业专家、业界从业者的合作，进一步丰富师资力量，使学生更进一步掌握数字新闻制作的专业技术，帮助学生掌握业界真正需要的技术。

案 例 篇

Cases

B.13

中国数据新闻经典案例分析

（2016~2017）*

——兼论数据新闻作品的评价维度

何　睿**

摘　要： 本文在文献梳理的基础上探讨数据新闻的评价维度，并从数据获取与分析、可视化手段、报道类型与故事、受众参与等方面对2016~2017年中国数据新闻案例进行分析，勾画数据新闻实践的现状与问题，并提出对策与建议。

关键词： 数据新闻　案例分析　评价体系

* 本文获上海财经大学教学创新团队项目支持。

** 何睿，博士，上海财经大学人文学院经济新闻系讲师、"数据财经新闻教研中心"研究员，主要研究领域为数据新闻、网络舆情和健康传播。

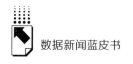
一 引言

自 2012 年网易开办国内首个数据新闻专栏《数独》以来，数据新闻得到了迅猛的发展，逐渐涌现出了一批较有影响力的数据新闻作品[1]，我国数据新闻实践也呈现出了新的特征，如数据来源更为多样化、数据分析和处理更加深入；可视化技术更加纯熟、手段更加丰富；建立了一批数据新闻实验室，形成了更为有效的数据新闻团队生产和合作机制；等等。本文将在文献梳理的基础上，对 2016 ~ 2017 年我国较为典型的数据新闻作品案例进行分析，管窥数据新闻实践的现状，并针对目前存在的问题提出对策与建议。本文也就数据新闻作品的评价维度和指标进行了探讨。

二 已有文献及研究框架

从已有的文献上看，研究者对我国数据新闻作品案例的关注，主要从数据新闻的含义、数据新闻的实践与发展历程、数据新闻专业规范与评价指标等几个方面展开。

（一）数据新闻的含义

目前的研究从生产流程、可视化呈现、数据公开、技术等多个维度对数据新闻概念进行了阐释（见表 1）。有研究者将数据新闻的构成要件概括为四个要素：数据、技术、可视化、关系。[2] 在几个维度中，被广泛采用的是从新闻生产的流程角度对数据新闻的界定，即包含数据的抓取、挖掘、统计、分析和可视化呈现等方面，与传统新闻生产流程的"采写编评"不同

---

[1] 方洁、胡杨、范迪：《媒体人眼中的数据新闻实践：价值、路径与前景——一项基于七位媒体人的深度访谈的研究》，《新闻大学》2016 年第 2 期，第 13 ~ 19 页。

[2] 凌云：《我国数据新闻研究述评（2006 ~ 2016）》，《新闻研究导刊》2016 年第 7 期，第 46 ~ 49 页。

的是，数据新闻的核心在于对数据的处理。① 数据新闻不同维度的阐释为数据新闻理论与案例研究划定了大致的范畴，并为数据新闻实践乃至"数据新闻学"的发展奠定了基础。②

表1 国内学者对数据新闻概念阐释的多个维度

维　度	内　涵
生产流程	数据的抓取、挖掘、统计、分析 数据处理是核心
呈现形态	可视化呈现
目的	服务公众利益 激发公众对公共议题的关注与参与
基础	公开的数据
工具	特殊的软件程序
内容	数据与社会、数据与个人之间的复杂关系
生产者技能	文字写作、音视频制作、社科研究方法、计算机数据抓取、处理、可视化、平面/交互设计、计算机编程等多个领域

资料来源：凌云：《我国数据新闻研究述评（2006～2016）》，《新闻研究导刊》2016年第7期，第46～49页。

（二）数据新闻的实践与发展

研究者对某一类或某一些数据新闻栏目或具体作品进行了分析，旨在探讨特定案例的特色与不足，并推及一般。

目前，国内数据新闻作品的生产媒体可分为两大类：一是依托门户网站开设的数据新闻栏目或频道，如网易的《数读》、搜狐的《数字之道》等；二是依托传统媒体机构的新媒体平台，如新华网的《数据新闻》、财新网的《数字说》等。③ 研究者通常聚焦这两种数据新闻类型或某一类型不同媒体

① 方洁、颜冬：《全球视野下的"数据新闻"：理念与实践》，《国际新闻界》2013年第6期，第73～83页。
② 沈浩、谈和、文蕾：《"数据新闻"发展与"数据新闻"教育》，《现代传播》2014年第11期，第73～83页。
③ 陈积银、杨蕤：《中国数据新闻发展的现状、困境及对策》，《新闻记者》2016年第11期，第64～70页。

之间进行对比分析，探讨其不足。如周善从数据新闻栏目、报道主题、数据来源、页面设计、报道内容、可视化等角度分析了新浪、搜狐、网易、腾讯四大门户网站的数据新闻报道存在的问题。① 刘崎奥对新浪、搜狐、网易三大门户网站进行比较研究后认为，我国的数据新闻更多是"小数据新闻"。② 值得一提的是，在这两类数据新闻媒体中，较早尝试数据新闻的多是并无采编权的网络媒体，研究者认为缺乏采编权会影响它们对数据新闻的发掘乃至其未来的发展。③

对单个数据新闻媒体或作品进行探讨，多从正反两面探讨其优势与不足。如对经济类报纸的《中国经营报》数据新闻板块《数聚中国》的分析，研究者认为其存在数据挖掘不够的问题④；网易《数读》关注国际视域下的中国话题、聚焦公共利益与个人诉求问题等，但在数据使用与可视化设计上存在不足⑤；再如针对 DT 财经数据新闻的财经特色⑥、财新网《数字说》栏目作品的分析等⑦，也各有优势与不足。

数据新闻案例研究在总体数据新闻研究中占据很大一部分比例，这与数据新闻生产与传播的实践导向有密切的关系，正因如此，从媒介研究的"文本—机构—受众"视角出发不难发现，当前国内的数据新闻研究侧重于文本和机构两个方面，缺乏专门针对受众的研究⑧，案例分析更是如此。

① 周善：《数据新闻：网站专业生产内容（PGC）的可循之途——四大门户网站的数据新闻实践》，《编辑之友》2014 年第 8 期，第 70～73 页。
② 刘崎奥：《国内媒体数据新闻比较研究——以新浪图解、搜狐数据之道、网易数读为例》，《声屏世界》2016 年第 2 期，第 66～68 页。
③ 刘义昆、卢志坤：《数据新闻的中国实践与中外差异》，《中国出版》2014 年第 20 期，第 29～33 页。
④ 牛青瑞：《经济类报纸数据新闻实践与价值突破——以〈中国经营报〉为例》，《东南传播》2016 年第 8 期，第 127～129 页。
⑤ 丁莺：《网易〈数读〉数据新闻研究》，博士学位论文，郑州大学，2016。
⑥ 王小乔：《数据，让新闻精彩呈现——DT 财经在数据新闻领域的探索与实践》，《传媒》2016 年第 14 期，第 21～24 页。
⑦ 郑子艺：《我国数据新闻的实践——以财新数据可视化实验室为例》，《西部广播电视》2016 年第 23 期，第 6 页。
⑧ 凌云：《我国数据新闻研究述评（2006～2016）》，《新闻研究导刊》2016 年第 7 期，第 46～49 页。

（三）数据新闻专业规范与评判标准

上文提到，已有文献对数据新闻的实践分析更多是针对某类或某个案例，其中的评价因素较难推及一般。对数据新闻专业规范与数据新闻评价标准的探讨也仅限于少数文献。究其原因，一则有可能是数据新闻领域尚年轻，暂未形成统一的专业规范；再则可能是研究者和实践者已从不同的角度有了自己的判断，但尚未达成一致或形成完整的体系。

1. 数据新闻的专业规范

研究者认为，国内的数据新闻领域并未建立较为完整、全面和具体的专业规范[①]，在一些普遍规范层面，业已达成一定的共识，如数据作为数据新闻报道的主要内容，应核查数据来源；数据新闻选题遵循新闻价值原则；重视公众参与，向公众开放数据来源和渠道；进行统计分析而非简单呈现原始数据；注重可视化呈现等[②]。这些规范主要聚焦数据来源、数据分析与处理、可视化，选题新闻价值，重视受众的参与及为受众服务等。

2. 数据新闻的评判标准

判断一则数据新闻是优秀的还是糟糕的，涉及数据新闻的评判标准。这类文献相对较少，不过一些研究者从不同角度探讨了这一问题。

（1）数据新闻生产流程

数据新闻生产流程的要素，包含数据来源（何种来源，多种来源）、可视化手段、选题领域、社交媒体的使用[③]、信息图表与文字的比重[④]等，这些要素可被认为是动态的数据新闻评价维度。全球数据新闻奖自2012年创

---

① 方洁、高璐：《数据新闻：一个亟待确立专业规范的领域——基于国内五个数据新闻栏目的定量研究》，《国际新闻界》2015年第12期，第105～124页。

② 方洁、高璐：《数据新闻：一个亟待确立专业规范的领域——基于国内五个数据新闻栏目的定量研究》，《国际新闻界》2015年第12期，第105～124页。

③ 高冉：《基于门户网站可视化数据新闻生产流程的内容分析》，《新闻研究导刊》2017年第3期，第26～27页。

④ 陈积银：《中国数据新闻实践的前沿——基于中国首届数据新闻大赛作品的实证研究》，《西北师范大学学报》（社会科学版）2016年第5期，第140～144页。

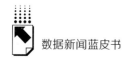
立以来，获得了全世界的关注，其关于数据新闻作品评价的一般标准，包括"调查""叙事""可视化""应用"（Investigation, Storytelling, Visualization, Applications）四个评判维度①，这也是从数据新闻流程的角度出发的。

也有的评判标准基于静态的内容质量的评估，如影响力（独创性、页面浏览量、阅读时间等），完成率和社交行为（点赞、评论、分享等），情感度量（用户的情绪，积极或消极评论），受众参与（游戏、小测试）等。② 有关我国数据新闻使用的报道框架的分析则表明，我国数据新闻更注重过程性的内容，注重单维度数据趋势，较少关注议题的前因后果，较少注重多维度数据的比较。③

（2）可视化手段与互动性

可视化是数据新闻评判的重要指标之一。④ 有研究者援引英美数据新闻相关的结论表明，不同类型可视化的难易程度与吸引力强弱不尽相同，数据可视化按照从易到难、视觉吸引力从弱到强排序有所不同。⑤ 总的来说，数据可视化的呈现方式主要为信息图、动态地图、静态地图、曲线图或图表。

我国可视化实践的工具与手段运用已经相当普遍。一份针对国内五大数据新闻栏目的调查表明，几乎所有新闻报道都诉诸可视化的呈现方式，尤其是较为复杂的可视化表现形式，比如交互信息图表、地图、动画、设计游戏等。⑥

---

① Data Journalism Awards " DJA 2017 ELIGIBILITY & RULES " (2017), https：// www. datajournalismawards. org/eligibility – rules/.

② 网易新闻学院：《内容质量如何评价？CNN 等媒体设定了"数据"标准》，网易新闻，2016 年 10 月 11 日，http：//news. 163. com/16/1011/18/C349CVNN000181KO. html。

③ 毛良斌、汤子帅、周昊曦：《数据新闻报道：框架与架构》，《新闻与写作》2016 年第 7 期，第 35～39 页。

④ 刘涛：《西方数据新闻中的中国：一个视觉修辞分析框架》，《新闻与传播研究》2016 年第 2 期，第 5～28 页。

⑤ 张帆、吴俊：《2011～2015：大数据背景下英美数据新闻研究述评》，《国际新闻界》2016 年第 1 期，第 62～75 页。

⑥ 方洁、高璐：《数据新闻：一个亟待确立专业规范的领域——基于国内五个数据新闻栏目的定量研究》，《国际新闻界》2015 年第 12 期，第 105～124 页。

此外，互动的层级亦有差异。Weber 等人将互动分为低级别互动、中等级别互动和高级别互动三个类型：低级别的互动如鼠标点击获得网页回应，翻页浏览信息等；中等级别的互动包括超链接交互、按照预先设定进行选择等；高级别的互动则强调用户能够自设内容框架、自主选择浏览路径等。[1] 然而，研究者在分析完一些数据新闻报道作品后认为，我国大部分数据新闻作品仍是"信息图"[2]，交互性也较差，真正的"数据"并不是主体——其中，有些"信息图"作品组合形式仅是单纯的"文字＋图标"（非"图表"），只做到了"文字形象化"，却没有做到"数据可视化"；即使是具有交互性质的 HTML5 移动端作品，有些作品的内容基本上是一个"相册"，简单地将各类图片堆叠到一起，唯一能进行的互动就是"翻页"；除去这种交互特点，很难再被称为数据新闻[3]。动画短视频方便轻松阅读，但交互性不足。

事实上，国内外对于可视化呈现的有效性早有讨论。如国外较早的 ACCENT 原则[4]，即 Apprehension（表明变量之间的联系）、Clarity（图表各元素清楚明晰）、Consistency（与前文图表的一致性）、Efficiency（有效性）、Necessity（必要性）、Truthfulness（图表位置和比例合理）。在我国，黄志敏也提出了数据新闻的评判原则，尤其是可视化部分。

综上，结合 Young 等人的分析，目前仍暂缺乏对什么是好的数据新闻的共识。[5] 基于以上讨论，本文梳理了数据新闻分析的大致维度，并尝试从这

① Weber W, Rall H., Data Visualization in Online Journalism and Its Implications for the Production Process（paper represented at the *16th International Conference on Information Visualization*, *IEEE*, 2012), pp. 349 – 356.

② 李玮、戴梦岚：《动画短视频：数据新闻的成熟可视化形式？——基于2016年"两会"报道中的动画短视频来谈》，《新闻界》2017年第1期，第64～69页。

③ 金梅珍、董光宇：《新闻网站"两会"数据新闻的特征——以人民网、新华网为例》，《青年记者》2016年第33期，第47～48页。

④ Burn D. A., "Designing effective statistical graphs," in C. Rao（ed.), *Handbook of Statistics*, *Elsevier* 9（1993）：745 – 773.

⑤ Young M. L., Hermida A., Fulda J., "What Makes for Great Data Journalism?" *Journalism Practice* 2（2017）：1 – 21.

些维度对 2016～2017 年我国数据新闻案例进行分析。

1. 数据新闻操作流程与专业规范

（1）动态维度：数据的获取、分析与共享。

A. 数据来源多样化；

B. 数据来源及数据获取手段和方式的客观性、真实性；①

C. 有一定数据分析以及数据处理过程，而非简单罗列数据；

D. 向公众开放和共享数据。

（2）静态维度：可视化以及图表与文字的融合。

A. 数据可视化技术与工具的使用与呈现；

B. 图表呈现的艺术、图表与文字的融合；

C. 报道类型与视觉修辞框架使用（如解释性报道等深度报道）。

2. 媒体定位、数据新闻团队与终端呈现

（1）媒体定位与数据新闻团队特征；

（2）传统媒体与网络媒体的不同特征；

（3）移动终端、PC 等多终端呈现特征。

3. 受众参与及传播效果

从现有的文献来看，许多数据新闻案例是从发布者和内容角度着手，往往忽略了受众对数据新闻的感知与评价。因此，以下两点也应纳入考量的范畴。

（1）受众参与数据新闻；

（2）图表互动机制与层级。

三　我国数据新闻案例分析

本文将从上述的一个或多个维度出发，分别对 2016～2017 年我国数据新闻的典型案例进行分析。

---

① 朱鸿军：《警惕数据新闻中的新闻伦理问题》，《传媒》2017 年第 3 期，第 34～36 页。

（一）数据获取与处理：DT 财经与"地铁1公里"大数据

案例：《北京城市活跃报告：玩转278个地铁站点吃住行大数据》①

"地铁1公里"是 DT 财经推出的系列数据研究之一，试图用大数据的方式来解读商业社会。创作者认为，在资源集约大背景下，地铁逐渐成为影响城市发展架构的主要元素。因此，这一系列数据新闻以地铁站点为坐标，通过分析其周边区域的不同维度数据，建立观察城市商业格局和人群生存空间新的视角。②

《北京城市活跃报告：玩转278个地铁站点吃住行大数据》针对北京地铁站周边1公里区域内不同类型的数据进行分析，以观察不同区域的生态情况。其搜集和采用的数据来源具有多样化，包括居住数据（来自房产中介机构）、公交与交通数据（来自高德地图）、商家 POI 数据（来自大众点评网）、写字楼 POI 数据（来自云房数据研究中心）等，构建了一个包含房价、餐饮娱乐、交通、人气、服务配套、办公功能等多种指标的综合评价体系。

该作品对于数据的分析与处理具有一定的深度，通过不同维度指标的建立，列出以下几方面的数据指数：服务配套最好的20个地铁站点名称、位置（超市、ATM）；北京餐饮娱乐最好的20个地铁站点（饭店、KTV）；北京地铁站交通通达度和人气指数（高通达率和低通达率）（见图1）；周边区域办公功能最强的25个地铁站（写字楼、餐饮、服务配套、公交站点、人气指数综合）；北京地铁房价"洼地"；北京地铁站点分级地图（房价、人气、交通、服务、写字楼、休闲娱乐综合）等，从多个角度展示不同区域的发展状况。

从数据的使用来看，这一作品对不同来源的、大量的商业数据进行分析，提供了一种将地铁站作为城市坐标的视域，通过排名与动力机制管窥不同区域的发展状况。其特点在于创建了一套算法体系，并用可视化的方法将

---

① 胡宏毅、唐也钦、许天宇、邹磊：《北京城市活跃报告：玩转278个地铁站点吃住行大数据》，DT 财经，2016 年 10 月 22 日，http://dtcj.com/news/580afe9d67157b723b7c114e。

② 一图观政：《DT 财经正在以及打算怎么玩数据》，搜狐公众平台，2017 年 4 月 8 日，http://mt.sohu.com/20170408/n487243932.shtml。

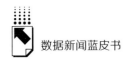

图1　北京地铁站交通通达度和人气指数情况（来源：DT财经）

经济数据转化为信息图表；为用户提供友好的数据服务，帮助个人、公司、研究机构了解城市与区域。

在可视化呈现上，该作品主要使用PS和AI编辑技术、静态图表和分级动图，不足之处在于可视化手段相对较单一、交互性尚弱。

（二）电视数据新闻的技术新尝试——CCTV《数说》系列报道

案例：《数说"十三五"——5575万人的脱贫路线》①

自2016年3月起，央视《新闻联播》头条和新闻频道推出《数说"十三五"》系列报道，节目使用可视化的方式，呈现出在今后五年我国经济社会发展的图景。这也是《十三五规划纲要（草案）》公布后，央媒推出的首

---

① CCTV，"China 13th Five-Year Plan：China aims to lift over 55 mln people out of poverty"，CCTV.com，5（2016），http：//english.cctv.com/2016/05/02/VIDEy9FenRwagyAZ99S9oZxs160502.shtml.

个系列解读报道。①

2016年3月15日《新闻联播》头条播出了新闻《数说"十三五"——5575万人的脱贫路线》，通过一系列可视化数据告诉观众，我国将采取哪些举措，让贫困线下的5575万人在2020年前走出贫困。

该作品使用了AR技术，从而使得场景不受空间的限制，数据能够在城市街道、交通枢纽、农村、山里和河里呈现，给人以想象。比如，报道中解释贫穷的原因时，数据显示在实景的石磨上；当展示村子里的产业特点时，一棵真正的树上显示出虚拟的数据果实。

该系列新闻作品的最大特点是通过虚拟现实增强技术的方式，将虚拟数据图形与新闻现场拍摄的实景有效进行结合来呈现，其中90%的镜头来自实地摄影，摄影团队通过摇臂摄像机、跟踪摄影机等设备，用12天的时间完成了9集的拍摄，采取了一镜到底、航拍等技术手段。AR技术的使用则将"宏观与微观、现实与未来，数据与实例，计划与民众的生活结合起来"②。

这一作品也可以看出电视类媒体数据新闻实践的特点与不足。已有的研究认为，电视数据新闻尝试，更多是在用"数据阐释新闻"，而没有"从数据中挖掘新闻"，"数据新闻前沿形态尚未应用到调查分析、发现并解决社会敏感问题的层面"。③《数说"十三五"》系列虽然使用了AR等技术，但是对数据的挖掘仍较为简单。央视大数据新闻创始人、央视新闻联播编辑部副制片人郭俊义亦表示，电视媒体数据新闻与其他媒体的优劣势主要体现在：电视媒体的"优势是视觉效果，可以运用多种动态可视化效果；劣势是深度报道推理不易展开，制作成本较高"④。

① 《〈数说十三五〉数景结合直观易懂 令人耳目一新》，央视网，2016年3月17日，http://www.cctv.com/2016/03/17/ARTI0ghqChzVfxI8Y7jpwtwS160317.shtml。
② 参见全球数据新闻大赛cctv数据新闻参赛作品页面，http://community.globaleditorsnetwork.org/node/29343。
③ 付晓光、曾祥敏：《数据新闻节目创新路径研究——电视媒体数据应用前沿分析》，《电视研究》2014年第7期，第41~44页。
④ 一图观政：《央视大数据新闻的开创和探索丨数据大咖汇》，搜狐公众平台，2017年4月9日，http://mt.sohu.com/20170409/n487358442.shtml。

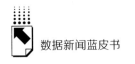

（三）交互可视化与音像结合：新华网世界流行音乐

案例：《音曲繁美——1890—2010，世界流行音乐回响》①

新华网《数据新闻》栏目启动于 2012 年 11 月，2015 年 11 月获得中国新闻奖中国新闻名专栏荣誉，栏目口号为"专注于可视化新闻的平台"。其数据来源主要是媒体、政府、机构报告以及自采新闻等。

交互式产品《音曲繁美——1890—2010，世界流行音乐回响》选择圆环状全息图，使用极坐标定位 146 种音乐之间的分裂和融合路径。作品梳理并分析了包括蓝调、摇滚、爵士等十种主要流行音乐流派及其 146 种子类别的流行音乐种类的发展历程，并辅以视听素材。

该作品最大的特点不仅在于可视化图表绚丽，还在于采用了图像与音乐结合的方式。新华网截取了谷歌实验室音乐时间轴的部分图像，使用弯边图线明确指向各个事件，并且提供了各时代不同曲风的代表性歌曲样本，来创造"闻其名＋闻其声"的用户体验，引导受众聆听音乐来回味相应年代的事件场景。音乐按钮的设计灵感则源于唱片商店的 CD 货架，将同一事件中的音乐"串联"在一起，产生集中效果。②

该产品的不足在于：将庞大的流派衍生图谱在一个图表的时间轴中可视化呈现，并且还要包含各阶段音乐的特征和其背后的事件，对于可视化而言，信息图表要表达的内容太多，难免给阅读造成压力（见图 2）；此外，图文的融合也有不足，文字仅为阶段性介绍，报道深度难免会大打折扣。

---

① 《音曲繁美——1890—2010，世界流行音乐回响》，新华网，2016 年 8 月 12 日，http：//fms. news. cn/swf/2016_ sjxw/0805_ yqfm/index. html。
② 马轶群、曹素妨：《"数"读新闻"据"焦天下——新华网数据新闻的探索与实践》，《传媒》2016 年第 14 期。

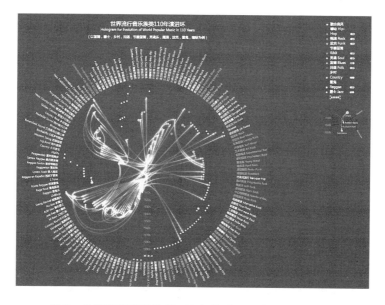

图2　世界流行音乐族类110年演进环（来源：新华网）

（四）多媒体融合、多部门合作的解释性报道：财新网洪水的反思

案例：《2016：洪水暴至》①

财新传媒是国内最早实践数据新闻与可视化的传媒机构之一，自《数字说》栏目成立以来，出现了不少经典的数据新闻作品，其内容覆盖了时政新闻、国际新闻、财经商业新闻、突发新闻等多个类别②，采用静态或动态信息图表的方式进行可视化呈现。近年来也尝试了新的数据新闻方式，如动画形式的《动画带你看百年奥运变迁》《高考又来了，数说40年高考那些事儿》等。

《2016：洪水暴至》是一个追溯和解释性报道，反思记录洪水灾害的影响。该作品是一个跨部门团队合作的报道，由数据新闻与视频、摄影部门共

---

① 陈嘉慧、陈亮等：《2016：洪水暴至》，财新网，2016年12月，http://datanews.caixin.com/mobile/flood/。

② 韩巍：《数据新闻与可视化报道——以财新传媒为例》，《新闻与写作》2014年第4期，第12～15页。

同完成。作品结合了视频、照片、H5、VR 等多种多媒体表现形式或技术，提供了网页和移动阅读版，所用数据来源主要为官方以及开放数据。类似纪录片的开场，穿插对洪水区域的采访照片，统计数据的可视化信息图呈现等，讲述了洪水之下一般民众与幸存者的故事。在洪水之外，作品也讨论了人民对环境的脆弱带来的影响，快速的城镇化相应地需要灾害管理和减缓措施。

作品的可视化呈现较为简洁美观。如财新网中的一幅图"雨最大的一年"中，气象数据被绘制在地图上，中国每一件洪水事件被形象化为一个雨滴，面积的大小表明降水量的多少、颜色代表特定区域降水的频次。

《2016：洪水暴至》无论是在图文结合、多部门联合上，还是在可视化呈现上，都延续以往的优势特征，生动又深刻地讲述了洪水和灾民的故事。

（五）游戏、众包新闻与受众互动：第一财经与中国网

1. 游戏 + 受众互动：《你真的了解你所在的城市吗》[①]

新一线城市研究所是第一财经传媒旗下的一个商业数据新闻项目。2016年4月25日，《第一财经周刊》推出《2016中国城市商业魅力排行榜》报告，该报告基于160个品牌和14个互联网公司与机构，对338个城市进行了打分。考虑到并非人人都对数据图表感兴趣，基于接近性的原则，受众可能对自己所在的城市更为关注，新一线城市研究所依据报告内容，对每个城市的衣食住行等方面汇集了16个问题，开发了这款小游戏（见图3）。在游戏过程中受众将更加了解其所关注的城市。受众可选择任一个城市，回答16个问题，根据回答的得分，来判定是观光客还是的士司机等（此时会弹出界面，继续升级、换个城市，找人 PK - 分享），在回答的过程中，还会有奖励分等。游戏结束时界面为"想知道上海为什么是一线城市？"或类似问题，点击后弹出来扫码关注第一财经微信公众号或购买当期杂志的页面。

其特点在于通过 H5 等技术手段，受众有更多的时间与数据接触和互

---

① 新一线城市研究所：《你真的了解你所在的城市吗》，第一财经，2016年4月26日，http://www.therisinglab.com/interactive/2016rank/。

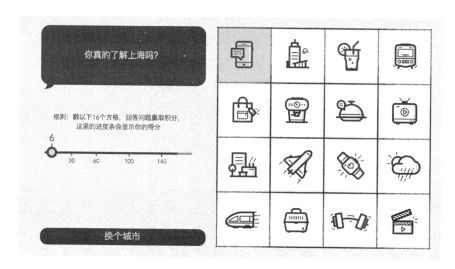

图3　你真的了解你所在的城市吗（来源：新一线城市研究所）

动，比直接呈现数据印象深刻；通过游戏，受众更加了解自己所在的城市。在呈现终端上，优先移动版体验，也有网页版。

当然，通过游戏增加受众的新鲜感和参与感，短期内虽有一定效果，长期来看作用却十分有限。而且，游戏嵌入的数据新闻会特意简化和弱化某些内容，更多地突出娱乐性，并不适用于信息本身的传播，尤其是严肃性内容。此外，游戏开发和设计的成本也相对较高，对数据新闻创作团队有一定要求。

2. 游戏＋众包新闻：中国网《谁能代表我》①

中国网在2016年两会期间也设置了一款小游戏来调查年轻群体对两会的关注度。该游戏包含了3个部分：①设计了一个计算模型，找出跟游戏者最匹配的两会代表；②设计问卷来调查年轻人群对两会代表的期望，分析调查数据；③设计问题，帮助民众了解两会代表的特点。

该游戏其实也是一个投票应用，受众填写性别、年龄、职业、区域等信息，将与爬虫软件抓取的近两年的两会数据进行比对，找出与该填写者最为

---

① 《谁能代表我》，中国网，2016年3月，http://wx. china. cn/front/2016WhoCanH5/index. htm?from = groupmessage&isappinstalled = 0。

匹配的两会代表，并选择其感兴趣的问题（多选）来委托代表帮忙关注（见图4）。

图4　《谁能代表我》（来源：中国网）

它将数据获取、算法设计和数据收集融合在一起，主要使用游戏H5的交互表格。其特点在于有了"众包新闻"的影子，但无论是数据来源还是其数据分析结果都过于简单。因此，关注受众在数据新闻生产中的作用，无论是游戏参与"众包新闻"，还是媒体的"开放数据"都仍需要更多的尝试。

（六）"数据共享"的媒体尝试

2016年，关于分享开放数据的数据新闻作品基本上较少，反而是一些媒体开始在数据共享的尝试上走得更远。

今日头条于2016年成立媒体实验室（https：//mlab. toutiao. com），向创作者免费开放海量用户数据，用户注册并经今日头条审核后，可上传和下载数据、数据图和报告。媒体实验室网页，包含精选专题（对重要事件进行全维度深度挖掘）、数据报告（以数据和洞察为内容）、热点追踪、事件监控等项目，由作者提供内容相关的数据，为移动读者提供一个 API 接口。

DT 财经牵头成立数据社群平台"数据侠联盟"，并成立数据侠实验室，以期用数据纽带将全国各行各业的数据爱好者聚集在一起。其中的数据侠专栏，主要是数据爱好者将自己的作品发布到 DT 的平台上，再由编辑进行包装和传播，数据侠实验室则进行线下活动。此外，DT 财经还收集与消费相关的各行业数据报告，发布在网上供受众阅读。[①]

镝数（http：//www. dydata. io/）也进行了数据共享的尝试。镝数由镝次元推出，是一个以数据为核心的写作和分享社区，打破了数据新闻写作的技术壁垒，它提供许多在线图表模式，因此，用户不需要编程，就可以通过简单的设计做出漂亮的图，从而简化了数据可视分析与写作相关工作，提供选题、制作、发布一站式服务。[②]

（七）移动端交互可视化

1. 案例：《澎湃新闻：带你刷遍百年奥运：人类变快、变高、变强了多少？》[③]

这是澎湃在 2016 年奥运期间发布的一个新闻产品。在该新闻中，列出了许多曲线，每一根曲线由一个项目上历届奥运会的冠军成绩相连而成。纵坐标表示该选手在比赛项目上的长度、高度或速度，位置越高则成绩越好。跑步及游泳等项目的时间成绩换算为速度成绩，模拟各届冠军同场比拼的结果。最后的交互化设计，用户可以选择感兴趣的运动类别和运动项目，则会呈现 100 年以来该项目的奥运纪录，以及该项目的一些体育名将。

这一作品显著的特点在于，创作者获取了 100 年以来的奥运四类比赛的全数据，将抽象的历时性数据可视化为具象的曲线（见图 5）。另外，作为完全为手机等移动终端设计的数据新闻产品，其风格和考量更多针对手机用

[①] 一图观政：《DT 财经正在以及打算怎么玩数据 | 数据大咖汇》，搜狐公众平台，2017 年 4 月 8 日，http：//mt. sohu. com/20170408/n487243932. shtml。

[②] 《镝数：中国首个零代码数据写作社区》，网易新闻，2016 年 10 月 25 日，http：// news. 163. com/college/16/1025/18/C48B7RDA000181KO_ mobile. html。

[③] 张泽红、吕妍等：《数说百年奥运：人类的极限在哪里》，澎湃新闻，2016 年 8 月 3 日，http：// image. thepaper. cn/html/zt/2016/08/olympic/index. html。

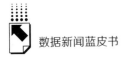

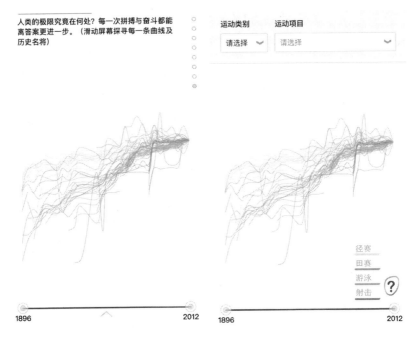

人类的极限究竟在何处？每一次拼搏与奋斗都能离答案更进一步。（滑动屏幕探寻每一条曲线及历史名将）

运动类别　　运动项目

请选择　∨　请选择　　　　∨

径赛
田赛
游泳
射击　(?)

1896　　2012　　　　1896　　2012

图5　人类的极限在哪里（来源：澎湃新闻）

户的需求，更具个性化。

2.案例：《凤凰网（大鱼号工作室）：美国大选实时票数统计》

凤凰网于2015年成立大鱼号工作室，包含可视化新闻与大鱼漫画两个栏目，主要使用的技术形式包括HTML5、交互策划、信息图等。2016年美国大选出结果前夕，凤凰网推出了实时票数统计作品（见图6）。美国大选开票页面分为总统候选人票数、选举地图、各州选情三大板块，通过填票后台、开票数据库和人工填票，实现每个板块3秒数据实时刷新。填票后台和页面设计，提前1个月开始实行。人工填票则由10位主创人员根据CNN和POLITICO的数据进行实时填票，为了避免突发状况，工作人员提前两次测试填票。页面设计的主要争议是在选举地图的表现形式。美国大选开票实时新闻在大选当天的8个小时获得4000万的流量[①]，这也是2016

---

① 一图观政：《凤凰网大鱼号丨数据新闻经验分享》，搜狐公众平台，2017年3月26日，http://mt.sohu.com/20170326/n484843997.shtml。

年凤凰网单条新闻的最高纪录。

　　该作品进行了实时数据新闻的尝试，将选举结果同步可视化呈现。无论是时间成本还是技术成本都很高。新闻的"新鲜""即时"特性表现无疑。其数千万的流量也表明团队合作的力量多么强大。

图6　美国大选实时票数（来源：凤凰网）

四　当前问题与发展对策

　　在文献梳理和案例分析的基础上，下文将从数据新闻的评判维度对当前我国数据新闻的问题与对策进行总结和分析。

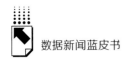

（一）数据获取、分析与共享

数据来源。我国数据新闻的来源呈现出多样化的趋势，包含网络爬取数据、采访报道数据、公共数据、受众上传的数据等。不过，一些数据新闻作品的数据来源还较为单一，这使得其在广度、深度以及原创性上大打折扣。①究其原因，一方面在于目前国内数据开放度较低，获取数据困难②；另一方面在于一些网络数据新闻媒体也没有自主采编权，需要其他的数据来源进行补充。数据来源的准确性、真实性也应纳入考量。

数据分析与处理。从案例来看，一些数据新闻作品仍停留在较浅的数据罗列和简单统计阶段，有必要对数据进行分析和解读，拓展数据新闻的深度。其解决办法一是在数据团队中编入数据统计相关的人才，二是关注议题的前因后果分析、增加多维度数据的比较。

数据共享。"向公众开放数据、数据来源和数据获取的渠道与方法"被认为是数据新闻专业需遵循的规范之一，也是数据新闻概念的应有之义。从我国数据新闻实践来看，单个数据新闻作品相应的数据开放仍较少。一些媒介机构则开始尝试向注册用户开放数据，形成数据新闻社区，但是就目前而言，一些社区也出现了用户下载多于共享的现象，如何形成长效互动分享机制，仍有待进一步实践。

（二）可视化技术与图文结合

在 2016 年的数据新闻作品中，数据可视化技术和工具也越来越多样化。VR/AR，漫画、动画、视频，H5，交互信息图，参与式游戏等方式被运用到数据新闻作品中。

除了文中提到的 AR，很多新闻机构也逐渐推出了自己的 VR 栏目：例如，

---

① 刘义昆、卢志坤：《数据新闻的中国实践与中外差异》，《中国出版》2014 年第 20 期，第 29~33 页。

② 陈积银、杨廉：《中国数据新闻发展的现状、困境及对策》，《新闻记者》2016 年第 11 期，第 64~77 页。

澎湃新闻在成立之初就设立了"全景现场"，其中对2015年发生的深圳滑坡事故第一时间做出VR现场报道，收效较好；一些电视台，例如CCTV、东方卫视、深圳卫视等，也与澎湃的VR内容团队合作录制VR电视节目。[①]

与越来越追求可视化技术特点相对的是，图文结合的效果却差强人意。一些数据新闻作品文字与可视化由不同的部门完成，图文无法呼应。需要进一步探索图文互动甚至图文融合的表现方式。

（三）数据新闻报道与专业规范

总体来看，首先，数据新闻的选题分布失衡，常规型数据新闻的比例过高[②]，调查性和解释性报道[③]、预测性新闻则较少。其次，可视化的形式重于新闻内容本身，忽略新闻价值。[④] 如何平衡技术与人文、数据与人、权利与控制的矛盾是数据新闻的一个重要问题。[⑤] 此外，也要纳入新闻真实、客观以及可视化设计的伦理考量。[⑥]

（四）数据新闻团队与跨部门合作

彭兰认为，在大数据背景下，新闻业务的主要调整方向可能在以下方面[⑦]：第一，趋势预测性新闻和数据驱动型深度报道分量的增加；第二，数

---

① 刘佳昕：《新闻编辑室试水虚拟现实（上）》，数据新闻网，2016年8月8日，http：// djchina. org/2016/08/08/newsroom–vr–1/。

② 方洁、高璐：《数据新闻：一个亟待确立专业规范的领域——基于国内五个数据新闻栏目的定量研究》，《国际新闻界》2015年第12期，第105～124页。

③ 付晓光、曾祥敏：《数据新闻节目创新路径研究——电视媒体数据应用前沿分析》，《电视研究》2014年第7期，第41～44页。

④ 陈积银、杨廉：《中国数据新闻发展的现状、困境及对策》，《新闻记者》2016年第11期，第64～77页。

⑤ 钱进、周俊：《从出现到扩散：社会实践视角下的数据新闻》，《新闻记者》2015年第2期，第60～66页。

⑥ 王秀丽、王天定：《数据新闻可视化设计的反思与创新路径——以2014"数据新闻奖"作品为例》，《新闻界》2015年第9期，第55～60页。

⑦ 彭兰：《"大数据"时代：新闻业面临的新震荡》，《编辑之友》2013年第1期，第6～10页。

据呈现、分析与解读能力的提高；第三，新闻生产中跨界合作的增强。

数据新闻团队在数据新闻生产中至关重要，技术人才匮乏、前端设计和数据挖掘分析能力薄弱会制约数据新闻发展。[①]《人民日报》"中央厨房"曾将数据新闻的模式归纳为"数据支持＋记者前线＋可视化融入＋极速推广＋产品经理统筹"的多线性协作模式，让新闻成为产品，将编辑记者个体整合为新闻产品团队。从数据新闻实践来看，数据新闻佳作的背后，如财新网、凤凰网、DT财经等，基本上有较为成熟的团队合作模式。这也对数据新闻团队的建设提出了要求。

（五）受众参与及互动

从数据新闻作品来看，华丽的可视化手段并不必然提升用户的接受度。身处注意力经济、拼流量的时代，受众参与新闻生产、制作与传播的现象越来越普遍。因此，一方面，数据新闻应寻求更多样化的受众参与的方式与途径，激发受众的兴趣；另一方面，亟待改善作品的互动性，而非局限于翻页、点击超链接等较为初级的互动形式，应增加中高级别的互动。

---

① 陈积银、杨廉：《中国数据新闻发展的现状、困境及对策》，《新闻记者》2016年第11期，第64～70页。

B.14
国外数据新闻经典案例分析及趋势预测
（2016~2017）

方可成　卜书剑

摘　要：　本文通过介绍和分析2016~2017年西方媒体的经典数据新闻案例，梳理国外数据新闻的最新趋势和动向——主要包括：从2016年美国大选报道出发，对预测数据进行反思；打破对机器、算法和数据的迷信；以数据驱动进行深度的调查报道；重视服务个体和地方社区；等等。同时，本文也展望了未来趋势，探讨了对中国数据新闻发展的启示。

关键词：　数据新闻　报道案例　西方媒体

一　引言

理解2016~2017年的国外数据新闻发展趋势，尤其是美国和西欧国家的数据新闻发展趋势，可以重点把握两条线索。

第一条线索是，数据新闻成为"常态"。随着过去几年中数据新闻的迅猛发展，这种报道形式已经成为西方国家媒体"武器库"中的常备装置，不再被视为新鲜、新潮、陌生的事物。我们从图1中展示的"data journalism"在Google上的搜索趋势也能看出，自从2012年关注度急剧攀升之后，过去三四年中大家对数据新闻的关注趋于平稳。在哈佛大学尼曼实验室于2016年底推出的"2017年新闻业趋势预测"中，我们也几乎没有看到数据新闻成为预测的主题，这与几年前人们将数据新闻视为新事物进行热烈讨论的情形形成了鲜明的对比。

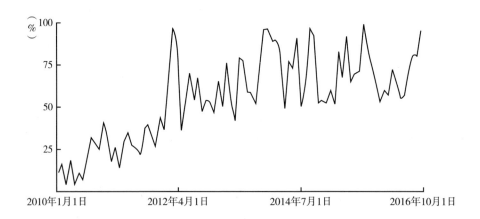

图 1　"data journalism" 在 Google 上的搜索趋势（2010 年 1 月 1 日 ~ 2016 年 10 月 1 日）

　　第二条线索是，数据新闻面临着更多的反思和自我批判。这是与近两年西方新闻业的大背景息息相关的，一方面，民粹主义在全世界范围内升温，英国脱欧、美国特朗普当选总统，一些政客向媒体发起激烈攻击，主流媒体的公信力跌至冰点——在美国，盖洛普公司 2016 年 9 月发布的调查数据显示，仅有 32% 的受访民众表示信任媒体，历史上这一数字曾经高达 72%（1976 年）。另一方面，"后真相"时代来临，假新闻、阴谋论在社交媒体上流行，传播力超越了真新闻，这让人们对真实可靠的信息的需求从未如此强烈。在这样的大背景之下，数据新闻一方面接受着民众的拷问（数据到底是否在说谎？是否在遮盖事实？），一方面又承载着人们的期待（假新闻纷飞的年代里，数据新闻能否给我们一些确定的真相？）。数据新闻的从业者们也在借此契机积极进行反思。

　　在本文中，我们将着重介绍 2016 ~ 2017 年由西方媒体制作出品的重要数据新闻案例。通过对这些案例的讨论，我们将梳理出主要的趋势、动向，以及对中国数据新闻发展的启示。

二 2016年美国大选：对预测数据的反思

2016年是美国的大选年。从2008年大选开始，各媒体就在数据新闻上发力，呈现了精彩纷呈的数据新闻作品。而其中最受关注的，莫过于对大选结果进行预测的数据新闻产品。

2008年美国大选期间，著名的数据分析预测网站FiveThirtyEight（简称538）创始人Nate Silver成功预测了50个州中49个州的投票结果。2010年，他和他的网站正式加入《纽约时报》。在2012年的大选中，他成功预测了所有50个州的投票结果。2013年7月，他带着网站离开《纽约时报》，加入ESPN，继续做更广义的数据新闻：政治、体育、娱乐、生活，等等。在2016年的大选中，他的预测是大家最关注、最常引用的。

投票日之前，538将最终的结果预测定格在：希拉里·克林顿有71%的可能性获胜。《纽约时报》的数据专栏给出的预测则是：希拉里的胜率在85%左右。实际上，如图2所示，从2016年6月开始，希拉里在《纽约时报》预测中的胜率一直领先于特朗普。所有媒体和预测机构都认为希拉里更有可能胜出（见图3）。根据这些数字，我们从媒体上听到的言论大多是：希拉里获胜应该没什么悬念，就看最后能赢多少了。

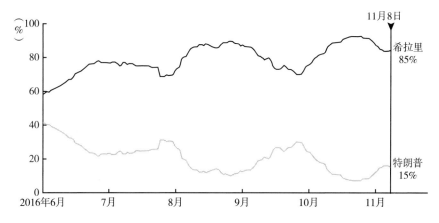

图2 《纽约时报》数据专栏的大选胜率预测（2016年6～11月）

图3　美国各主要媒体和预测机构给出的大选胜率预测，
所有媒体和机构都预测希拉里会胜出

　　然而，最终的结果却令人们大跌眼镜——虽然希拉里赢得了总票数（popular vote），但是在美国独特的"选举人团"（electoral college）制度下，胜利的是此前毫无从政经历的房地产商人唐纳德·特朗普，而且他在选举人票上的胜利优势还不小。各家媒体和机构的预测可谓全军覆没。

　　特朗普的胜出，令美国和世界震惊，也让很多人从各种角度展开反思。其实，就连共和党乃至特朗普团队可能都没有预料到这样的结果。共和党策略专家Mike Murphy说："我的水晶球碎成了原子。今夜，数据死了。"

　　数据真的死了吗？这样的说法未免过于夸张。但是，如果不借此机会进行反思，数据新闻的确会面临巨大的信任危机。以下，我们以本次美国大选中的数据预测案例为例，讨论数据新闻在实际操作过程中值得反思总结的方方面面。

（一）数据来源可信吗？

　　回答大选预测为什么会错，要从两个方面入手：民意调查和分析模型。包括538在内的各家机构在预测时，并不是凭空猜测，而是依赖民意调查机构发布的数据，用自己的模型来分析这些民调数据，得出预测结果。所以，民调数据错了，或者模型错了，都会带来谬误。这一次，民调数据在一些关键的摇摆州都错了。比如，在宾夕法尼亚州，民调数据显示希拉里胜3.7个点，结果却是特朗普胜1.2个点，差了4.9个点，并且胜负完全翻盘。

　　民调为什么会错？最常见的解释就是：有很多支持特朗普的人，在接受民调时不好意思说出真实想法（social desirability bias），但是在投票时会投给特朗普。

此外，题为《经济学人》的一篇文章分析了族群方面的两个原因。其一，教育水平较低的白人投票热情比民调机构预想的要高涨许多。弗吉尼亚、科罗拉多等白人受教育水平较高的州，误差不大。而误差巨大的那些州，有很多没有大学文凭的白人。民调机构本来预测特朗普会胜出30个点，但是民调显示特朗普在这些人中胜出了39个点，这9个点的差距可能是特朗普在这些摇摆州翻盘的关键所在。

其二，由于有些族群难以被民意调查机构联系到（比如西班牙裔，可能因为经济状况差等，电话使用率较低，而民调基本通过电话进行），而有些群体特别容易被联系到（比如老年白人女性，几乎是一打电话就接），所以民调机构会对各群体的回答进行加权。这就会带来问题：有的群体能联系到的样本可能非常少，这样误差就很大，再经过加权放大就更大了；有的群体投票意愿比民调机构预计的要低，比如这次黑人对希拉里的支持就明显不如对奥巴马的支持。

也就是说，关于大选结果预测的数据新闻作品，依赖的其实都是存在误差乃至错误的数据。如果数据来源存在问题，那么接下来的分析和呈现也很难将其纠正回正确的轨道。

这并不是数据新闻中的罕见现象。其实，比起其他某些数据来源而言，民调数据的可靠性已经是比较高的。民意调查界对于如何提高民调结果的准确性有着长期的研究和反复的讨论，在这样的情况下尚且会出现严重的问题，何况其他一些并没有经过反复科学讨论、收集过程严谨性更低的数据来源。因此，在进行数据新闻操作时，有必要对数据来源进行再三的考察，对数据中可能存在的问题有着清醒的认识，并如实地向读者报告。

（二）数据分析方式恰当吗？

上文提到，分析大选预测错误的原因，可以从民意调查和分析模型这两个方面入手。其实，各家媒体和预测机构所依赖的民调数据大致是相同的，都是那几家民调机构得出。各家进行预测时会给出不同的结果，各自的核心竞争力就是自己的统计分析模型，也即在民调数据基础上做出最可靠的分析。

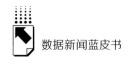

这次大选预测中，模型的表现也普遍不佳。普林斯顿大学统计学教授Sam Wang 在大选之后的总结文章中就说，他错误估计了相关误差（correlated error）的大小，而且差了 5 倍。因为这个错误，他的模型得出的结果是：希拉里有 99% 的概率获胜。在所有机构的预测中，普林斯顿的最极端，也错得最离谱，就是因为这样一个参数的估计错误。

相较而言，538 的 Nate Silver 开发的模型是效果最好的。他可谓抓了一手烂牌（存在严重问题的民调数据），但是凭借精湛的牌技，没有输得太惨——预测希拉里胜率为 71%，这是各家之中对希拉里的赢面最不确定的一个。

在一般的数据新闻作品中，当然用不到开发统计模型做预测这样高级的技能，但大部分作品会涉及对数据的分析和加工，能直接将数据从信源拿来就用的情况非常少见。这时，我们就应该特别小心：对数据进行分析的方式，是否恰当？是否在该做加法的地方做了减法？是否在该计算人均的时候，使用了总量？是否在该计算中位数的情况下，误用了平均数？……

数据是可以通过各种分析方式进行扭曲的。经过不同的分析方式，同样的数据可能呈现非常不同的结论。有一句流行的话说，只要你对数据进行"严刑拷打"，它总会"说出"你想要的结论。所以，在操作数据新闻时，我们要对自己采用的分析方式特别小心，不要让错误的方法逼迫正确的数据得出错误的结论。同时，也要使数据分析方式尽量透明，让读者可以知道自己是怎样进行分析的。

（三）数据呈现方式会产生误导吗？

即便是拥有了正确可靠的数字来源、科学恰当的分析方式，数据新闻依然可能走向歧途：对错误呈现方式的依赖。

仍以本次美国大选为例。其实，从事民意调查和数据分析的业内人士都知道，所有的选前预测都是不准确的，极有可能出现偏误。但是，在绝大部分数据新闻报道中，都没有对这种不确定性给予足够多的呈现，而是让读者误以为选举预测真的是一个神奇的"水晶球"，可以准确描绘现实。

出现这种现象的原因，要归结到大选报道的模式。在美国，对大选报道的研究早已指出：笼统而言，报道有两种框架（frame）。

一种是政策框架（issue frame），也即关注候选人的政策主张，预测其上任之后的具体政策，讨论其对社会带来的影响。

另一种是赛马框架（horserace frame），也即关注候选人之间的名次竞争，看今天谁领先了，明天是否又被超过了，把竞选描绘成一场赛马比赛，并不关注候选人究竟提出了什么政策。

在商业媒体环境下，后一种框架是更常见的。原因很简单：赛马新闻好卖，读者愿意看。但是，赛马框架是非常缺乏营养的，对于选民做出更好的决策毫无帮助。

自然，赛马框架大量需要依赖民调数据和结果预测，且倾向于将预测描绘成确定无疑的"赛况"。当赛马框架遇上错误的民调数据和糟糕的分析模型，就是我们看到的2016年美国大选报道：所有媒体都误以为希拉里会赢，读者也在很大程度上被带跑了。

而且，民调数据显示希拉里会赢，正好符合很多媒体从业者的期待，再加上对民调统计方面的专业知识可能不够了解，因此他们放弃了对民调的追问和质疑，而是欣然接受，将之放大到赛马框架的报道中，酿成谬误。

大选之后，在美国舆论研究学会（AAPOR）的邮件组中，一些人在讨论这个问题。有人举例说：有些媒体喜欢用"候选人X民调领先2个百分点"这样的标题，但在专业人士看来，这样的标题毫无意义，因为2个百分点的差距很小，而且民调数据存在误差，所以正确的标题应该是"两位候选人不相上下"，这说明记者对民调数据的解读是有偏误的。另一个人则回应说：也不要只怪记者，民调机构在发布新闻通稿的时候，可能就用的是"领先2个百分点"这样的表述，因为这些机构想吸引媒体的关注，提高曝光度。

此外，对赛马框架进行可视化的呈现，可以让这种报道模式变得更加强有力。当一些数据新闻从业者费尽心思呈现非常美观、有趣的赛马式报道时，他们其实很可能在发挥副作用，放大了这一框架的误导性。

美国大选报道的这一案例告诉我们：对数据的呈现方式要多加思量，尤其是要对数据中的不确定性、误差等给予足够的强调，以免让读者产生错误的印象。

（四）数据一定是最好的报道方式吗？

在美国大选报道中，近几年来刮起了一股数据风潮。一批年轻的政治记者，极力推崇以数据为基础、以科学分析为方法的报道路径。他们大部分时间都花在电脑前面而不是实地采访，更重视数据来源而非信源线人，更多时候都在处理数据而非构思故事，写出来的文章以数据的准确而非文笔的优美取胜。

这种报道路径，挑战的是传统政治报道的方式：跟着候选人的竞选活动，实地采访，跟普通选民谈话聊天，写有趣的故事，请专家提供解读。这种传统报道方式被新一代记者认为是不严谨的。

然而，2016 年的美国大选，给依赖数据的新报道模式一记沉重的打击。那些号称准确、严谨的数据，在现实面前崩溃了。记者们开始疯狂地寻找特朗普获胜的原因。他们发现，中西部地区的农村白人是改变选举的关键力量，而他们的声音在很多媒体中都被忽略了。

所以，大选结束后，有人开玩笑说：接下来，美国媒体将深入开展走基层活动。也就是说，大家发现，比起在电脑前把玩数据，更有效的报道可能还是传统的面对面采访。

《哥伦比亚新闻评论》的一篇文章说，今天的记者成长路径越来越一致，出身常春藤学校，加入高端俱乐部，参加上流晚宴，这让他们很难听到底层的声音，尤其是当这些声音和自己从小听到的声音不一致的时候。大选次日，《纽约时报》的 Jim Rutenberg 撰文说，很显然，新闻业中有什么东西在根子上出问题了，那就是：媒体没能抓住人们的反建制情绪。这种情绪在纽约和华盛顿是很难找到的，需要深入基层去倾听和理解。

这个故事告诉我们：再科学、严谨的数据新闻，也无法取代深入实地的调查走访。这是因为，数据真的不是带有魔法的水晶球，它能呈现的只是部分的、带有偏误的事实，离揭示"真相"更是有着巨大的距离。

　　未来的新闻报道，应该是数据新闻越来越多和传统报道方式结合，发挥各自的所长。实际上，在美国大选结束后的反思中，人们之所以会发现中西部农村地区白人被遗忘的声音，也正是基于对投票数据的分析。这说明，在合适的地方，在其他报道方式的配合下，数据的力量可以得到最充分的发挥。

三　人工智能时代来临，打破对机器和数据的迷信

　　近年来，人工智能、机器学习、自然语言处理等相关技术发展势头迅猛。这给数据新闻的进一步发展也带来了很大帮助，因为有了更强大的技术可以用来获取、分析和分发数据。但是，也有越来越多人观察到：不断进步的技术带来的并不一定都是社会的福音。以斯蒂芬·霍金为代表的一些科学家就表示，科技的发展反而会加剧社会的不平等现象。如果对技术、对数据、对算法持有一种盲目迷信的态度，反而会误入歧途，带来严重的社会问题。

　　因此，我们看到，西方国家越来越多的数据新闻作品将焦点对准了新技术，对准了"数据崇拜"、"机器崇拜"和"算法崇拜"，展现了技术带来的负面影响。以下就是几个具有代表性的优秀案例。

（一）揭示科技背后隐藏的种族歧视

　　在 2016 年推出的一则名为"亚马逊不考虑顾客的种族，它应该考虑吗？"（*Amazon Doesn't Consider the Race of Its Customers. Should It?*）的报道中，分析了美国最大的电商亚马逊公司在全美境内提供的"当日送货"服务。根据记者的统计，亚马逊在美国境内的 27 个大都市区提供该服务，而这其中 6 个主要城市——亚特兰大、波士顿、芝加哥、达拉斯、纽约、华盛顿，皆存在种族不平等现象——黑人聚居区相比于白人聚居区，该项当日送货服务的覆盖率低了近一半（见图 4）。

　　文章认为，亚马逊的筛选机制也许本身并不是带有主观意愿上的歧

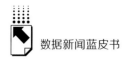

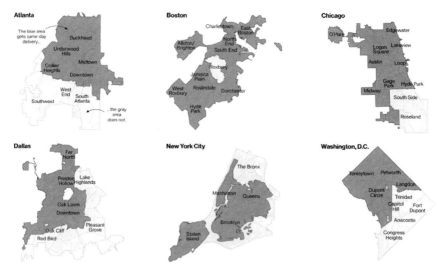

图4 彭博社比对六大城市亚马逊当日送货服务覆盖情况

视——也就是说,亚马逊并非故意选择不为黑人聚居区提供服务。实际上,该服务之所以更多地选择白人聚居地,很大一部分是来自机器计算的结果——根据数据,这些白人聚居地区的人均收入更高、亚马逊会员的家庭比例更高、货运公司去这些地区的成本更低,等等。这些纯粹基于经济数据而做出的计算,并未考虑到对社会公平带来的负面后果。

为了进一步看清差异,作者们在地图上绘制了有色散点,以区别不同种族的聚居分布(见图5)。圈住的地区为当日送货覆盖区,右侧的小图显示白人和黑人聚居地的比对。在细分地图中可以更明显地看到差距,比如在芝加哥市的南部、达拉斯中部的黑人聚居地,几乎完全没有当日送货服务。

这个案例显示出,在看似中立的技术、数字背后,其实隐含着偏见,乃至歧视。尽管没有人预先设置种族歧视的后果,但机器的算法却不自觉地导向了这样的结果。研究数据偏见的 Haverford College 教授 Sorelle Friedler 认为,实际上我们可以获得的和种族相关的数据已经有太多的固有偏差,像亚马逊当日服务的数据分析,如果不特地去识别纠正这些偏差,就会得出有盲点的结果。而这则数据新闻报道,则用清晰的数据,展示了数据的偏见。

在彭博社发表这篇文章不久之后,波士顿、纽约以及芝加哥市的市长、

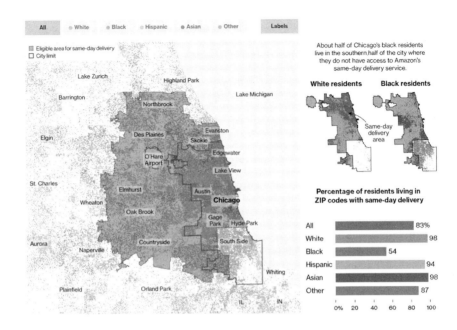

图 5　芝加哥城市的当日送货服务详细比对

高级议员等纷纷发表谴责，亚马逊随即响应，表示会在这些黑人聚居区覆盖当日送货服务。

　　对于数据记者或是数据应用开发者来说，在对待性别数据、种族数据、地域数据等含有偏差的数据时，如果已知这些缺陷和隐性歧视，在分析制作时，就应该提前甄别。

　　在文章最后的方法论部分，作者们提到他们是对亚马逊的当日送货查询网址使用爬虫获得了每个区的覆盖情况。网页爬虫技术对于数据新闻记者来说，算是必修技能之一，对于会编程的数据新闻记者来说，Python 算是最方便的语言了，Python 有很多自带的库非常利于处理从网页抓取的内容。

　　随着越来越多数据新闻记者通过网页爬虫获取数据和资源，其中不免涉及数据新闻制作过程中相关的道德与法律问题。在 2016 年的 NICAR（the National Institute for Computer - Assisted Reporting，美国计算机辅助报道）大会上，几家媒体的记者就对这个话题进行了探讨，并提议了几点爬虫过程中的注意事项：

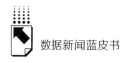

- 不要给其他网站的服务器造成过大负荷，尊重版权
- 抓取最新的数据，保存消失的信息
- 将工具视为报道的一部分
- 缓存已经抓去过的信息，避免重新下载
- 控制抓取工具过快的速率
- 监测抓取网站的变化

（二）质疑数据驱动的司法审判

在彭博社这则数据新闻案例中，亚马逊当日送货服务中的地域或种族歧视对当地居民的生活便利造成了影响，但没有造成更严重的后果。然而类似的数据驱动项目和算法，如果应用在司法审判系统，那么负面影响就不容小觑了。

专注于数据新闻和调查报道的非营利媒体 ProPublica 在 2016 年 5 月发表的长篇数据调查报道《机器偏见》（*Machine Bias*）中，就对现今美国司法官员青睐的罪犯评估系统 COMPAS，提出了质疑。该作品获得 2017 年普利策新闻奖提名。

COMPAS 是一款由科罗拉多大学统计学教授 Tim Brennan 和负责罪犯矫正项目的 Dan Wells 合作研发的风险评估系统。这套系统在司法审判的各个阶段都会被使用到，参与罪犯的量刑决策。在 ProPublica 的记者深入调查之前，研发人 Brennan 和 Wells 对这套系统不无自豪，认为 COMPAS 通过量化的方法测量罪犯的性格特质，能做出更精确的判断。

ProPublica 的团队对此提出了质疑，他们向佛罗里达州政府申请了 Broward 县 2013 年、2014 年两年 7000 多名罪犯的评估报告，将他们的实际作案率和 COMPAS 计算的累犯率进行比对。分析结果显示，在相似犯罪记录的情况下，COMPAS 预测黑人比白人罪犯的风险系数要高很多（见图 6）。

文章中，作者们也提到，机器系统可能反而加剧了没有根据、不公正的判决。在机器算法中，也许把不同种族之间的教育背景、就业比例、家庭背景等因素考量了进去，而这些因素本身就掺杂了歧视。如果司法官员越来越

图6 类似的背景，迥异的风险定级

多地依赖这些算法得到的结果，许多人的命运会因此而改变。

在这些案例中，数据新闻记者们对数据驱动的产品、决策提出质疑，推倒对数据的过分迷信，对教育机构、服务行业乃至司法系统进行监督，为普通老百姓争取更多更平等的机会。可谓以数据之矛，攻数据之盾。

四 数据驱动的调查报道

通过数据新闻的方式进行调查报道，已经成为西方媒体的常态——从"水门事件"调查报道中那句经典的"follow the money"开始，数据从来都是调查的利器。在本小节中，我们重点选取两则和医疗行业有关的重要数据调查报道。

（一）追踪每年上千亿美金的医保账单

2016年5月，《华尔街日报》发表了数据驱动的调查报道《医保解密》（*Medicare Unmasked*），引起强烈反响。

其实，这是一个持续多年的调查项目——《华尔街日报》从2010年起就花了大量的时间和资源在美国的医疗开销上进行调查。调查记者们想知

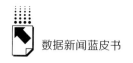

道：每年上千亿美金的医保账单是怎么花出去的？记者团队不断地向政府相关部门施压、要求公开数据，最终迫使美国政府在 2014 年 4 月首次公开了自 1979 年以来就保密的医保开销数据。

在政府公开数据后，调查记者们和数据新闻记者合作，挖掘分析了这组近千万条记录的数据"宝藏"，并从中发掘了很多惊人的信息，在社会中产生了极大的影响，也促使相关机构进行整改调查、实施改革措施。

《华尔街日报》的主编 Gerard Baker 在致内部员工的信中说道，这个项目迫使白宫向美国大众公开他们不愿披露的重要信息，揭露医保体系是如何滥用纳税人的钱以及相关政府部门的腐败勾结。他们的深度调查编辑 Michael Siconolfi 和医疗健康板块负责人 Stefanie Ilgenfritz 带领七位调查记者的团队与政府相关部门斗智斗勇，同时，他们与数据新闻团队的 6 名数据记者并肩合作，最后呈现了这则作品（见图 7）。

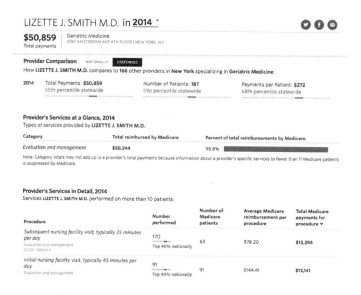

图 7　Medicare Unmasked 项目的医生数据页面

在数据处理上，《华尔街日报》的这个团队用 C#语言对原始数据进行处理，存储在 Microsoft SQL 数据库中；在数据分析阶段，数据记者们使用的软件是 R，采用了线性回归、逻辑回归、主成分分析等多种统计分析方法，挖掘数据背后隐藏的线索；在最后的项目呈现和叙事阶段，使用了 PHP 和 JavaScript，用可交互的搜索数据库以及专题故事方式，让读者可以搜索几十万名医生和供应商的信息，并进行横向比对。这种将数据进行透明化的展示，同时非常方便普通人查询的方法，已经成为西方媒体数据调查报道的固定做法，值得借鉴。

（二）揭露私人医生与药品公司之间的秘密交易

医药公司和医生之间的金钱往来不难让人质疑医生在开具处方时是否会有私心。《华尔街日报》在 2016 年 6 月的一篇报道中指出，对某些疾病，医生完全可以开具成本较低的药品给病人，然而研究却表明，即使是吃医药公司几顿免费的餐饮也会提高医生开具该公司名贵处方药的倾向。《JAMA 内部医学》（*JAMA Internal Medicine*）杂志主编 Robert Steinbrook 在一篇社论中写道，医疗公司的利润导向和医师的自主原则之间不断上升的紧张趋势，让老百姓开始质疑医疗领域的正直客观。

ProPublica 的"Dollars for Docs"项目就是一个揭露私人医生与药品公司之间的秘密交易的重磅调查项目。它虽然并非始于 2016 年，但是在 2016 年一直持续更新（至本文定稿时，该项目最后一次更新是在 2016 年 12 月 13 日）。

这个项目可以算是 ProPublica 投入精力最多的项目之一，受到了社会广泛的关注。这个项目最早在 2010 年萌芽，彼时 ProPublica 对几十位从医药公司以咨询、演讲等形式获取超过 20 万美元费用的医生进行了采访，随后他们不断扩建这个数据库，建立了一个拥有上百万条记录的庞大系统。直到现在，ProPublica 的记者们也还一直在维护这个项目。用户可以从这个应用中搜索自己的医生从医药公司中收取了多少额外费用，给自己开出的处方中是不是存在猫腻。

ProPublica 透露，数据新闻团队的成员们为了得到这些数据可谓下了不少苦功。根据 2010 年美国《平价医疗法案》规定，医药公司必须在自己的网站上公布它们与医生的经济往来，这种公布形式可能是 HTML 表格，也

可能是 PDF 文件，也有可能是其他形式。针对不同的形式，ProPublica 的记者们采取了不同的爬虫（web scrapper）处理方式和数据核查。截至 2016 年 12 月，他们的数据库中已经收集了超过 1800 家医药公司 81 万医生近 63 亿美元的金钱交易。

在他们的分析中，编辑们表示：与医疗公司有频繁经济往来的医生更容易向患者开具这些公司的药物。他们将开具处方过千剂的医师与相关专长的医师进行比对，将他们的倾向进行划分。具体的分析方法记录在他们的白皮书中。

在项目呈现上，ProPublica 并没有做得非常花哨，而是采用非常简洁的搜索和排行界面。点击每家医药公司、每款药物、每家医院、每位医生，就可以看到详细的细分数据。令人咋舌的是，有些医生竟然从医药公司获取了超过千万美元的收入。比如这位 Stephen Burkhart 整形外科医生，2013 ~ 2014 年，收到过 129 笔来自 6 家医药公司近 2400 万美元的付款（见图 8）。此外，ProPublica 的编辑们还贴心地做了一个"问题清单"打印功能，在用户搜到自己的医生后，可以查询自己的医生在相关药物上收到的付款明细，作为自己就诊的参考。这些方面用户的交互方式都值得称道。

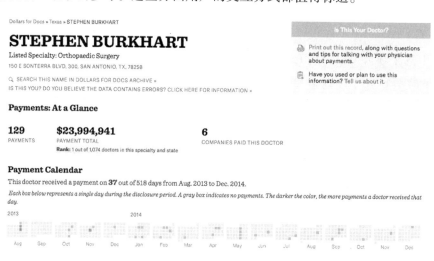

图 8　排行第三的医生的详细经济往来页面

这个调查项目在美国产生了很大的影响，包括《波士顿环球报》《芝加哥论坛报》《圣路易斯邮报》在内，超过 125 家地方新闻机构基于这一项目的数据对当地医生进行了调查报道。为了应对联邦检举人对企业存在不正当营销和回扣的控诉，这些医药企业纷纷选择公布自己对医生的支付情况。这是一个基于数据的"硬调查"所带来的切实改变。

五　关注本地、服务社区

2016 年初，奈特基金会（Knight Foundation）宣布，将投入 320 万美元，资助 17 个数据新闻项目。这 17 个数据新闻项目有一个共同点：帮助人们利用数据来做出关于他们的个人生活和他们所在的社区的决定。

在新闻业的商业危机之下，地方新闻面临着最大的困境。因此，很多人希望为本地性、社区性的新闻提供更多的帮助，希望看到更多服务社区的项目。其中，数据新闻项目被寄予很大的希望，因为很多本地服务项目与数据息息相关。

（一）用数据帮助居民选择居住社区

芝加哥的犯罪率在美国各大城市排行榜中一直居高不下，仅 2016 年上半年就有 1000 多人死于枪支暴力事件。暴力事件的频发，与芝加哥枪支泛滥、种族歧视依然严重、收入差距过大有密切关联。对于本地居民来说，选择安全的居住社区、出行路线，为子女择校自然成为他们最关心的话题。《芝加哥论坛报》的"Crime in Chicagoland"项目就瞄准了这一用户需求（见图 9）。

这个项目是美国主流媒体中最早的数据新闻案例之一。和上面介绍的"Dollars for Docs"项目一样，这个项目也是持续更新至今——这样的延续性是非常值得赞赏和借鉴的。《芝加哥论坛报》的 News App 团队在 2012 年开始进行这个项目第一版的开发，之后在 2014 年进行了一次改版。项目的首页很简洁，最上方的搜索框最明显，用户输入自己的邮编或者社区名就可以

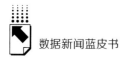

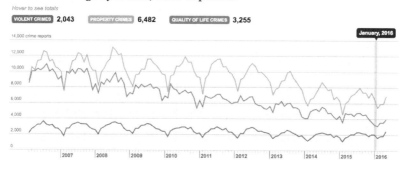

图 9 Crime in Chicagoland 项目首页

跳转到该区的详细报告，主页的下方是整个大芝加哥地区十年的犯罪趋势以及高危社区排名。在社区详细报告页面，可以看到当月的犯罪数据分布、类别细分、高发时段以及该区的人口普查数据。

在团队第一版的技术博文中，团队的数据新闻记者们分享了他们的从数据建模、数据分析、攻克技术和设计难题到搭建网站框架的工作流程。在数据方面，他们列举了遇到的几个难题：

——原始数据的获取端口不稳定；

——原始数据缺失、重复，难以归类，没有细节；

——地理数据无法正确解码；

——不同数据源之间数据无法匹配。

类似的，他们也列举了在设计方面需要达到的目标：

——以简单直观的方式呈现多维、大量的数据；

——隐藏不必要的细节，同时允许用户深入探索；

——建立有效的衡量指标，使得同类横向比较和纵向历史比较都有意义；

——不孤立地展示数据，而是联系具体语境；

——去除不必要的色彩和设计干扰；

——设计响应式网页，能在移动端合理显示。

这些问题依然常见于现在的数据新闻项目中。为了解决数据问题，数据记者们在开发过程中每周都会进行 Data Audit（数据审计）——核查报告中的数据问题，将正确的数据传到数据库中。随后，他们和西北大学奈特实验室（Knight Lab）合作，将一些关于芝加哥的犯罪数据整合，发布了 Chicago Crime API 开放接口，方便相关的数据分析人员更好地读取使用。在设计上，他们放弃了采用"移动优先"的响应式设计方法，在移动端舍弃了一些不必要的交互和数据显示。

除了犯罪相关的项目外，《芝加哥论坛报》还用类似的方法做了伊利诺伊州的学校分析项目——Illinois School Report Cards。和前一个项目一样，用户输入自己的邮编或地址，就可以看到社区附近的各所中小学的相关指标，比如考试成绩、学生种族分布、师资力量等。

相似的项目在其他媒体也有不少，其中比较有名的是纽约公共广播电台 WNYC 的 SchoolBook。这种基于本地新闻（Hyperlocal News）的数据新闻网站对许多当地读者来说非常实用。ProPublica 则做过几个相对更大型的项目，针对全美更大范围的医疗系统、养老系统、教育系统进行梳理。

• Surgeon Scorecard——在专家的指导下，数据记者们计算了外科医生在不同手术中发送的病人死亡及并发症率。读者可以搜索居住地各家医院、各科医生的手术记录。

• Nursing Home Inspect——根据医疗系统公开档案，对 60000 多家养老院的违规、罚款情况进行了整理统计。读者可以搜索各家养老院的总体情况、评分等。

• The Opportunity Gap——收集了学生人数超过 3000 人的大社区的公立学校数据，比较各州在提供学生教育资源上的优劣。读者可以选择居住地附

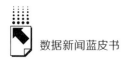

近多个学校进行比对。

● Represent——收集了美国所有选区的议员对各项议案投票情况，每天更新。读者可以查看居住地的当地立法议员对每项法案的投票是否和自己一致。

（二）分析美国的"学区房"

2016 年 4 月，《纽约时报》推出了数据新闻报道《金钱、种族和成功：你的学区怎么样?》（*Money*，*Race and Success*：*How Your School District Compares*），分析美国的"学区房"现象。

这则作品的主体是几张交互性的散点图，横坐标是家庭的收入，纵坐标则是根据学生的阅读和数学成绩评测出的学习水平差异，而气泡的颜色则代表不同族裔（白人、西班牙裔、黑人）的学生。每一根连线所串起的三个气泡点表示同一个城区三个族裔学生的差异分布（见图 10）。

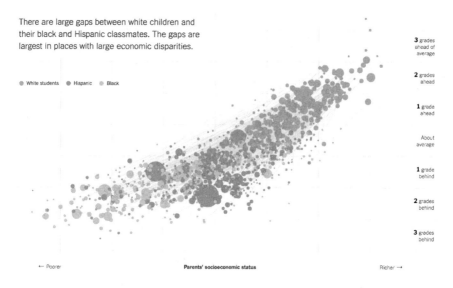

图 10　父母收入与种族、子女成绩相关性的连线散点

在这幅连线散点图中，不仅可以直观地看到不同颜色气泡的群簇，也可以横向地看到社区内的差异。总的来说，贫穷地区的学生比富裕地区的学生

在学习水平上要低大约 4 个年级；在全美最富裕的几个地区，白人学生相比少数族裔学生的学习水平差距最明显；即使在父母收入差异不大的社区，白人学生也普遍比少数族裔学生的学习水平更高。

不少学者试图解释这个差异的来源，比如说，一些来自富裕家庭的孩子，父母大多有良好的教育背景，他们容易获得更好的课外教育资源，受到更多的压力；或是不同族裔人口本身的收入差距就比较明显。但这也不能完全解释图中显著的差异，在文章中，作者们也提到，这些数据和分析图引起的讨论比解答的问题更多。

这种将复杂学术研究数据新闻化的案例，给了读者、学者、教育从业者一把放大镜，使其更清晰地看到家庭的经济社会地位差异对子女教育的影响，也为大家深入思考这种和每个家庭、每个社区都息息相关的机会落差现象提供了机会。

六　其他趋势

除了上文提到的几大特点和趋势之外，我们还可以观察到 2016～2017 年西方数据新闻报道中的其他一些现象。

（一）用静态图文也可以讲故事

在动态、交互型数据新闻作品成为潮流的时候，《纽约时报》的一则关注全球变暖的静态作品反倒有让人眼前一亮的效果。这则作品向我们证明：用静态图文也可以讲出很简洁有力的故事。

这则作品讲述的是全球变暖和海平面上升对大西洋和海湾地区造成的洪涝灾害。更多信息可以在作品配套的长篇报道中找到。作品的主体是美国东海岸线的沿岸轮廓，从最北的缅因州到最南的佛罗里达州，可以通过上下滚动的方式依次查看。沿海的主要受灾城市都以小圆圈标注出来，从橘色到红色，显示受灾程度的严重性（见图 11）。

在海岸线地图右侧，是重点城市的水灾天数的直方图，上面叠加的折线图

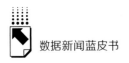

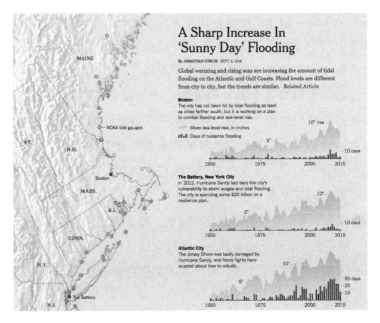

图11　海岸线和数据

是平均海岸线上涨幅度，间接穿插一些受灾的图片。从这些图表中可以非常直观地看出，1975 年以来全球变暖带来了明显的海岸线上升和自然灾害增多。

　　这则作品的背景是美国国家海洋和大气治理署的一篇学术分析。作者从复杂的学术分析中，以简洁的方式将重点信息提取呈现给读者。从技术上来说，这则作品并不复杂，比起动态交互作品来说显得过于"朴素"。但这也正是这则作品的优点所在：简洁，清晰，不累赘。在静态图文足以传达信息的时候，是否一定需要加上炫目的交互效果？这则作品给我们的答案是否定的。

　　当然，动态交互作品也有自己的用武之地。《纽约时报》的另一则出品于 2016 年的相关主题作品采用的就是交互的呈现方式。这则作品收集了全球超过 3000 个城市的气温和降水量历史数据，并将之与 2015 年的实际数据进行对比——红色为 2015 年数据，灰色为历史数据的正常范围。用户可以自行输入感兴趣的城市名称进行搜索，例如北京的查询结果显示：2015 年的平均温度比历史水平高了 1.9 摄氏度（见图12）。这种可视化的气温变化图并非近年来的创造，其实，它在《纽约时报》可以最早追溯到 1979 年。当年 1 月 7 日出版的报纸上，有一张版式非常类似的图表，记录了 1978 年纽约市的气温和降水情况，并与历史数据进行了对比。这个案例再次表明：数据新闻的历史可以向前追溯很多，今天的作品有不少都有着历史上的渊源。

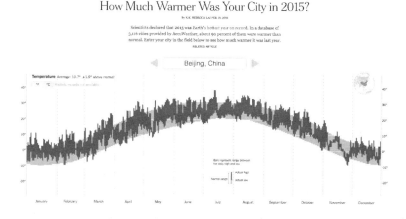

图12　2015 年北京的气温和历史数据的对比

（二）用文本分析挖掘政治文本

上文曾经提及，自然语言处理技术的进步丰富了数据新闻的数据来源。《华盛顿邮报》的一则分析国情咨文的作品，就用到了对政治文本的分析。

美国宪法规定，每年年初，现任总统都要在国会众议院发表国情咨文（*State of the Union address*）阐述政府的施政方针，历届总统对此都非常重视，对措辞更是非常严谨。从 1900 年以来，美国 20 位总统一共发表过 117 次国情咨文。

这些咨文通常会覆盖民族主义、经济政策、国家安全、外国关系等方面，《华盛顿邮报》的编辑们对过去 20 多年的咨文文本进行了统计分析，并请教了英文文学和语言学的教授专家，呈现了这幅作品（见图 13）。

作品本身的视觉效果很简洁，横坐标就是年份，纵坐标是重要的单词，红蓝两色分别代表共和民主两党的总统发言，气泡的大小表示单词的频率，

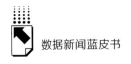
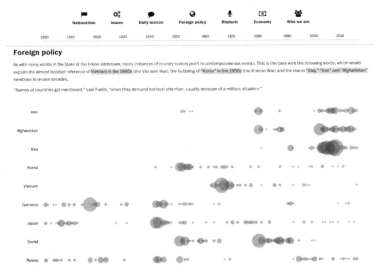

图 13　华盛顿邮报分析国情咨文的用词

鼠标悬停的时候会显示相关的信息。可以看到在外交政策这个板块，20世纪 50 年代的朝鲜战争、60 年代的越南战争被多次提及，近些年的伊朗、阿富汗、伊拉克战争等关键字，频频出现在咨文中，另外，恐怖主义（terrorism）及相关字眼也在近些年频繁出现。

　　这个作品中的文本量算非常少的，仅有 117 次演讲的文本，相对于 2006 年的维基解密文件（超过 120 万份报告）和 2016 年的巴拿马文件（近 2.6TB），简直是九牛一毛。

　　这个案例中的文本分析非常直白，只是简单的词频（包括近义词）统计。最基本的文本分析方法除了词频统计之外，还有 entity recognition/extraction（实体识别/提取）、dictionary tagging（词典标注）等，进一步的自然语言处理还有 sentiment analysis（情感分析）、corpora comparison（语料对比）、document categorization（文档分类）等，有一些现成的工具可以做简单的分析，也有各种语言的库和算法可以做进阶分析。

（三）用模拟数据做数据新闻

　　传统意义上的数据新闻，都是将已经收集、处理好的数据展示出来。但也有一种数据新闻，展示的是模拟的数据，而非真实收集的数据。在展示模拟数据时，只需要定下几个参数，然后让计算机自己生成模拟结果就可以了。这种方法已经得到越来越多的应用。

2017年4月，《纽约时报》推出了一则长报道《Uber如何使用心理学招数让司机甘愿干活卖命》。报道本身质量很高，但搭配的几则数据可视化更出彩。

以第一则可视化为例。画面中模拟了一个城市，有很多车在跑，也有很多乘客要坐车，很像一个电子游戏的界面。你可以选择正在工作的司机数量，比如50人，这样平均每个乘客要等20分钟左右才能坐上车，而只有8%的司机在等活。如果有250个司机在工作，每个乘客只需要等3分钟就行了，但有超过70%的司机在等活。它讲述的是一个很简单的道理：要让乘客体验提升，等待时间变短，司机的等活时间就必定会增加（见图14）。

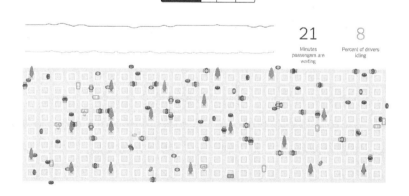

Faster pickup times mean more idle drivers.

Change the number of drivers in this ride-share simulation. Faster pickup times for riders require a greater percentage of drivers to be idling unpaid.

| 50 DRIVERS | 75 | 125 | 250 |

21
Minutes passengers are waiting

8
Percent of drivers idling

图14　模拟打车场景

之后有一则可视化模拟了两种策略：一种是鼓励司机干到100美元的收入再收工，另一种是只在最高峰的时候出工。模拟结果显示：前一种策略对司机不利，时薪只有后一种的一半多一点，但对网约车公司有利。所以，

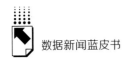

Uber 一直在用各种方式激励司机完成金额目标，避免他们只在高峰时间才出来干活。

最后一则可视化同样是比较：一种是司机多、不加价；另一种是司机少，高峰加价。Uber 希望尽量激励前一种情况，因为这样乘客体验更好，而司机所要承担的空跑代价，并不构成 Uber 公司的成本。

总的来说，这一组可视化作品用非常有趣的方式模拟出直观的结果。虽然数据是模拟出来的，但是场景和逻辑均取材于真实社会，因此可以反映出现实的情况。

七 未来发展方向和对中国数据新闻的启发

"新闻业正遭受着攻击，数据新闻从未如此重要。"在谷歌的 2017 年数据新闻奖评选通知中，开头就是这样一句话。

这样的"定调"是准确的。但根据本文介绍的背景和案例，我们还可以加上一句话：数据新闻自身的反思和进步也从未如此重要。

未来，数据新闻将继续成为各类报道题材中的常备工具，但无论是记者还是读者，都将对数据新闻产生健康的怀疑（healthy skepticism）。以政治报道为例，《纽约时报》前执行主编 Bill Keller 认为，政治新闻曾经更像人类学——进行长时间的田野调查和深度采访，而现在越来越变成统计学。但是，2016 年的大选告诉我们：我们对数据可能过分崇拜了。数据很好很重要，但我们不应该成为数据的奴隶。这样的道理也同样适用于其他报道领域。

未来，数据新闻将向"大"和"小"两个方向发展。"大"指的是，随着算法的演进，随着数据处理能力的进一步提升，随着各类工具的进一步完善，媒体获取和处理大规模数据的情况会越来越多，并且会和人工智能技术相结合，面向不同的受众推出不同版本的数据新闻产品。"小"指的是，比起所谓"大数据"，对"小数据"、单个数据点的关注也将变多——因为媒体人越来越意识到，个体的故事依然拥有重要的价值。美国国家公共广播（NPR）的创意指导 Liz Danzico 就认为，媒体将更关注质量而非数量，更关注单篇文章，更关注细节，更关注单个的数据点而非大数据，更关注小而美、丰富的单一时刻。

毋庸置疑，中国的数据新闻发展和世界先进水平还有一定距离，本书在《中国数据新闻经典案例分析》中已对中国数据新闻的不足做了系统剖析。同时，这些发生在国外的新趋势和新案例，对中国的数据新闻也有很重要的启发作用。

一方面，我们依然有许多具体的实践经验需要学习和追赶。本文中提到的诸种获取数据的技术，利用数据进行"硬调查"的方式，对数据进行呈现、互动的方式，等等，在中国的数据新闻案例中都还不够普及。

另一方面，我们也应该及时从西方数据新闻界的反思中获取启发，避免陷入对数据、算法、技术的崇拜，坚持对个体经验、在地经验、基层经验的重视，不让数据新闻成为凌空蹈虚的数字游戏。

参考文献

Iyengar, S. , Norpoth, H. , and Hahn, K. S. , "Consumer demand for election news: The horserace sells," *Journal of Politics* 66 (2004): 157 – 175.

Pilkington, E. , "Did Trump's scorched-earth tactics mortally wound the media?" *Columbia Journalism Review* (2016), http://www. cjr. org/special _ report/trump _ media _ election. php.

Rutenberg, J. , "A 'Dewey Defeats Truman' Lesson for the Digital Age," *The New York Times* (2016), https://www. nytimes. com/2016/11/09/business/media/media – trump – clinton. html.

The post – truth world, *The Economist* (2016), http://www. economist. com/news/briefing/21706498 – dishonesty – politics – nothing – new – manner – which – some – politicians – now – lie – and.

Young, M. L. , Hermida, A. , and Fulda, J. , "What Makes for Great Data Journalism? A content analysis of data journalism awards finalists 2012 – 2015," *Journalism Practice* (2017): 1 – 21.

附　录

Appendix

B.15

2017年中外数据新闻奖获奖作品索引

梁海燕　李 喆*

国内外数据新闻奖作为风向标反映并推动了新闻实践的发展，目前国际上比较知名的数据新闻奖包括全球数据新闻奖（DJA）和凯度信息之美奖，除此之外还有不少数据新闻作品还在综合性新闻奖项中有所斩获，比如《华盛顿邮报》利用全国性的数据库，来分析警察开枪射击的频次和原因，并推测最有可能的受害者是谁，该系列报道获得了2016年普利策国内新闻报道奖。国内知名的数据新闻奖主要包括中国数据新闻大赛和高校数据新闻报道比赛，相比国际数据新闻奖项，国内的数据新闻奖更鼓励在校大学生的参与。以下将整理列举国内外主要数据新闻奖的获奖情况。

---

* 梁海燕，上海大学数码学院讲师，设计艺术学博士，研究方向为数据新闻可视化、信息可视化设计；李喆，上海大学新闻系硕士研究生。

一 国外数据新闻奖奖项

1. 全球数据新闻奖(Data Journalism Awards，DJA)

（1）官网链接

https：//www. datajournalismawards. org/.

（2）赛事介绍

由非营利、非政府行业协会全球编辑网（Global Editors Network）于
2012年设立，是全球首个为嘉奖数据新闻领域杰出的作品而设置的奖项，
堪称元老级别的数据新闻奖。到2017年为止已成功举办六届比赛。DJA得
到了谷歌新闻实验室（Google News Lab）和奈特基金会（Knight Foundation）
的支持，《纽约时报》、《卫报》、美国ProPublica等知名新闻媒体都曾是这
项大奖的得主。①

（3）2016年获奖作品

• 年度最佳可视化奖：《天空中的密探》

媒体：Buzzfeed

• 年度最佳调查报道奖：《关注全球药品获取情况的记者调查网站》

媒体：西班牙非营利新闻机构 Civio 基金

• 年度开放数据奖：《为了改变而做开放数据新闻》

媒体：阿根廷《民族报》

• 年度最佳突发新闻数据使用奖：《脱轨美铁列车：死亡曲线上的飞驰》

媒体：半岛电视台美国频道（AL JAZEERA AMERICA）

• 年度最佳新闻数据应用奖：《什么左右着选举?》

媒体：FiveThirtyEight

• 年度最佳新闻数据应用奖：《未被惩罚的放肆》

---

① 《2016全球数据新闻奖（DJA）今早颁布！"元老级"数据新闻奖带来了哪些新启示?》，
2016年6月17日，http：//djchina. org/2016/06/17/2016dja/。

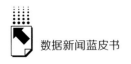
媒体：秘鲁 Convoca

●年度最佳个人作品奖：

获奖人：lSisi Wei（隶属 ProPublica）

代表作：*Surgeon Scorecard*，*Money as a Weapons System*

●年度最佳数据新闻网站奖：FiveThirtyEight

538 是美国一个专注数据新闻的网站，主要关注政治和体育领域，现在还涵盖了科学健康、经济和文化等领域的报道。538 注重对数据的深度分析，在 2016 年美国大选的报道中甚至开发了预测模型。在可视化呈现方面侧重简洁清晰，运用 R、D3 等软件设计交互信息图表，其部分源数据还会分享到 GitHub。已经成为美国最受欢迎的网站之一。

●评委选择优秀奖：QUARTZ

网站链接：http：//qz. com/

●公众选择奖：《如果叙利亚内战发生在你的国家会怎样？》

媒体：Public Radio International（美国的公共国际广播电台）

2. 凯度信息之美奖（The Kantar Information is Beautiful Awards）

（1）官网链接

http：//www. informationisbeautifulawards. com/.

（2）赛事介绍

凯度信息之美奖，是为了嘉奖信息与数据可视化的优秀作品而设立的奖项。2012 年，记者兼数据可视化学者大卫·麦克坎德莱思（David McCandless）和凯度集团（译者注：凯度集团系全球知名的研究、分析和咨询网络集团）公司创意总监艾兹·卡米（Aziz Cami）共同创立了该奖。①

2016 年的"信息之美奖"共分为"数据可视化""信息图""交互可视化""数据可视化网站""数据新闻""数据可视化项目"6 个类别。每个类别都评出了金、银、铜三个奖项，一些类别还评出了荣誉提名奖。除此之

---

① 《数据可视化：2016 "信息之美" 金奖作品全解析》，2016 年 11 月 15 日，http：// www. cbdio. com/BigData/2016 - 11/15/content_ 5377638. htm.

外，主办方特别设立了"最佳团队""学生奖""社区奖""最佳信息之美奖"等9个特别奖。①

（3）2016年金奖及特别奖获奖作品

●全场最大奖项：最佳信息之美奖（Most Beautiful）《天空中的密探》

媒体：Buzzfeed

●数据可视化类（Data Visualization）金奖作品：《地球的气温变化时间轴》

媒体：美国XKCD博客

●信息图（Infographic）金奖作品：《失踪移民地图》

机构：国际移民组织（IOM）的全球移民数据分析中心（GMDAC）与媒体与通讯事业部（MDC）

●数据可视化项目（Dataviz Project）金奖作品：《数据美食》

作者：Moritz Stefaner和Susanne Jaschko（德国）

●交互可视化类（Interactive）金奖作品：《航运地图》

作者：Robin Houston和Duncan Clark（英国）

●数据可视化网站（Dataviz Website）金奖作品：《流动的数据》

作者：Nathan Yau（邱南森）

●商业项目（Commercial/biz Project）金奖作品：《数据美国》

机构：德勤（Deloitte）、Datawheel数据公司和麻省理工学院媒体实验室Macro Connections

●年度最佳工作室（Studio of the Year）：Polygraph工作室

网站链接：http：//polygraph.cool/

●最佳团队奖（Outstanding Team）：FiveThirtyEight网站

网站地址：http：//fivethirtyeight.com/

●社区奖（Community Awards）金奖（由全球数据可视化社区通过网上投票得出）：《1996~2015中国各省经济增长》

---

① 《数据可视化：2016"信息之美"金奖作品全解析》，2016年11月15日，http：//www.cbdio.com/BigData/2016-11/15/content_5377638.htm。

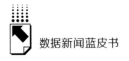

媒体：《南华早报》

· 最佳个人奖（Outstanding Individual）：Moritz Stefaner（德国）

代表作品：《天神项目——季风能源预测》

· "明日之星"奖（Rising Star）：Will Stahl - Timmins（英国）和 Nadieh Bremer（荷兰）

代表作品：英国医学杂志信息图表

· 学生奖（Student Awards）金奖作品：《洛杉矶及芝加哥的收入差距》

作者：Herwig Scherabon（美国）

· 最佳非英语类作品（Best Non - English Language）：《BIG》

作者：Terre Urbaine（法国）

3. 菲利普·迈耶奖（Philip Meyer Awards）

（1）官网链接

http：//www. ire. org/blog/ire - news/2017/01/23/2016 - philip - meyer - award - winners - announced/.

（2）赛事介绍

该奖为纪念开创"精确新闻报道"（precision journalism）的前北卡罗来纳大学教授菲利普·迈耶所设，他著有《精确新闻报道》和《正在消失的报纸：如何拯救信息时代的新闻业》。本奖项专门用于嘉奖以数据驱动、融合社会科学研究方法做出的深度调查报道。

（3）获奖作品

· 一等奖：*Doctors and Sex Abuse*（《医生与性侵》）

媒体：亚特兰大宪法报

· 二等奖：*How Fire Feeds*（《致命烈火》）

媒体：调查报道中心（CIR）

· 三等奖：*The Tennis Racket*（《网球骗局》）

媒体：BBC、BuzzFeed

二　国内数据新闻奖奖项

1. 中国数据新闻大赛

（1）官网链接

http：//media. nwnu. edu. cn.

（2）赛事介绍

"2015 年首届中国数据新闻大赛"由中国传媒经济与管理学会、财新数据可视化实验室主办，甘肃省融合媒体研训基地、西北师范大学传媒学院承办，甘肃伎乐天文化传播有限公司、GeoQ 位置智能平台、甘肃省广播电视协会等协办。参赛作品通过深度的数据分析、专题讨论或其他形式的研究来呈现其作品主题，内容涉及经济、环境、教育、时政、娱乐、文化等方面。

2016 年 5 月 7 日，第二届中国数据新闻大赛暨"一带一路"传媒高峰论坛在北京师范大学落下帷幕。本次大赛由北京师范大学和西北师范大学主办，北京师范大学新闻传播学院、西北师范大学传媒学院承办。此次活动创新性地以用大数据解读"一带一路"故事为主题，"一带一路"倡议作为目前中国国家级顶层战略，是我国寻求国家间合作与对话、建立更加平等均衡的新型全球发展伙伴关系、夯实世界经济长期稳定发展的一项重大战略决策。

（3）2016 年获奖作品

● 一等奖：

专业组：《今日头条大数据解读国民阅读中的"一带一路"》（今日头条）

学生组：《下一个"世界工厂"在哪里》（上海大学）

● 二等奖：

专业组：《沿着"一带一路"，中国企业这样"走出去"》（新华网）；《新丝绸之路上的时间线》（南方网）

学生组：《数说"钢铁丝路"：联通亚欧大陆的中欧班列》（北京师范大

293

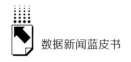

学和清华大学）；《黄与绿——绿色丝绸之路生态一体化探索》（复旦大学）；《"一带一路"一起行》（北京师范大学和西北师范大学）；《买买提的新艾德莱丝路》（西华师范大学）；《班列行万里 闪耀新丝路——郑欧班列成长记》（河南工业大学）；《"据"透：新丝绸之路经济带上的机遇与挑战》（成都理工大学）

- 三等奖：

学生组：《带你去穿越："一带一路"沿线国家数据分析》（北京交通大学、中国人民大学、北京邮电大学）；《新丝绸之路对外文化传播》（浙江大学）；《新丝路——新崛起的文化桥梁》（重庆大学）；《西出阳关看中国——新丝路反恐大观》（华东师范大学）；《数说"丝路书香出版工程"》（北京印刷学院）；《数说敦煌》（西北师范大学）；《新机遇与新挑战：中亚新丝绸之路"钱"指何处》（西北师范大学）；《相容相生——从五行学说堪寻古今丝绸之路》（西华师范大学和西北师范大学）；《Data 伴你游丝路》（西华师范大学）；《新丝绸之路与旅游文化的碰撞》（华南理工大学）；《从进出口贸易看"丝绸之路"》（河南工业大学）；《"一带一路"战略下熊猫引领成都经济新趋向》（四川文化产业职业学院）

2. 高校数据新闻报道比赛

（1）官网链接

http：//www. uscet. org/programs/data – journalism – competition – and – awards.

（2）赛事介绍

第二届"高校数据新闻报道比赛"由复旦大学新闻学院、财新数据可视化实验室以及中美教育基金会（USCET）联合举办，本次比赛主题是环境。通过数据挖掘、分析和呈现，鼓励学生认真审视气候变化、能源供应、环境恶化和污染等对中国社会的影响。形式可以是信息图、互动网页或视频。比赛鼓励创新、拼搏和团队合作，鼓励编程人员、记者和美术设计师合作组队。

（3）2016 年获奖作品

- 一等奖：*Masking Country, What is bad could worse*

作者：柳霁（哥伦比亚大学）

- 二等奖：《中国濒危鸟类分布信息图》

作者：袁蔚然（南京大学）

- 二等奖：《中国主要省市十年 SO$_2$ 及烟尘排放量示意图》

作者：熊潇、闫发聪、宋双（南京大学）

- 三等奖：*Renewable energy mitigate climate change*

作者：靳莹（英国拉夫堡大学）、孔家兴（自由职业者）

- 三等奖：*The Blue of* 2015 *Beijing Sky*

作者：王亚赛（南京大学金陵学院）、陈香君（香港浸会大学）

- 三等奖：《2004 年和 2014 年四种能源消费量对比》

作者：夏林霞、王福慈、汪睿（南京大学新闻传播学院）

国内除了专门的数据新闻奖项以外，还有很多数据可视化应用大赛，旨在为企业、政府提供基于大数据的解决方案。比较知名的可视化大赛有由阿里公益基金会主办的公益云图——数据可视化创新大赛、由上海市经济和信息化委员会和上海市交通委员会主办的上海开放数据创新应用大赛（SODA）、由 P2P 金融企业主办的"魔镜杯"互联网金融数据应用大赛等。在这些大赛中也涌现出不少优秀的数据可视化作品，比如《穹顶之下》《DRDSS：极速撤离——灾害安置辅助决策平台》《深度解读环境问题》《基于动态网络与社会激励的新能源汽车租赁系统》《众包你的骑行生活——基于众包数据的时空挖掘应用 APP》《杠铃公交——让通勤举重若轻》《优程——应对轨交网络大客流阻滞点的"微网搭桥"解决方案》等。

B.16
2017年中国数据新闻大事记

林淑金

2017 年 1 月 23 日 美国数据新闻大奖 2016 年菲利普·迈耶奖（Philip Meyer Award）公布结果，关于医生性侵事件、野外火灾可视化、职业网球假球案的报道分获前三名奖项。该奖为纪念开创"精确新闻报道"（Precision Journalism）的前北卡罗来纳大学教授菲利普·迈耶所设，专门嘉奖以数据驱动、融合社会科学研究方法做出的深度调查报道。

2017 年 1 月 17 日 工业和信息化部正式印发了《大数据产业发展规划（2016～2020 年）》，全面部署"十三五"时期大数据产业发展工作，加快建设数据强国，为实现制造强国和网络强国提供强大的产业支撑。

2016 年 12 月 23 日 "2016 年上海开放数据创新应用大赛（SODA）决赛路演和颁奖仪式"在静安市北高新园区举行，各项奖项全部揭晓。大赛吸引了全球超过 1500 人参赛，收到多个领域的高质量参赛作品累计 212 个，经过 5 个多月的初复赛选拔，最终选出 10 个作品晋级决赛。

2016 年 12 月 7 日 国务院常务会议通过了《"十三五"国家信息化规划》。李克强总理明确说，信息孤岛要坚决打通，起码政府系统不应再有。会议确定的规划重点，首先便是打破信息壁垒和"孤岛"，构建统一高效、互联互通、安全可靠的国家数据资源体系，打通各部门信息系统，推动信息跨部门跨层级共享共用；实施"互联网＋政务服务"等信息惠民工程，加快推进公共数据资源向社会开放。

2016 年 10 月 9 日 中共中央总书记习近平在主持中共中央政治局第三十六次集体学习时，明确提出"建设全国一体化的国家大数据中心"的必要性，"要深刻认识互联网在国家管理和社会治理中的作用，以推行电子政

296

务、建设新型智慧城市等为抓手，以数据集中和共享为途径，建设全国一体化的国家大数据中心，推进技术融合、业务融合、数据融合，实现跨层级、跨地域、跨系统、跨部门、跨业务的协同管理和服务"。

2016年10月8日　国家发展改革委、工业和信息化部、中央网信办发函批复，在京津冀、珠江三角洲、上海市、河南省、重庆市、沈阳市、内蒙古自治区七个区域推进国家大数据综合试验区建设，这是继贵州之后第二批获批建设的国家级大数据综合试验区。此次批复是贯彻落实国务院《促进大数据发展行动纲要》的重要举措，将在大数据制度创新、公共数据开放共享、大数据创新应用、大数据产业聚集、大数据要素流通、数据中心整合利用、大数据国际交流合作等方面进行试验探索，推动我国大数据创新发展。

2016年9月21日　第五届凯度信息之美大赛（Kantar Information is Beautiful Awards）于9月21日公布了入围名单（Longlist）。作为已经连续举办了五年的全球数据可视化方面的最主要赛事之一，今年的比赛收到的投稿数量又创下了历史新高。随着数据可视化在中国不断加速发展，中国作品的水平也在日益上升，有18个中国作品入围了今年的比赛。南京艺术学院设计学院以6个作品入围排名作品数量第一。

2016年8月16日　数据新闻常用可视化工具之一Tableau Software发布10.0版本。

2016年6月17日　2016数据新闻奖（Data Journalism Awards，DJA）在全球编辑网络（Global Editors Network）年度峰会上隆重揭晓。今年的DJA共收到全球五大洲50多个国家和地区的471件作品，共有63件作品入选最终候选名单，共同竞争数据可视化、调查新闻、新闻数据应用等12个不同类别的数据新闻大奖。

2016年6月6日　第二届中国数据新闻大赛暨"一带一路"传媒高峰论坛在北京师范大学落下帷幕。本次大赛由北京师范大学和西北师范大学联合主办，北京师范大学新闻传播学院、甘肃省融合媒体研训基地、西北师范大学传媒学院承办。围绕"用数据解读'一带一路'故事"这一主题的

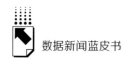

108 份作品参加评选，最终 28 份作品脱颖而出摘得三甲。

2016 年 4 月 26 日 由复旦大学新闻学院、财新数据可视化实验室以及中美教育基金会联合举办的第二届"高校数据新闻报道比赛"颁奖典礼在复旦大学隆重举行。本次比赛一共吸引了来自美国、英国、德国、中国内地、中国香港、中国台湾等地 41 所高校的 309 位学生参加，共收到超过 130 份优秀的作品。最终，6 份作品脱颖而出摘得三甲。

2016 年 4 月 15 日 数字新闻制作常用工具之一微软的 R 语言发行版本 MRO 及开发工具 RTVS。R 语言的开发商 Revolution Analytics 是在 2015 年初被微软收购的。

2016 年 3 月 17 日 中华人民共和国国民经济和社会发展第十三个五年规划纲要［简称"十三五"规划（2016~2020 年）］中提出："实施国家大数据战略，推进数据资源开放共享"。

2016 年 3 月 10~13 日 一年一度的 NICAR（全美电脑辅助性报道）会议召开，超过 1200 名媒体从业者到丹佛参加。

2016 年 3 月 5 日 国务院总理李克强做政府工作报告。连续三年，"大数据"出现在《政府工作报告》中，由此足以看到大数据对我国未来新经济发展的重要作用。无论是聚焦大数据发展的《促进大数据的行动纲要》出台，还是"十三五"规划都深刻体现了政府对大数据产业和应用发展的重视。

2016 年 1 月 15 日 贵州省通过了《贵州省大数据发展应用促进条例》，这是中国首部大数据地方法规。该条例将大数据产业纳入法制轨道，以立法推动大数据产业蓬勃发展。条例的出台不仅仅是贵州作为大数据综合试验区迈出的坚实一步，对大数据产业的健康发展具有很大的促进作用，更为重要的是，条例填补了中国大数据立法的空白。

2016 年 1 月 12 日 数据新闻常用可视化工具之一 echart 发布 3.0.0 版本。

Abstract

Drawing upon first-hand information gathered through one of the first systematic empirical studies, this book has provided a general picture ofdata journalism about theoretical research, industry practice and education development in the Chinese context.

The book includes four parts. The general report is a panoramic scan of the overall development of data journalism. It discoversthat talented practitioners are in high demand in this field. Moreover, data journalism teams are diverting their focus from data visualization to data analysis and data mining. In addition, one of the key impediments of data journalism is the difficulty to get access to data.

The sub-reports describe the current research stage on data journalism and examinethe social factors that may affect data journalismfrom different perspectives. *Report on Conceptions and Theories of Data Journalism* indicates that there are many vague and controversial points in existing studies, e. g. the unclear definition of concepts, the impact of data news on tradition journalistic values. *Reports on the Production Techniques of Data Journalism and Reengineering of News Production* not only untangles the evolution of data news production technology, but also illustrates how technology can be embedded in news production and how news-gathering process has changed. *Annual Report on the Development of Data Journalism Media (2017)* examines the evolution of data journalism from the perspective of the production organization. *Ethical Dilemma and Outlet of Data Journalism* focuses on ethical issues that may be involved in the production of data news.

In addition, based on first-hand empiricalevidence, the sub-reports explore the development of data industry, such as the composition of data journalists, the preferences of audiences, the development models of data journalism education, and the basic conditions of data journalism educators in China. *Report on the Development*

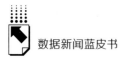

of Data Organizations and Enterprises (2017) focuses on one blind spot in the existing literature: data agencies and data enterprises, which play important roles in the data field and cann't be ignored. *The Profile of Data Journalism Practitioners in China* analyzes composition, work flow, professional values and job satisfaction, which is based on the first question naire survey of data journalism practitioners. *Research on the Changing Data News Audience* focuses on the audience for data news and analyzes audiences'reading preferences and habits. *Global Practice of Data Journalism Education* systematically explores the worldwide patterns and characteristics of the development of data journalism education. *The Constitution of Chinese Data Journalism Teachers and Their Education Cognition* conduct an investigation into university data journalism educators and analyze their demographic features, sources of knowledge and curriculum.

The third part provides case studies of domestic and overseas classic data news. The Appendix lists the winners of the data news and also provide the chronology of the major events in China data journalism development.

Contents

I General Report

Abstract: Through in-depth interviews with several media, this study found that from 2016 to 2017, Chinese data journalism continued to develop positively. Several data news teams with comparative advantages in scale have been further expanded. In content production, the emphasis has shifted from visualization to analysis and interpretation of data. The use of data remains a common problem due to limited data availability, inadequate accumulation of media data and poor access to high-quality data sources, as data-driven data journalism is less common. In the exploration of business model, in addition to the traditional advertising model, content customization, data product development, data consulting and other new models are being explored.

Keywords: Data Journalism; Journalism Production; Business Model; Open Data

II Sub Reports

Abstract: In recent years the growth of data journalism researches formed a huge phenomenon in Journalism and communications. The increasing emphasizing

on data and visualization both in medias and universities indicate data journalism are becoming a professional field. On the one hand, due to the changes in the process of production and presentation, especially the emphasis on technical elements, data journalism has close relation with practice, but lacking of theoretical concerns. On the other hand, even though the numbers of researches are quickly increasing, there are many ambiguities and disputes in it. The concepts and categories of the data journalism needs to be clarified. Therefore, based on literature review, this paper discuss the concepts, categories, and the professionalism of the data journalism in order to provide a reference with theoretical perspective.

Keywords: Data Journalism; Journalism and Communications; Theory; Dimensions; Retrospective

B. 3　Reports on the Production Techniques of Data Journalism and Reengineering of News Production　　　　　*Jin Qian* / 033

Abstract: By observing production techniques of data journalism in different phases of news production, this report tries to investigate how do these techniques, as a new paradigm and logic, revolutionize traditional journalism practices. This report finds, ranging from data sharing in newsroom driven by linked data to instrumentalization of database, from data based fact check to mobilization of data journalism interaction, then to the adoption of VR in data journalism, these techniques are saturated in the news production process.

Keywords: Data Journalism; Production Techniques; Linked Data

B. 4　Annual Report on the Development of Data Journalism Media (2017)　　　　　*Yuxiang Lv, Jiayi Wang and Ya Su* / 048

Abstract: Through historical review, the article make four keywords as stage sign for development of Data Journalism: Financial Media, Precision Journalism, Online Media, and Professional Team. By summarize important events of Data Journalism in China and International 2016, the article points that more interactive and mobile content, lightweight reading, and self-made open data resources will be more important for data media in the future.

Keywords: Data Journalism; Data Journalism Media; Annual Report

B. 5 A Study on the Topic Distribution and Trend of the Domestic Data News in 2017   *Heqiu Lu, Xin Tan* / 067

Abstract: This article analyzes the data and content of these five data news platforms: "The Paper Meishuke Data News", "Caixin Shuzishuo Data News", "Xinhua Data News", "Sina Graphic News" and "People's network Graphic News". This article makes an overall study on the current situation of domestic data news from three aspects: topic distribution, presentation mode and interactive effect. On the basis of this, the future development trend of domestic data news is forecasted.

Keywords: Data Analysis; Content Analysis; News Topics

B. 6 Report on Data Journalism-Related News Regulation   *Rui He* / 085

Abstract: This report combs data journalism-related policy and regulations with aspects of big data and national strategy, open data, data security and online information protection, Internet governance and supervision. Then it puts forward several countermeasures and suggestions to existing problems about data journalism industry development, open data and data protection data journalism professional norms and technology, etc.

Keywords: Data Journalism; News Regulation; Open Data

数据新闻蓝皮书

B. 7　Ethical Dilemma and Outlet of Data News

Qi Shen, *Mengqi Zhang* / 103

Abstract: "Data Journalism" is not defined by a unified concept at present, based on the domestic and foreign scholars, this article points out that this concept should be grasped from the perspective of open data, social science knowledge and practice. Secondly, this paper points out the differences between data journalism and traditional news and the characteristics of the data journalism itself. Based on these characteristics, this paper argues that while data journalism is developing rapidly, it also faces some ethical problems that are different from traditional news, which include the authenticity and objectivity, privacy of information, the conflict between data protection and national interests, the lag of data journalism norms. Finally, this paper attempts to give some suggestions on how to solve these problems.

Keywords: Data Journalism; Ethical Dilemma; Industry Standard

B. 8　Report on the Development of Data Organizations and Enterprises (2017)　*Weiming Ye*, *Yinyan Liang* / 123

Abstract: As the impact of data and technology on various industries has increasingly deepened, media and enterprises have changed accordingly in the information age. Based on the mapping of data technology and data industry, this paper collates data enterprises' business models and profit models, potential risks, development prospects, human capital investment and their overseas counterparts. The collation is followed by in-depth interviews with 10 early adopters in media and industries to reveal the role of data and information in media content production and data-driven enterprises. The paper is concluded with policy suggestions.

Keywords: Data Enterprises; Content Production; Business Model; Human Capital Investment

B. 9   The Profile of Data Journalism Practitioners in

China   *Di Xu, Wenjuan Ma / 143*

Abstract: The researchers have conducted the first questionnaire survey on data journalism practitioners based in Beijing, Shanghai and Guangzhou. The survey investigates their demographic features, working patterns, practicing guidelines and professional values. Findings suggest that the predominant number of practitioners are female, under thirties, holding a postgraduate degree in journalism related area. Most of them are paid monthly between 8001 and 12000 Chinese Yuan. The desire for learning new things drive them to the current position. Generally, the practitioners are satisfied with their work, of which they seem to be most satisfied is the collaboration between colleagues. They highlight the importance of good news judgment whilst the acquisition of coding skills is also important. To them, the difficulty in obtaining data severely hinders the development of data journalism in China.

Keywords: Data Journalism Practitioners; Questionnaire Survey; Demographic Features; Professional Values

B. 10   Research on the Changing Data News Audience

Yunfang Cui, Haiyan Wang and Yinghui Dong / 165

Abstract: The issue of audience has always been the subject of concern and controversy by scholars of different paths. Audience research is divided into three major traditions, namely structural, behavioral and socio-cultural audience

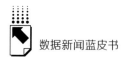

research. In the context of the growing boom of big data and data journalism, scholars are exploring the implications of new forms of media content for audiences. In order to understand the current behavior and needs of domestic data news audiences, this study also conducted a questionnaire survey and in-depth interviews, through quantitative and qualitative research methods, attempting to show more about the status of current data news audiences.

Keywords: Audience Research; Data News; Usage and Satisfaction; Behavior

B. 11 Global Practice of Data Journalism Education: Characteristics, Constraints and Trends
Jie Fang, *Wenjia Hu* / 186

Abstract: The article will explore data journalism education at a multinational level. It will first focus on the characteristics of data journalism education worldwide, namely, who teaches data journalism, what is taught and how data journalism is taught. After offering an overview of global data journalism education, this article will analyze six factors that hinder the development of data journalism education and explore the potential ways data journalism can be taught in the future.

Keywords: data Journalism; Journalism Education; Journalism Culture

B. 12 The Constitution of Chinese Data Journalism Teachers and Their Education Cognition: A National Survey of Data Journalism Educators in Chinese Universities
Qing Bian, *Guanyuerong Dai* / 211

Abstract: Data journalism education is being adopted worldwide rapidly. Higher education in China is also introducing it into its curriculum enthusiastically.

Based on the questionnaire survey and in-depth interview, this paper analyzes the composition of data news teacher, their curriculum design and value cognition and compares Sino – American data news education. We try to understand how China's current data news is absorbed and justified by the news education system from a journalism educator's perspective. It is found that the current data education in China is developing rapidly but still in the 'primary stage'. Teachers' personal factors are the key to the introduction of data journalism education in Chinese universities. How to build a news course that meets the Chinese characteristics and the teaching objectives of the unit is the most important issue.

Keywords: Journalism Education; Data Journalism; Journalism Educator

Ⅲ　Cases

B. 13　Cases Analysis on Chinese Data Journalism (2016 −2017)

Rui He / 239

Abstract: Base on related studies, this paper discusses the evaluation system of what makes for good data journalism. With introducing several classic cases from aspects of data collection & analysis, visualization, storytelling, audience, it outlines the practice and development condition of data journalism in China.

Keywords: Data Journalism; Case Analysis; Evaluation System

B. 14　Analysis and Prediction on Foreign Data Journalism Cases (2016 −2017)

Kecheng Fang, Shujian Bu / 261

Abstract: This article introduces and analyzes cases of data journalism published in Western media during 2016 and 2017, and summarizes the latest trends of data journalism. The major topics discussed include: reflecting on prediction data based on the 2016 U. S. presidential election coverage; questioning

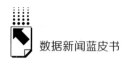

the blind faith in machine, algorithm, and data; data-driven in-depth reporting; emphasizing on servicing individuals and local communities. At the same time, this article also discusses future trends and implications for data journalism in China.

Keywords: Data Journalism; Case Study; Western Media

Ⅳ Appendix

社会科学文献出版社

皮书系列

✤ 皮书起源 ✤

"皮书"起源于十七、十八世纪的英国，主要指官方或社会组织正式发表的重要文件或报告，多以"白皮书"命名。在中国，"皮书"这一概念被社会广泛接受，并被成功运作、发展成为一种全新的出版形态，则源于中国社会科学院社会科学文献出版社。

✤ 皮书定义 ✤

皮书是对中国与世界发展状况和热点问题进行年度监测，以专业的角度、专家的视野和实证研究方法，针对某一领域或区域现状与发展态势展开分析和预测，具备原创性、实证性、专业性、连续性、前沿性、时效性等特点的公开出版物，由一系列权威研究报告组成。

✤ 皮书作者 ✤

皮书系列的作者以中国社会科学院、著名高校、地方社会科学院的研究人员为主，多为国内一流研究机构的权威专家学者，他们的看法和观点代表了学界对中国与世界的现实和未来最高水平的解读与分析。

✤ 皮书荣誉 ✤

皮书系列已成为社会科学文献出版社的著名图书品牌和中国社会科学院的知名学术品牌。2016年，皮书系列正式列入"十三五"国家重点出版规划项目；2013~2018年，重点皮书列入中国社会科学院承担的国家哲学社会科学创新工程项目；2018年，59种院外皮书使用"中国社会科学院创新工程学术出版项目"标识。

权威报告·一手数据·特色资源

皮书数据库
ANNUAL REPORT(YEARBOOK) DATABASE

当代中国经济与社会发展高端智库平台

所获荣誉

- 2016年，入选"'十三五'国家重点电子出版物出版规划骨干工程"
- 2015年，荣获"搜索中国正能量 点赞2015""创新中国科技创新奖"
- 2013年，荣获"中国出版政府奖·网络出版物奖"提名奖
- 连续多年荣获中国数字出版博览会"数字出版·优秀品牌"奖

成为会员

　　通过网址www.pishu.com.cn访问皮书数据库网站或下载皮书数据库APP，进行手机号码验证或邮箱验证即可成为皮书数据库会员。

会员福利

- 使用手机号码首次注册的会员，账号自动充值100元体验金，可直接购买和查看数据库内容（仅限PC端）。
- 已注册用户购书后可免费赠送100元皮书数据库充值卡。刮开充值卡涂层获取充值密码，登录并进入"会员中心"—"在线充值"—"充值卡充值"，充值成功后即可购买和查看数据库内容（仅限PC端）。
- 会员福利最终解释权归社会科学文献出版社所有。

社会科学文献出版社 皮书系列
SOCIAL SCIENCES ACADEMIC PRESS (CHINA)

卡号：948823697953
密码：

数据库服务热线：400-008-6695
数据库服务QQ：2475522410
数据库服务邮箱：database@ssap.cn
图书销售热线：010-59367070/7028
图书服务QQ：1265056568
图书服务邮箱：duzhe@ssap.cn

S 基本子库
SUB DATABASE

中国社会发展数据库（下设 12 个子库）

全面整合国内外中国社会发展研究成果，汇聚独家统计数据、深度分析报告，涉及社会、人口、政治、教育、法律等 12 个领域，为了解中国社会发展动态、跟踪社会核心热点、分析社会发展趋势提供一站式资源搜索和数据分析与挖掘服务。

中国经济发展数据库（下设 12 个子库）

基于"皮书系列"中涉及中国经济发展的研究资料构建，内容涵盖宏观经济、农业经济、工业经济、产业经济等 12 个重点经济领域，为实时掌控经济运行态势、把握经济发展规律、洞察经济形势、进行经济决策提供参考和依据。

中国行业发展数据库（下设 17 个子库）

以中国国民经济行业分类为依据，覆盖金融业、旅游、医疗卫生、交通运输、能源矿产等 100 多个行业，跟踪分析国民经济相关行业市场运行状况和政策导向，汇集行业发展前沿资讯，为投资、从业及各种经济决策提供理论基础和实践指导。

中国区域发展数据库（下设 6 个子库）

对中国特定区域内的经济、社会、文化等领域现状与发展情况进行深度分析和预测，研究层级至县及县以下行政区，涉及地区、区域经济体、城市、农村等不同维度。为地方经济社会宏观态势研究、发展经验研究、案例分析提供数据服务。

中国文化传媒数据库（下设 18 个子库）

汇聚文化传媒领域专家观点、热点资讯，梳理国内外中国文化发展相关学术研究成果、一手统计数据，涵盖文化产业、新闻传播、电影娱乐、文学艺术、群众文化等 18 个重点研究领域。为文化传媒研究提供相关数据、研究报告和综合分析服务。

世界经济与国际关系数据库（下设 6 个子库）

立足"皮书系列"世界经济、国际关系相关学术资源，整合世界经济、国际政治、世界文化与科技、全球性问题、国际组织与国际法、区域研究 6 大领域研究成果，为世界经济与国际关系研究提供全方位数据分析，为决策和形势研判提供参考。

法律声明

"皮书系列"（含蓝皮书、绿皮书、黄皮书）之品牌由社会科学文献出版社最早使用并持续至今，现已被中国图书市场所熟知。"皮书系列"的相关商标已在中华人民共和国国家工商行政管理总局商标局注册，如LOGO（ ）、皮书、Pishu、经济蓝皮书、社会蓝皮书等。"皮书系列"图书的注册商标专用权及封面设计、版式设计的著作权均为社会科学文献出版社所有。未经社会科学文献出版社书面授权许可，任何使用与"皮书系列"图书注册商标、封面设计、版式设计相同或者近似的文字、图形或其组合的行为均系侵权行为。

经作者授权，本书的专有出版权及信息网络传播权等为社会科学文献出版社享有。未经社会科学文献出版社书面授权许可，任何就本书内容的复制、发行或以数字形式进行网络传播的行为均系侵权行为。

社会科学文献出版社将通过法律途径追究上述侵权行为的法律责任，维护自身合法权益。

欢迎社会各界人士对侵犯社会科学文献出版社上述权利的侵权行为进行举报。电话：010-59367121，电子邮箱：fawubu@ssap.cn。

社会科学文献出版社